此书获得山东大学文化传播学院学术出版基金重点资助

中华传统文化
与马克思主义文论中国化

泓峻 著

中国社会科学出版社

图书在版编目（CIP）数据

中华传统文化与马克思主义文论中国化／泓峻著．—北京：中国社会科学出版社，2023.8
ISBN 978-7-5227-2473-7

Ⅰ.①中… Ⅱ.①泓… Ⅲ.①中华文化—研究②马克思主义—发展—研究—中国　Ⅳ.①K203②D61

中国国家版本馆 CIP 数据核字（2023）第 155146 号

出 版 人	赵剑英
责任编辑	王丽媛
责任校对	马婷婷
责任印制	王　超

出　　版	中国社会科学出版社
社　　址	北京鼓楼西大街甲 158 号
邮　　编	100720
网　　址	http://www.csspw.cn
发 行 部	010-84083685
门 市 部	010-84029450
经　　销	新华书店及其他书店

印　　刷	北京明恒达印务有限公司
装　　订	廊坊市广阳区广增装订厂
版　　次	2023 年 8 月第 1 版
印　　次	2023 年 8 月第 1 次印刷

开　　本	650×960　1/16
印　　张	18.75
字　　数	245 千字
定　　价	88.00 元

凡购买中国社会科学出版社图书，如有质量问题请与本社营销中心联系调换
电话：010-84083683
版权所有　侵权必究

序

泓峻曾经跟随我攻读博士学位，博士毕业后也一直在山东大学工作。我注意近些年他一直在做马克思主义文论与中国传统文化关系方面的研究，在一些重要期刊上不断见到他涉及这方面内容的学术论文，在许多学术会议上发言时他讲的也大多是这个话题。因此，当他把这本名为《中华传统文化与马克思主义文论中国化》的书稿拿到我面前，请我为之作《序》时，我心里明白这是一个经历过长时间思考，凝结着作者许多汗水与心血的学术成果。

党的十九届六中全会通过的《中共中央关于党的百年奋斗重大成就和历史经验的决议》中，将坚持马克思主义基本原理同中国具体实际相结合、同中华优秀传统文化相结合，作为不断推进马克思主义中国化的基本路径和重要内涵加以总结，这个总结对于我们反思和总结百年来中国马克思主义文艺理论的发展也有直接的指导意义。党的二十大报告中，又再次提到马克思主义中国化的"两个结合"。事实上，马克思主义中国化也包括了作为其重要构成内容的马克思主义文艺理论中国化在内，而后者的历史推进也主要就是坚持马克思主义文艺理论同中国新文艺发展实际相结合、同中华优秀传统文化相结合的过程。

作为马克思主义中国化的历史产物，马克思主义文艺理论同中国传统文化相结合的历程自五四新文化运动时期马克思主义传

中华传统文化与马克思主义文论中国化

入中国起始，迄今已历百载。回望来路，可谓道阻且长，其间有许多值得加以认真反思和总结的内容。马克思主义文艺理论同中国传统文化相结合，实际上是在其与中国新文艺的具体实际相结合之外，开辟了马克思主义文艺理论中国化的另外一条重要路径，有其直接的文艺理论意义。而且，其意义还远不止于这一个方面。事实上，这一结合更关系到"国之大者"的问题，即中国新文化新文艺的发展乃至中华民族发展的方向和道路问题。回顾历史不难看出，我们党在每一个历史时期关于传统文化和艺术的理论论述以及相关政策、方针、原则、方法的提出，都是与党所进行的伟大历史斗争、所要完成的伟大历史任务紧密关联的。我们有必要认真总结马克思主义文艺理论同中国传统文化相结合历史进程中的思想理论创新。马克思主义历来重视对文化遗产的继承，从毛泽东到习近平，从新民主主义革命到中国特色社会主义新时代，我们党和广大文艺理论研究者在文化遗产问题上取得的各种理论成果，是马克思主义文化遗产理论的新发展，也是马克思主义文艺理论中国化的主要构成内容，中国马克思主义文艺理论的历史书写不能缺少了这方面的理论内容。而在进行这种历史书写时，不仅应该结合具体历史语境分析和阐明不同时期相关思想成果的理论创新之处，还应该充分注意到从文化遗产的"批判继承"论到中华优秀传统文化的"转化创新"论在文化和文艺发展通变关系上的历史转型。

事实上，正如泓峻在这本书中所说的那样，虽然"马克思主义文论中国化"作为一个实践过程，贯穿了20世纪初以来马克思主义文论在中国传播与发展的始终，但是，与"马克思主义中国化"问题很早就引起关注不同，"马克思主义文论中国化"作为一个明确的概念被提出，引起讨论与关注，则是比较晚近的事情。而且，在讨论马克思主义文论中国化这一问题时，马克思主义文论如何介入了中国特定时期的文学实践与社会实践，并被中国自身的文艺实践与社会实践所塑造这一维度，得到了比较多的重视与讨论，而对中国自身固有的传统文化如何介入了中国化马克思主义文论的建构这一问题，研究工作则做得相对比较薄弱。在这方面，泓峻的研究起步很早，从2009年发表第一篇相关文章起，已经坚持了十多年时间，最近几年引起的关注越来越多，反响越来越大。至少从这个角度讲，泓峻的相关研究在中国的马克思主义文论研究中，有其重要的学术价值。

传统文化与马克思主义文论中国化的关系问题之所以在一定程度上被忽视，一方面与在相当长时间内中国文艺理论研究者对这一问题的重要性的认识不足有关，另一方面也与这一问题所具有的学术难度有关。泓峻在这本书中已经意识到这一问题。正如他所讲的那样，传统文化对马克思主义文论中国化的影响往往是潜在的，这种影响多数时候不是表现在中国马克思主义理论家所使用的概念上，而是体现在其思维方式与看待文艺问题的立场上，体现在作为一个中国的理论家对马克思主义文艺理论的独特理解与阐释上。正是基于这一考虑，在这本书中，泓峻首先考察了传统文化对中国早期马克思主义文论家发生影响的渠道，发现了马克思主义文论最初在中国传播时文学社团这一平台所携带的中国传统的文学生产方式的重要影响，以及中国第一代马克思主义文论家的传统教育背景对马克思主义文论中国化过程的深度介入。接下来，作者又从文论史的视角，围绕文学的人民性、现实主义、审美与政治的关系、文学主体性等中国马克思主义文论的核心理论范畴和理论命题，分析了它们在形成与发展的过程中，怎样或隐或显地与中国古代哲学、美学、文艺理论思想产生关联，发生纠结，从而被打上了中国传统文化的烙印。这样以具体的历史过程为依托的处理方式，可以让人管窥到传统文化影响马克思主义文论中国化的许多历史细节，从而把一些关键性的结论落到了实处。毋庸讳言，在马克思主义文艺理论同中国传统文化

中华传统文化与马克思主义文论中国化

相结合的历史发展中,不仅有经验,也有过诸多教训。我们注意到,虽然泓峻这部著作主要立足于经验的总结,从各个角度对传统文化在中国化马克思主义文论发展过程中所发挥的积极作用进行了充分的论述,但是对于这一过程中传统文化曾经产生的一些负面的影响,作者并没有完全回避。比如,在谈到社团传播对中国马克思主义文论的发展产生积极作用的同时,泓峻也指出古代文人结社中形成的一些风气,如明代文人那种"盛气凌人"的作风,以及"抹煞一切"的"偏胜的主张",也通过社团这一传播平台被带到了"革命文学"论争中,甚至对之后中国马克思主义文论的发展也产生了影响;而当中国的理论家基于传统文化与文学观念的"前见"对马克思主义文论进行选择性吸收时,也曾经出现过把国外马克思主义文论中一些十分精彩与深刻的内容过滤掉的情况。这种实事求是的学术态度,是值得肯定的。

当今的中国,马克思主义中国化的伟大事业尚走在路上,马克思主义文艺理论的中国化也没有结束,如何在新的时代条件下推进马克思主义同中国传统文化相结合,如何在这一结合之中将中华优秀传统文化传承和弘扬好,依然需要付出艰辛的实践努力,需要进行思想理论的探索与创新。而在这一努力与探索创新的路上,还需要不断反思历史、总结过往的经验和教训,这将为新的实践努力提供滋养和动力,同时也为新的探索创新提供有益的参照和借鉴。应该说,相对于论题本身的复杂性,泓峻在这本书中所做的工作,还是十分初步的,这方面的研究还有很大的学术空间,希望作者今后能够继续将这方面的研究深入进行下去,取得更多的学术成绩,为中国当代马克思主义文论建设做出自己更大的贡献。

谭好哲
2023 年 4 月 18 日

目 录

绪 论 …………………………………………………………… 1
 一 马克思主义中国化的传统文化维度 ……………………… 1
 二 马克思主义文论与中国 20 世纪文论的关系 …………… 12
 三 影响马克思主义文论中国化的因素 …………………… 17
 四 本书的主要内容 ………………………………………… 23

**第一章 文人结社传统对马克思主义文论早期传播的
   影响** …………………………………………………… 32
 一 社团作为中国早期马克思主义文论传播的主要
  平台 ………………………………………………………… 32
 二 现代文学社团与古代文人结社之间的传承关系 ……… 38
 三 南社在古今文人结社传统延续上的纽带作用 ………… 43
 四 社团传播对马克思主义文论品格的塑造 ……………… 57

**第二章 早期理论家的传统教育背景对中国马克思主义
   文论的介入** ………………………………………… 65
 一 一个被遮蔽的研究视角 ………………………………… 65
 二 早期马克思主义文论家接受的传统教育 ……………… 68
 三 传统教育背景与早期马克思主义文论家的理论
  立场 ………………………………………………………… 76

四　1930年代到1940年代初期党内理论家面向传统的
　　　　学术研究 ································· 84
　　五　面向传统历史文化的研究对延安文艺路线形成的
　　　　推动作用 ································· 95

第三章　古代民本思想对人民文艺观及其实践的影响 ········ 103
　　一　中国马克思主义者的"人民观"与古代民本思想 ····· 103
　　二　先秦儒家民本思想对古代文艺思想的影响 ········· 113
　　三　中国马克思主义者人民文艺观形成过程中的
　　　　民本底色 ································ 119
　　四　人民文艺观在文艺实践中的体现 ················ 126

第四章　现实主义文论在中国的"变异"及其原因 ·········· 134
　　一　马克思主义文论视野中的现实主义文论 ··········· 134
　　二　在自然主义与"为人生"之间摇摆的五四
　　　　现实主义 ································ 139
　　三　从校正激进思潮到与激进思潮合流的
　　　　"新写实主义" ··························· 148
　　四　从"唯物辩证法创作方法"的批判到对"社会主义
　　　　现实主义"理论的发展 ····················· 154
　　五　传统文化对中国现实主义文论的影响 ············· 166

**第五章　中国马克思主义文论中的审美维度与中国古典
　　　　传统** ··································· 175
　　一　中西方学者理解《巴黎手稿》的不同取向 ········· 175
　　二　"实践美学"与李泽厚的中国古代思想史研究 ······ 185
　　三　审美与政治问题在中国马克思主义文论中的呈现 ··· 188

四 审美与政治问题在中国文艺传统中的呈现及其
　　哲学基础 ………………………………………… 202

第六章　文学主体性问题及其历史渊源 …………………… 209
　一　胡风及其文艺观 ……………………………………… 209
　二　胡风现实主义文艺理论中的传统因素 …………… 220
　三　胡风对1980年代文学主体性理论建构的影响 …… 227
　四　主体性问题与中华传统文化的关系 ……………… 237

结　语 ……………………………………………………… 249
　一　在马克思主义与传统文化关系问题上的错误态度
　　　及其危害 …………………………………………… 249
　二　传统文化对马克思主义文论产生影响的规律 …… 257
　三　中国化马克思主义文论中的传统文化观 ………… 266

参考文献 …………………………………………………… 274

后　记 ……………………………………………………… 287

绪　　论

一　马克思主义中国化的传统文化维度

习近平总书记在庆祝中国共产党成立100周年大会上的讲话中指出，"坚持把马克思主义基本原理同中国具体实际相结合、同中华优秀传统文化相结合"。这是党的最高领导人第一次在重要讲话中，谈到马克思主义中国化的具体路径问题时，在"马克思主义基本原理与中国具体实际相结合"这一经典表述之外，提到要同时将马克思主义基本原理与中华优秀传统文化相结合。习近平总书记在中国共产党第二十次全国代表大会上的报告中，又再次提到马克思主义中国化的"两个结合"，指出"中国共产党人深刻认识到，只有把马克思主义基本原理同中国具体实际相结合、同中华优秀传统文化相结合，坚持运用辩证唯物主义和历史唯物主义，才能正确回答时代和实践提出的重大问题，才能始终保持马克思主义的蓬勃生机和旺盛活力"，并特别强调，"坚持和发展马克思主义，必须同中华优秀传统文化相结合。只有植根本国、本民族历史文化沃土，马克思主义真理之树才能根深叶茂"。[1]

将马克思主义同中华优秀传统文化相结合，既是对马克思主

---

[1] 习近平：《高举中国特色社会主义伟大旗帜　为全面建设社会主义现代化国家而团结奋斗——在中国共产党第二十次全国代表大会上的报告》，人民出版社2022年版，第17—18页。

中华传统文化与马克思主义文论中国化

义在中国进一步发展的内在要求，也是对一百多年来马克思主义在中国传播发展的经验总结。马克思主义中国化中的传统文化维度，是中国共产党在领导革命与建设的历史过程中，经过与国内外、党内外各种思潮的对话、竞争，乃至激烈的斗争，伴随着中国化马克思主义的不断发展与日渐成熟，逐渐凸显出来的。

马克思、恩格斯当年在建立自己理论学说的时候，是把整个人类过去的历史与未来的命运都纳入视野加以考虑的。尽管如此，当后来的人们试图用马克思主义的基本原理指导人类某一个地域、某一个时期具体的社会实践时，仍然要考虑不同时代、不同地区特殊的经济、政治、历史、文化状况。只有把这些因素与马克思主义理论结合起来，才能使它落地生根，充分地释放出理论潜力，并不断得到发展。对此，恩格斯有过初步的思考。其在晚年所撰写的《美国工人运动》一文中，针对几乎全部由德国移民组成的美国社会主义工人党的情况，曾经谈及工人阶级政党的"本土化"问题。他认为，这个党的成员具备在欧洲多年参与斗争所取得的经验，具备对工人阶级解放条件的一般理解，在美国工人政党中具有先进性，这"对美国无产者来说是一件幸事"。因此，这个政党应该"在运动中起非常重要的作用"。但是，要发挥其先进作用，"它必须完全脱下它的外国服装，必须成为彻底美国化的党"。至于怎样使社会主义工人党"美国化"，恩格斯除提出这个党的成员"应当向绝大多数本地的美国人靠拢"外，还提出了学习当地语言的问题。[①] 而语言学习的目的，就是要用当地的美国人能够接受的方式宣传自己的进步主张，这已经触及思想表达的民族形式问题。

对于这一问题，列宁在领导俄国革命的过程中，有更加深入的思考。早在"十月革命"胜利前，列宁在写给《工人报》的文

[①] ［德］恩格斯：《美国工人运动》，载《马克思恩格斯选集》第4卷，人民出版社1995年版，第393—394页。

章中，一方面强调"我们完全以马克思的理论为依据，因为它第一次把社会主义从空想变成科学，给这个科学奠定了巩固的基础，指出了继续发展和详细研究这个科学所应遵循的道路"；另一方面又强调必须对马克思的理论有所发展："我们决不把马克思的理论看作某种一成不变的和神圣不可侵犯的东西；恰恰相反，我们深信：它只是给一种科学奠定了基础，社会党人如果不愿落后于实际生活，就应当在各方面把这门科学推向前进。"而且，列宁还强调，"对于俄国社会党人来说，尤其需要独立地探讨马克思的理论，因为它所提供的只是总的指导原理，而这些原理的应用具体地说，在英国不同于法国，在法国不同于德国，在德国又不同于俄国"。[①] 这说明，对于将马克思主义的基本理论与本国的具体实际相结合，在实践中发展马克思主义这些问题，列宁是早有自觉的。

如何对待自己民族的传统文化，是与如何看待马克思主义与自身传统文化的关系密切相关的问题。众所周知，在民族文化问题上，列宁是强调要首先区别"两种民族文化"的，坚决反对资产阶级学者混淆"两种民族文化"的民族主义立场，主张无产阶级在文化问题上的国际主义立场。但是，他同时也意识到，马克思主义者即使在宣示其国际主义文化立场时，也必须"'适应'各地方和各民族的特点"，需要"用各种语言宣传工人的国际主义口号以反对民族文化这一口号"。[②] 正是受这种观点的启发，斯大林在1920年代明确提出了"无产阶级文化"内容的国际性与形式的民族性必须相结合这一主张，强调"社会主义内容的无产阶级文化，在卷入社会主义建设各个不同的民族当中，依据不同

---

① [苏]列宁：《我们的纲领——为〈工人报〉写的文章》，《列宁全集》第4卷，人民出版社2013年版，第160—161页。
② [苏]列宁：《关于民族问题的批评意见》，《列宁全集》第24卷，人民出版社2017年版，第126页。

中华传统文化与马克思主义文论中国化

的语言、生活方式等等，而采取各种不同的表现形式和方法"，并明确指出："内容是无产阶级的，形式是民族的，——这就是社会主义所要达到的全人类的文化。"不仅如此，斯大林在同一篇文章中还进一步强调，"全人类的无产阶级文化不是排斥各民族的民族文化，而是以民族文化为前提并且滋养民族文化，正像各民族的民族文化不是取消而是充实和丰富全人类的无产阶级文化一样"。① 这一观点，已经将无产阶级文化与民族文化的关系，由内容与表现形式的关系，推进到相互补充、相互滋养、相互促进的关系。马克思主义理所当然地包含在无产阶级文化之中，传统文化是民族文化的重要组成部分，因此，斯大林的这段论述，对于理解马克思主义与民族传统文化的关系也是适用的。

不过，列宁与斯大林关于马克思主义与民族文化关系的思考，是针对苏联内部存在不同的民族、不同的语言这一现实的。对于其他国家的无产阶级政党怎样将马克思主义基本原理与本国革命的具体实际以及自身的民族文化传统相结合这一问题，列宁没有明确表达过。而且，马克思主义在俄国的胜利，使列宁之后的斯大林、布哈林等人，认为作为"苏联马克思主义"的列宁主义具有普遍性，俄国应该成为"无产阶级革命理论和策略的故乡"。这使得斯大林主导下的共产国际在向远东各国"输出"马列主义，指导各国共产党的实践时，很少考虑其特殊的文化背景。而中国共产党提出的"马克思主义中国化"的命题，实际上正是为了纠正王明等人照搬苏联经验，机械地执行共产国际的有关决议与斯大林的指示这一错误做法，避免它给中国革命造成更大的损失。因此，当中国共产党人独立地探讨马克思主义的理论，用以指导中国的革命实践，尤其是在 1930 年代后期明确提出将马克思主义中国化时，当时的共产国际领导人以及斯大林和

---

① [苏]斯大林：《论东方民族大学的政治任务》，《斯大林全集》第 7 卷，人民出版社 1958 年版，第 117—119 页。

绪　论

后来的苏共领导人，实际上是不认同的。王明在他晚年于国外出版的《中共50年》一书中讲："把马克思主义中国化的口号是错误的。这样提出问题，本身就是非马克思主义的。民族的马克思主义是没有而且也不可能有的。马克思主义现在只能是，将来也永远只能是国际主义的学说。"① 这正是当年共产国际和苏共理论界对于中国共产党提出的将马克思主义中国化这一主张所持的态度。到了1960年代中苏关系恶化时，倡导"马克思主义中国化"更是成为苏共理论家对中共进行攻击的一个靶子。因此，中国共产党进行的马克思主义中国化的实践，尤其是将马克思主义与自身的优秀传统文化相结合的实践，是在共产国际与苏共的怀疑与压力下进行的，是一种勇敢的理论创新。

除了国际上的压力外，从1930年代开始，毛泽东与党内的教条主义者也进行了十分艰难的斗争。"马克思主义中国化"的思想，正是在这个过程中逐渐生成的。

毛泽东本人明确提出"马克思主义中国化"这一主张，是在1938年为党的六届六中全会所作的报告中。② 在这个报告中，毛泽东讲道：

> 马克思列宁主义的伟大力量，就在于它是和各个国家具体的革命实践相联系的。对于中国共产党说来，就是要学会把马克思列宁主义的理论应用于中国的具体的环境。成为伟大中华民族的一部分而和这个民族血肉相联的共产党员，离开中国特点来谈马克思主义，只是抽象的空洞的马克思主

---

① 王明：《中共50年》，徐小英等译，东方出版社2004年版，第17页。
② 毛泽东在中共六届六中全会上所作的《中国共产党在民族战争中的地位》这一报告在1952年收入《毛泽东选集》第2卷时，"马克思主义中国化"这一表述被修改为"使马克思主义在中国具体化"。有人认为这主要是考虑"马克思主义中国化"这一表述会引起苏共的不满。参见许全兴《毛泽东与孔夫子》，人民出版社2020年版，第190页。

义。因此，使马克思主义在中国具体化，使之在其每一表现中带着必须有的中国的特性，即是说，按照中国的特点去应用它，成为全党亟待了解并亟待解决的问题。①

这个报告中所说的马克思主义中国化，实际上已经包含着两个维度，一方面要求"把马克思列宁主义的理论应用于中国的具体环境"，一方面要求用马克思主义批判与总结中华民族从孔夫子到孙中山数千年的历史文化传统，继承其珍贵的遗产。前者是现实的维度，后者是历史与文化的维度。

在《新民主主义论》这篇重要文献中，毛泽东再次指出：

形式主义地吸收外国的东西，在中国过去是吃过大亏的。中国共产主义者对于马克思主义在中国的应用也是这样，必须将马克思主义的普遍真理和中国革命的具体实践完全地恰当地统一起来，就是说，和民族的特点相结合，经过一定的民族形式，才有用处，决不能主观地公式地应用它。公式的马克思主义者，只是对于马克思主义和中国革命开玩笑，在中国革命队伍中是没有他们的位置的。②

在谈到以马克思主义理论为指导的新民主主义文化的性质时，毛泽东一方面批评那种对传统文化不加辨别地全盘接受的主张，另一方面也坚决反对在文化问题上的民族虚无主义主张，强调新民主主义文化应当"是我们这个民族的，带有我们民族的特性"③。这

---

① 毛泽东：《中国共产党在民族战争中的地位》，载《毛泽东选集》第2卷，人民出版社1991年版，第534页。
② 毛泽东：《新民主主义论》，载《毛泽东选集》第2卷，人民出版社1991年版，第707页。
③ 毛泽东：《新民主主义论》，载《毛泽东选集》第2卷，人民出版社1991年版，第706页。

绪　论

里同样有现实的及历史与文化的两个维度。

然而，虽然中国自身的优秀传统文化对毛泽东思想的形成有深刻的影响，毛泽东本人在思考马克思主义中国化问题时也触及了中国历史与文化传统这一维度，但当他最终将马克思主义中国化表述为"将马克思主义与中国的实际相结合"时，更多地强调的还是现实的维度。之后很多年里，在中共领导人正式的讲话、重要的决议中，马克思主义中国化也基本上等同于将马克思主义与中国的具体实践相结合。对中华传统文化，则强调批判地加以利用。正如有学者所说："在马克思主义中国化的历史进程中，尽管'中华优秀传统文化'并未缺席，但我们的认识长期停留在'一个结合'。"① 这既与中国共产党面对的特定历史条件有关，与中国化马克思主义发展的阶段有关，也与马克思主义与中华传统文化的关系问题本身的复杂性，以及对这一问题认识上的不统一有关。

一百多年来马克思主义在中国传播与发展的过程，既是以马克思主义为指导改造中国的过程，同时也是马克思主义在中国得到创新与发展的过程，而其创新与发展的语境，就是中国自身的国情与民族文化传统。马克思主义中国化及其理论成果——中国化的马克思主义，盖源于此。而就马克思主义与中华传统文化的关系而言，其影响是双向的：一方面，中华传统文化受到马克思主义的观点、立场、方法的检视、批判、选择、改造，在与马克思主义理论结合的过程中完成了现代转型；另一方面，在与中华文化传统相遇时，国外的马克思主义理论从形式到内容，也都被打上了"民族化"的烙印，最终形成了"中国化"的马克思主义理论。

一百多年前，当马克思主义刚刚进入中国的时候，人们就在

---

① 黄凯锋：《"两个结合"与习近平新时代中国特色社会主义思想的原创性贡献》，《社会科学》2022年第4期。

中华传统文化与马克思主义文论中国化

争论一个问题,那就是这种在欧洲产生的理论,是否能够解决中国的问题,是否能够与中国自身的文化传统完成对接,并在中国扎下根来。1921年4月的《新青年》上,发表了李达的《讨论社会主义并质梁任公》一文,文中谈到当年《改造》二月号特辟"社会主义研究"专栏进行讨论的盛况:"一时梁任公、蓝公武、蒋百里、彭一湖、蓝公彦、费觉天、张东荪一班人均有长篇文字,表明对于社会主义的态度。"[①] 这里所说的社会主义,由多种社会主义思潮组成,而以马克思主义的学说最具代表性。当时,梁启超等人认为社会主义并不适合中国国情,其提出的理由既包括在中国最紧迫的问题不是如何分配财富的问题,而是如何创造财富的问题;中国没有形成产业工人队伍,因而马克思主义的无产阶级革命理论在中国没有社会基础;等等,也包括对马克思主义的传播会威胁到中国自身文化传统的担忧。

然而,后来中国社会的历史进程驳斥了那些认为马克思主义的理论在中国"水土不服"的观点。五四前后,曾经有许多种"主义"进入中国,许多种社会改造方案摆在中国人面前,各种政治力量也进行了各种各样的社会改造的试验。在诸多"主义",诸多社会改造方案的激烈竞争中,马克思主义最终取得胜利,古老的中国最终选择了以马克思主义理论为指导思想的社会主义道路。而马克思主义理论及其指导下的社会实践之所以能够顺利地在中国生根开花,并显示出了强大的生命力,其中的一个重要原因,就在于马克思主义与中华传统文化之间具有某种"亲和性"。这种"亲和性"使得马克思主义理论在刚进入中国时,便在知识群体中遇到一个有利的"接受视野";当马克思主义理论在中国进一步传播与发展时,这种"亲和性"则为其奠定了广泛的民众基础。

---

① 李达:《讨论社会主义并质梁任公》,《新青年》第9卷第1号,1921年5月1日。

绪　论

国外的汉学家谢和耐曾将马克思唯物史观中的社会发展阶段论与儒家的社会进化学说相比较，认为"那种出于一种社会—经济学的辩证法而认为人类从原始共产主义发展到未来社会主义的五阶段论，使人联想到了公羊派有关'大同'的末世观点……在所有的西方哲学中，马克思主义无疑距中国思想之基本方向最近"。① 儒家学者所说的"大同世界"，与马克思主义所宣扬的共产主义社会、社会主义社会之间，就有许多共通之处。《礼记·礼运》有这样一段话：

  大道之行也，天下为公，选贤与能，讲信修睦。故人不独亲其亲，不独子其子，使老有所终，壮有所用，幼有所长，矜寡孤独废疾者皆有所养。男有分，女有归。货恶其弃于地也，不必藏于己；力恶其不出于身也，不必为己。是故谋闭而不兴，盗窃乱贼而不作，故外户不闭。是谓大同。②

在儒家的另一部经典著作《春秋公羊传》中，则提出了人类社会的"三世说"，即"据乱世"、"小康世"和"大同世"，把大同世界看作是人类历史必然走向的一个阶段，而"小康世"则是走向大同世界的一个过渡阶段。

儒家的"大同社会"作为一种理想，在中国历史上产生了极大的影响。历代的文人与政治家往往把"大同社会"作为政治的最高境界加以宣扬，并以此为参考对现实进行观照；在民间，许多农民起义领袖所提出的类似"均贫富""等贵贱"这样的主张，也与"大同社会"的理想有关。"三世说"还被晚清的康有为等人拿过来加以发挥，作为其维新变法的最重要的理论支撑。而到

---

① [法]谢和耐：《中国社会史》，耿昇译，江苏人民出版社2005年版，第544—545页。
② 《礼记·礼运》，载《十三经》，上海书店出版社1997年版，第806页。

中华传统文化与马克思主义文论中国化

了 20 世纪初期,当马克思主义理论进入中国的时候,许多国人最初对马克思主义学说所讲的"共产主义""社会主义"的理解,就建立在"天下为公""耕者有其田""老有所终,壮有所用,幼有所长,矜寡孤独废疾者皆有所养"这样的大同理想之上。

中国的马克思主义者在理解马克思主义时,也常把这种国外的学说与中华传统文化联系起来。李大钊在谈到自己的社会理想时,就曾经使用"大同"这个词语,他认为个性自由和大同团结,这两者都是新生活、新秩序所不可缺少的。期望人类最终能打破国界,实现我们人类全体所馨香祷祝的世界大同。① 李达在论及"社会主义"时,也认为社会主义就是"反对个人竞争主义,主张万人协同主义"②。"社会主义有两面最鲜明的旗帜,一面是救济经济上的不平均,一面是恢复人类真正平等的状态"③,从中可以明显见到中国古代大同社会的理想。毛泽东在《论人民民主专政》一文中则明确地讲:"康有为写了《大同书》,他没有也不可能找到一条到达大同的路",认为"经过人民共和国到达社会主义和共产主义",才能"到达阶级的消灭和世界的大同"。④ 在改革开放的新时期,邓小平则创造性地把"小康"作为社会主义初级阶段的一个奋斗目标提了出来,"脱贫、致富、奔小康"在很长时间里成为中国共产党人给全体中国人民的一个庄重承诺,极大地鼓舞了人民群众积极参与国家建设、努力工作与生活的热情。

中国的马克思主义者把共产主义、社会主义的理想与中国古

---

① 李大钊:《联治主义与世界组织》,载《李大钊文集》(上),人民出版社 1984 年版,第 623、626 页。
② 李达:《什么叫社会主义》,载《李达文集》第 1 卷,人民出版社 1980 年版,第 1 页。
③ 李达:《社会主义的目的》,载《李达文集》第 1 卷,人民出版社 1980 年版,第 5 页。
④ 毛泽东:《论人民民主专政》,载《毛泽东选集》第 4 卷,人民出版社 1991 年版,第 1471 页。

绪 论

代所说的"大同世""小康世"联系起来，开始时代表的是一种对马克思主义的比较初步的认识水平，后来则成为中国化马克思主义的一种话语方式：用中国老百姓所熟悉的语言，去解释自己的政治主张。但无论属于哪种情况，都建立在一个基础之上，那就是他们所宣扬的社会理想，与中国古代儒家的社会理想之间确实有共通之处。

马克思、恩格斯在他们的著作中经常使用"人民"这一概念，并对此有过精彩的论述，这为马克思主义的人民观奠定了理论基础。而"人民"这一概念，以及与之相关的"以人民为中心""执政为民"等理念，在中国共产党的思想体系中，始终居于核心地位，"为人民服务"更是被作为中国共产党的宗旨加以强调。就其理论资源来讲，中国共产党对人民性立场的强调，不仅受到马克思主义人民观的影响，也与以儒家为代表的中国古代民本思想形成呼应。"人民"这个概念在中国被广泛接受，也与中国古代丰厚的民本传统有关。

中国古代民本思想发端很早，核心理念在先秦儒家学者那里就得到了充分的阐发。而且，"人民"这个词在先秦就已经出现，其实就是"民"这一概念的双音节表达形式，近现代学者的书面表达继承了这种用法。在中国两千多年的封建社会中，发端于先秦的民本思想一方面常常被统治阶级篡改成对自己有利的统治工具，另一方面也成为制约王权、保护生民的力量。近代以来，在资产阶级政治家那里，无论是康、梁那样的改良派，还是孙中山那样的革命派，都把中国古代的民本思想当成了有力的思想武器。中国马克思主义者的人民观，就是在这一背景中建构起来，并被广泛接受的。古代民本思想的许多观念，与中国马克思主义者所奉行的人民性立场，如相信人民群众是历史的创造者、把人民利益放在首位、坚持走群众路线，以及把领导干部定位为人民公仆，从道德与意识形态入手引导与提高大众，等等，尽管在理

11

论基础与最终目的上有实质性的差别，但二者之间又具有一定关联性。一方面，中国古代民本思想为中国的马克思主义者接受马克思主义的人民观奠定了思想文化基础；另一方面，由于古代民本思想在中国文化中根深蒂固，使得马克思主义的人民性立场很容易与中国的广大民众产生共鸣，从而具有了巨大的号召力。

另外，中国古代朴素的无神论思想、辩证法观念，在理解马克思主义的历史唯物论、唯物辩证法思想时，也都成为一种"前见"。可以说，中华传统文化虽然与马克思主义在时空上有很大的距离，属于不同的思想体系，但它与马克思主义之间，并非是不兼容的，在马克思主义中国化的过程中，优秀传统文化曾经发挥了十分重要而积极的作用。中华优秀传统文化与马克思主义两者之所以能够融通，一方面是由于在西方产生的马克思主义，是一种对西方现代资本主义经济、政治、文化进行全面反思与批判的理论，其在终极社会目标设定时所具有的理想主义色彩、其在社会改造问题上所持的实践理性态度，其重视人事反对宗教神权的人文主义精神，等等，确实与中华优秀传统文化中的许多内容是相通的；另一方面，中华传统文化作为具有五千年历史的人类文明的重要成果，也必然包含许多具有普遍价值的哲学观念、社会理想、人生智慧、道德原则，这些因素也为马克思主义在中国的进一步发展提供了丰富的思想资源。

中华传统文化对马克思主义文论的影响这一问题，就是在马克思主义与中华传统文化关系这一大的背景下提出来的一个学术命题，同时也是传统文化对马克思主义中国化所发生的影响的具体体现。

二　马克思主义文论与中国 20 世纪文论的关系

在讨论传统文化对马克思主义文论中国化的影响这一问题之

绪 论

前,我们首先需要明确马克思主义文论与中国 20 世纪文论之间的关系。

学者们在梳理中国 20 世纪前期的文论史时,大多把马克思主义文论看作同时期流行的文论思潮当中的一种。尽管马克思主义文论内部也存在不同的理论倾向,乃至不同的理论流派,但是,由于这一时期马克思主义者所持的文艺观,与自由主义者的文艺观、文化保守主义者的文艺观、直接代表国民党立场的理论家所持的文艺观具有明显的差异,不仅有其鲜明的政治立场、阶级立场,也有独具特色的理论话语体系,因此,判断一种理论是否属于马克思主义文论并不是太困难。而在面对中华人民共和国成立之后的文论成果时,继续沿用上述思路,习惯性地把马克思主义文论看成是诸种文论思潮之一,把马克思主义文论与其他文论进行明确的区隔,则要困难得多。因为马克思主义文论作为马克思主义理论的一个组成部分,在中华人民共和国成立后首先是被国家意识形态建构起来的主导性文论话语,其理论命题、立场与方法有着强大的影响力与渗透力,大多数文论家的理论研究,都很难不受到马克思主义的文艺观、理论话语方式与思想方式的影响。因此,当我们试图把一些文论成果放在马克思主义文论之外时,就需要十分谨慎。对于这一时期而言,虽然把所有理论成果都归在马克思主义文论的名下是不合适的,但是,把马克思主义文论作为一个普通的学术流派,过于压缩概念的外延,也不符合当代中国文论的实际情况。

对于学术界而言,那些直接用马克思主义的基本原理、基本概念从事文论体系建构的理论成果,那些针对国内外公认的马克思主义文论家与文论流派进行个案研究的理论成果,以及那些对国内外的马克思主义文论发展史进行梳理的理论成果,其"中国 20 世纪马克思主义文论"的理论身份是可以得到公认的。然而,除了上述身份比较明确的理论成果之外,在中国 20 世纪文论史上，其实还有一些把马克思主义文论作为一种理论资源从事作品阐释、进行理论拓展、寻求理论突破的成果，这些成果其实也应该算在马克思主义文论的范畴之内。

冯友兰先生在谈到哲学史研究时，曾经指出有"照着讲"与"接着讲"两种方法。在中国马克思主义文论研究当中，也曾经强调这两种方法应当并重。尤其是在中国当代文论研究当中，有些问题很明显的是在国内外马克思主义文论核心命题上接着讲的，如关于形象思维问题、审美意识形态问题等，对这些问题的探讨自然应该算在中国当代马克思主义文论研究的范畴之内。而有些问题，表面上看"接着讲"的特征不太明显，这些问题甚至是为纠正原来马克思主义文论中存在的一些偏颇而提出的，但是实际上也与马克思主义文艺理论具有很强的相关性：它们一方面以中国马克思主义文艺理论发展过程中所面对的实际问题为思考的起点；另一方面，研究这些问题的学者，也把一些公认的马克思主义理论家，特别是马克思主义经典作家的理论作为自己立论的依据。而其所涉及的论题的深入展开，则是对于中国当代马克思主义文艺理论的一种拓展与深化。在总结中国当代马克思主义文论研究的成就时，这些研究成果也应当引起重视。

以新时期中国文学史上围绕文学主体性进行的理论建构为例。当时，帮助人们进行文学主体性建构的理论资源有三种：一是对中国文论界1950年代曾经涉及的文学中的"人情""人性"等命题，特别是"文学是人学"这一命题的重提；二是对马克思《1844年经济学哲学手稿》中人道主义思想的发掘；三是新时期开始时李泽厚从哲学的层面对主体性问题的深入探讨。而李泽厚在这方面的探索，一个很重要的目的就是越过黑格尔去追寻马克思主义的更深的哲学渊源。可以讲，支撑1980年代文学主体性理论建构的这三个理论资源，都与马克思主义理论有关。因此，我们完全可以把新时期的文学主体性建构，与围绕审美意识形态

绪 论

进行的理论建构，以及围绕"实践美学"进行的理论建构一起，放在中国马克思主义文论的范畴之内。

实际上，能够支持文学主体性这一立场的，还有以西方存在主义哲学为代表的各种非理性主义思潮。但是，在1985—1986年，即文学主体性问题的讨论进行得最集中最热烈的一段时间里，却很少有人动用这样的理论资源。当时西方各种现代主义思潮已经进入中国，并为许多学者所了解。对这些理论资源的刻意回避，进一步表明了文学主体性讨论的参与者是自觉地把讨论限定在马克思主义文艺理论的范围之内的。因此，在这场讨论过去30年之后，有学者提出了这样的观点：文学主体性的论争"作为新时期以来诸多文艺论争中著名的一个，其合理性与局限性、洞见与盲视，都敞现了中国学界为建构马克思主义文艺理论中国形态的艰难境遇和不懈努力，回顾并总结之，对进一步推进马克思主义文艺理论的中国化进程有重要的理论意义"[①]。

在中国当代文论发展史上，有些从国外引介的文艺理论，本身与马克思主义文论的立场是相左的，但在进入中国之后，则被中国的学者进行了马克思主义化的改造，使之与中国当代马克思主义文论具有了相关性，在讨论中国化的马克思主义文论时，这种现象也应该引起我们的关注。

不可否认，马克思主义文论不是无边的，而是有着自身明确的理论特征的。1980年代中后期在中国曾经产生很大影响的俄国形式主义、英美新批评等文论流派，倡导对文本进行封闭的研究，反对通过研究作家所处的时代去对文学作品的内容进行解读。这显然与马克思主义文论的基本立场是对立的。然而，到了后来，在中国文论界为受到质疑与批判的形式主义文论进行"辩护"的过程中，形式主义文论在很大程度上被解释成了一种与马

[①] 黄念然：《"文学的主体性论争"与马克思主义文论的中国化》，《华中学术》第18辑，华中师范大学出版社2017年版。

克思主义相兼容的文论。类似的情况还出现在中国当代文论界建构生态美学与生态文艺学的过程当中。文艺理论与批评中的生态学视角在中国萌生并逐渐产生影响，始于1990年代中后期。从根本上讲，它是中国文艺理论研究者以自己特有的方式，对包括中国在内的全球性生态危机日益加重的一种反应。其最初的理论资源，来自西方的生态哲学、生态批评思想。中国传统哲学天人合一等观念，以及艺术思想中的自然浪漫主义倾向也对生态美学、生态文艺学的理论建构起到了很大作用，与此同时，在生态文艺学、生态美学理论建构中，马克思主义作为一种理论资源，也受到重视。在这个过程中，建构生态美学的学者不但比较系统地介绍了国外的"生态马克思主义"思想，而且还通过自己的研究，从马克思主义经典作家的著作中找到了与生态思想有关的论述与理论命题。这样的论作包括张玉能的《实践美学与生态美学》（《江汉大学学报·人文科学版》2004年第3期）、刘成纪的《"自然的人化"与新中国自然美理论的逻辑进展》（《学术月刊》2009年第9期）、董济杰的《〈1844年经济学哲学手稿〉中的马克思主义生态美学思想解读》（《学术论坛》2016年第5期），以及对生态美学和生态文艺学理论建构产生过影响的解保军的著作《马克思主义自然观的生态哲学意义》（黑龙江人民出版社2002年版）、曾永成的文章《从生成本体论到人本生态观——对马克思"自然向人生成"说的生态哲学阐释》（《成都大学学报·社会科学版》1998年第4期）等。有学者还因此提出了要建构中国当代马克思主义生态美学的构想。这些努力，同样表明了马克思主义作为一种主导理论对中国当代文论建设的深刻影响，同时也表明了中国当代生态学美学、生态文艺学的建构与马克思主义文论之间不可分割的联系。

没有边界的马克思主义文论概念对中国当代马克思主义文论建设固然是有害的，然而，对马克思主义文论过于狭隘的理解，把许多当代中国文艺理论的成就放在马克思主义文论范畴之外，也是与实际情况不符的，而且对中国马克思主义文艺理论建设也是不利的。我们应当以比较包容的态度去看待中国的文艺理论研究与马克思主义文艺理论研究之间的关系，客观评价中国马克思主义文论发展的成就。

三 影响马克思主义文论中国化的因素

"马克思主义文论中国化"作为一个实践过程，贯穿了20世纪初以来马克思主义文论在中国传播与发展的始终。然而，与"马克思主义中国化"问题很早就引起关注不同，"马克思主义文论中国化"作为一个明确的概念被提出，引起讨论与关注，则是比较晚近的事情。

在新文学建立的过程中，引进西方的文学观念与文学样式对中国传统文学进行改造是主流。尽管延安时期毛泽东提出要使中国的马克思主义具有"中国作风与中国气派"，之后，就文艺的民族形式问题，曾经进行过热烈的讨论，这对于马克思主义文论在中国化的过程中形成具有民族特色的话语体系起到了很大的推动作用，并形成了《在延安文艺座谈会上的讲话》这一中国化马克思主义文论的经典文本。但是，即便是在《在延安文艺座谈会上的讲话》发表以后，外来的理论话语还是会经常主导中国的马克思主义文论研究：在1950年代到1960年代，来自苏联的文论话语曾经在中国文艺理论研究与教学中起过主导性的作用；进入新时期，中国文论话语则开始受到20世纪西方各种文论思潮的深刻影响，出现了十分明显的"西化"倾向。在整个理论界忙于把国外的理论当成新的、进步的理论加以引介的情况下，文艺理论中国化问题就很难引起普遍的关注与思考。

新时期西方各种文论思潮的引进，主要是为了改变"文化大革命"之后中国文论思维方式僵化、话语单一、概念陈旧的状况。马克思主义文论研究的创新与突破，在很大程度上也借助了对20世纪西方马克思主义文论的译介。然而，大量西方文论话语进入中国，也给中国的文论建设造成了一定的困扰。一方面，外来的理论在很短的时间里大量涌入后，却没有时间消化，导致中国当代文论话语新名词、新概念泛滥，但对问题的讨论却常常流于表面，难以深入；另一方面，许多西方理论在中国存在"水土不服"的问题，中国当代文论界对这些理论的热炒，很容易使文论研究脱离中国现实，让一些论题在中国成为"伪命题"。更为严重的问题还在于：当外来理论的引介成为中国当代文论研究者的主要工作时，很容易造成思维的惰性，使得中国当代文论研究不再习惯于提出自己的问题，形成自己独特的表述，创造出属于自己的文论范畴，最终的结果是文论话语丧失主体性。正是在这种背景下，1990年代中期以后，一些学者批评中国当代文论，乃至整个20世纪文论，因受西方文论话语方式的影响而患上了"失语症"，自己民族的文化经验与审美经验在当代文论中无法得到有效的表达，从而提出了通过中国古代文论的现代转换重建中国文论话语的主张。与此同时，一部分中国的文艺理论研究者也开始试图借"马克思主义文论中国化"这一命题，总结反思20世纪中国文论发展的历程，以马克思主义文艺理论为指导建立中国自己的文论话语体系，用以解释与指导中国本土的文艺实践，同时获得与西方的文艺理论进行平等对话的资本。

近二十年来，在"马克思主义文论中国化"问题上最重要的学术研究，当数由朱立元教授主持、2004年立项、复旦大学与山东大学共同完成的教育部重大攻关项目"马克思主义文论中国化研究"。其直接成果表现为《马克思主义文艺理论中国化研究》一书的出版，以及课题组成员在研究过程中发表的一系列相关文章、完成的几篇相关博士论文与博士后出站报告。另外，自1990年代开始，特别是进入21世纪以来，有更多的学者在自己的研究中，从不同角度涉及了这一问题。学者们在这一问题上的研究思路主要包括：对马克思主义文论中国化过程进行整体性的回顾、反思与总结；就马克思主义文论中国化过程中涉及的一些核心命题，如人民性问题、人性问题、审美意识形态问题、现实主义问题等进行专题研究；对一些代表性的理论家，如毛泽东、周扬、茅盾、胡风等人文艺思想的内容及形成的原因进行个案研究；就中国马克思主义文论与马克思和恩格斯的经典论著、苏联文论、"西马"文论之间的关系进行对比研究。以上这些方面的研究取得了一系列重要成果。

马克思主义文论在中国传播与发展的过程中，至少受到四个因素的影响：

一，世界范围内马克思主义文论发展的阶段与水平；

二，中国学者接触马克思主义文论的途径；

三，学者本人希望借助这一理论解决的现实问题；

四，中国本土原有的文化传统与文论传统。

上述四个方面，在当代马克思主义文论中国化问题研究中，有些讨论得是比较充分的。比如，从1980年代开始，就有许多学者通过翔实的史料分析，论证了中国最早的一批马克思主义文论家怎样通过苏联与日本的理论界，接触到马克思主义文论，并把它们翻译介绍到中国，以及这种特定的接受渠道对中国马克思主义文论的形成与发展产生的巨大影响。近年来，当学术界直接面对马克思主义文论中国化这一问题时，马克思主义文论如何介入了中国特定时期的文学实践与社会实践，并被中国自身的实践所塑造这一维度，也得到了重视。而对中国自身固有的传统文化如何介入了中国化马克思主义文论的建构这一问题，研究工作则做得相对比较薄弱。虽然一些学者在自己论著的某些章节里，曾涉及这一问题，但是还没有系统性的专著问世，直接针对这一问题的单篇研究论文也比较少。

实际上，从某个具体的历史节点看，中国马克思主义文论家对外来的马克思主义文论的接受，既不是全方位的，也不是"原汁原味"的，其中什么样的理论能够进入中国并很好地得以传播，中国学者怎样对接触到的理论加以解释与改造，既与外来理论自身的品格以及中国社会面临的现实问题有关，也与中国本土原有的文学文化观念有关。在马克思主义文论进入中国之初，虽然中国文学已经经历了晚清与五四的变革，但是，传统文化仍然保有自己的影响力。两个理论体系之间既存在相互竞争的关系，同时，传统文化也是许多人理解与接受马克思主义文论的"前见"之一。而当中国学者依据马克思主义哲学的基本原则与方法思考文艺理论问题时，中国自身的文化传统与文学观念也必然会介入其中。

因此，尽管不断有学者希望并声称自己掌握的理论最正宗，在追求纯正的马克思主义理论这种虚幻的目标引导下，总是有人强调马克思主义文艺理论与包括中国传统文论在内的其他理论体系的本质区别，马克思主义文论为保持自身的纯洁性，必须与其他理论展开各种各样的"斗争"。中华传统文化作为一个整体，许多时候更是被贴上封建主义的标签，放在了马克思主义文艺理论的对立面，即便谈论两者之间的影响关系，关注的也往往只是用马克思主义文艺理论对中国传统观念进行改造的可能性。但是，这一切并没有阻止中华传统文化作为一种文化背景，渗透到马克思主义文艺理论在中国传播与发展的过程当中，并在对马克思主义文论的理解、接受、建构、改造过程中扮演了重要角色。

百年来，在中国化马克思主义文艺理论形成与发展过程中，传统文化对马克思主义文论的影响大概经历了五个阶段。

第一个阶段，是20世纪初期马克思主义理论刚传入中国的时候。这一时期的理论家往往从中国固有的概念、命题，以及中国传统文学经验出发，去理解与阐发马克思主义的一些观点。这既与中国第一代马克思主义者自身的知识结构有关，也与他们试图使马克思主义理论在国内能被更多的人接受所做的策略性选择有关。

第二个阶段，是从"革命文学"兴起到1940年代末的几十年。这是马克思主义文艺理论与其他理论共存与竞争的时期。其间，虽然"反传统"的立场为许多马克思主义文论家所秉持，但是像毛泽东、瞿秋白、茅盾、艾思奇等人就文艺问题发表看法时，并不把中华传统文化置于与马克思主义文艺观绝然对立的位置上，而是在二者之间寻求着融通的可能。1930年代中期以后，在将马克思主义中国化的过程中，郭沫若、陈伯达等人早年的传统教育背景被迅速激活，他们开始主动地对中华传统文化展开研究，一方面尝试着用马克思主义的历史唯物主义观点对中国古代社会进行分析，另一方面尝试用马克思主义哲学的一些概念对中国古代哲学思想进行重新阐发。经过这样的阐发之后，中国自身文化传统的许多因素，被吸收到中国化马克思主义理论当中。这使得1930年代中期至1940年代初期延安的马克思主义文艺理论建构，也具有了浓厚的传统学术背景，对延安时期文艺界关于民族形式问题的论争，以及毛泽东《在延安文艺座谈会上的讲话》这一经典文本的形成，都产生了十分深刻的影响。

第三个阶段，是中华人民共和国成立到1970年代末。这一时期主要强调的是用马克思主义文艺理论批判与改造中国传统文艺观念。但在"革命的现实主义与革命的浪漫主义相结合"的命题中，以及在"双百"方针的制定、古代文学现实主义传统的厘定、"文学是人学"命题的提出、文学人民性内涵的进一步阐发过程中，中华传统文化的潜在影响依然不能忽视。

第四个阶段,是1980年代至1990年代。整体上讲,这一时期西方各种文论话语进入中国,中国文论研究出现了跟着西方的理论潮流与话题走的倾向。但是,在这一时期,中国文论界提出的许多理论命题,如"实践美学"、文学主体性、审美意识形态等,仍然与中国传统观念之间有着密切的联系。而这一时期关于中国20世纪文论"失语症"的讨论,以及将古代文论的一些范畴进行现代性转化的学术努力,则标志着中国马克思主义文论民族身份意识的进一步觉醒。

第五个阶段,是进入21世纪之后,特别是党的十八大以来的一段时间。这一时期,在强调文化自信,"着力构建中国特色哲学社会科学,在指导思想、学科体系、学术体系、话语体系等方面充分体现中国特色、中国风格、中国气派"① 的大背景下,中国的思想界对包括中华美学精神、中国优秀古典文学传统在内的中华传统文化的评价发生了根本性的改变,中国的文艺理论研究者更加自觉地将马克思主义文论与中国自身文化传统相结合,使之相互阐发,从而使马克思主义文论与中华传统文化的融通达到全新的理论高度。

反观一个世纪以来中国马克思主义文论的发展历程,我们发现中国学者围绕文艺的人民性、主体性、现实主义文艺观、人与社会的关系、审美与政治的关系等马克思主义文论的核心命题进行的理论建构,一方面得益于对马列经典著作的学习与领会,得益于对国外各种马克思主义文论思潮的不断吸纳与借鉴;另一方面,这一理论建构过程也是理论家们将马克思主义文艺理论与中国社会的现实语境相结合,与中国固有的传统文化相融通的过程。

---

① 习近平:《在哲学社会科学工作座谈会上的讲话》,人民出版社2016年版,第15页。

四　本书的主要内容

本书以"传统文化影响下的马克思主义文论中国化历程"为研究对象，试图通过历史过程的考查，探讨马克思主义文论中国化过程中，一些传统文化观念与文学观念在特定的历史条件下，对于中国马克思主义文论的一些重要命题，以及重要理论家的理论思想所产生的影响，并在此基础上总结马克思主义文论中国化的规律、经验，为马克思主义文论在中国未来的发展提供借鉴。研究内容涉及以下方面。

一，1920年代马克思主义文论的主要传播平台——文学社团与中国传统文人结社之间的关系，以及从文人结社中继承的传统因素怎样影响了早期中国马克思主义文论的理论品格。

在1921年建党之后，整个1920年代，中国共产党领导层都把主要精力用在了应付十分复杂而严峻的国内、国际政治斗争形势上面，没有认真关注国际上马克思主义文艺理论发展的状况，马克思主义文论的建构，并没有列入中共中央的工作日程上。比较成系统的马克思主义文艺理论是在1920年代中期以后，随着"革命文学"口号的提出，才开始进入中国的，这一时期接受与传播马克思主义文艺理论的主体，主要是身处文学社团中的理论家。因此，整体上讲，马克思主义文艺理论1920年代在中国的接受与传播，并不是在政党的直接领导与策划下进行的，文学社团是1920年代中国学者接受与传播马克思主义文论的最主要的平台。社团中的理论家之所以会对马克思主义文论发生兴趣，是因为其中的一些立场与观点同他们社团的文艺主张之间有着可以对接的地方。而通过文学社团这一方式组织包括文学创作、文学批评与文艺理论研究在内的文学生产，并非是现代作家的首创，而是中国古代文人结社这一传统的延续。特别是明代中晚期，文坛重视理论建设，文学社团内部成员间相互标榜，社团之间相互竞争甚至相互攻击，文学立场与社会变革立场和政治立场相互交错的现象，在1920年代的文坛上，都表现得十分突出。而在晚明文学社团对现代文学社团发挥影响的过程中，清末民初兴起的社团（尤其是南社）起到了中介作用。

因此，当中国早期的马克思主义文论家们以社团理论家的身份进行理论选择与理论思考时，文学社团这一平台背后传统的人际关系模式、理论生产方式及文学观念，对中国马克思主义文论的早期形态及其理论品格产生了深刻的影响：它使得中国的马克思主义文艺理论多采取论战性的姿态与论争性的理论形态，许多文章文风生动活泼，与文学创作实践、文学批评紧密地结合在一起，具有很强的现实针对性与影响力。与此同时，社团传播也使得中国早期马克思主义文论的系统性、学理性及理论深度受到一定影响。

对深受古代文人结社传统影响的社团传播过程及其具体表现形态进行考察，是本书试图寻找中国的马克思主义文艺理论与中国自身固有的文化传统、文学观念之间的内在关联时一条重要的线索。

二，中国第一代马克思主义文论家的传统教育背景对中国马克思主义文论的影响。这首先表现在，传统教育中形成的文学观念作为他们接受国外马克思主义文论的"前见"，对于他们刚开始接受马克思主义文论时所持的理论立场发生了直接的影响；其次，对传统文化的熟悉，为延安时期的理论家们借助中华传统文化的研究，建构中国化的马克思主义文论提供了可能。

中国第一代马克思主义文论家多出生在19世纪最后一二十年到20世纪最初的几年间，他们青少年时代接受的教育当中，传统教育占了很大的比重。在传统教育中获得的各种观念、培育的艺术修养、经受的学术训练、形成的知识结构，是他们接受、理解从国外传来的马克思主义文论时无法排除的"前见"。"革命文学"论争过程中,面对年轻的革命家从国外带回的"先进的"革命文学理论,鲁迅与茅盾最初很大程度上是凭着从小培养起来的艺术直觉提出质疑,然后再为这种质疑寻找理论根据的;瞿秋白能够在指导"左联"工作时尊重文艺规律,并成为鲁迅的"知音",进而对中国马克思主义文论与批评的建设做出突出贡献,其青少年时期所接受的艺术教育也起了重要作用。而中国自身文学传统的局限性,也使得早期马克思主义文论家对国外马克思主义文论中的一些富有价值的内容视而不见,从而影响到从国外输入的马克思主义文论的质量。

1930年代中期以后,在将马克思主义中国化的过程中,一些马克思主义者早年的传统教育背景被迅速激活,他们开始主动地对中华传统文化展开研究,一方面尝试着用马克思主义的历史唯物主义观点对中国古代社会进行分析,另一方面,也在尝试用马克思主义哲学的一些概念对中国古代哲学思想进行重新阐发。这使得1930年代中期至1940年代初期延安的马克思主义文艺理论建构,也具有了浓厚的传统学术背景。这种情况对延安时期文艺民族形式问题的论争,以及毛泽东《在延安文艺座谈会上的讲话》的形成,都产生了十分深刻的影响。

三,中国马克思主义者人民性立场的形成与中国古代民本思想之间的联系,以及儒家学者基于民本思想而提出的文艺主张,对中国马克思主义文论的深刻影响。

文艺的人民性问题,在中国化马克思主义文论中占据着十分核心的位置,是马克思主义文论中国化过程中最具标志性的理论成果,而中国马克思主义者人民文艺观的形成,则受到古代民本思想的深刻影响。学界一般认为,中国古代民本思想发端很早,其主要内容包括"天命靡常"说、"民惟邦本"说、"王霸之辩"、"养民""利民"说、"革命"说等。"人民"这个先秦就出现的词语本是"民"这一概念的双音节表达形式，从近现代学者到中国早期马克思主义者的书面表达，最初都保留了这种用法，古代民本思想首先通过这一途径进入了现代政治家的观念之中。而且，与持旧民主主义立场的学者相比，中国马克思主义者在使用"人民"这一概念时，更强调其底层取向，从而与古代儒家民本思想有更多一致之处。

民本思想对文艺人民性立场的影响有两条路径：一是通过影响中国马克思主义者的人民观实现的；二是通过影响中国古代文艺观实现的。儒家基于民本思想而提出的"观诗"说、"怨刺"说、"诗教"、"乐教"主张，与中国马克思主义者通过民间文艺作品考察民心向背，了解民生疾苦的诉求，以及通过文艺活动在思想上教育与提高民众的理念虽然不能完全等同，却存在继承关系。而中国马克思主义者对农民的关注，对民间文艺的积极评价，从基层民众中培养创作者的努力，以及重视群众性文化艺术活动的传统，都与古代民本思想有逻辑上的一致之处，或者可以视为基于自身理念对民本逻辑的改造与深化。影响中国马克思主义文艺人民性立场形成的因素是多方面的，对以民本思想为代表的传统观念在其中所发挥的作用的揭示，有助于更好地理解马克思主义文艺的中国化、民族化内涵。

四，五四新文化运动以来各种国外的现实主义文艺理论在中国"旅行"过程中发生的"偏离"，及其与中国传统文化之间的关系。

在20世纪中国马克思主义文论产生与发展的过程中，国外的现实主义文学理论在传入中国之后，总是会发生某些变异。具体地讲，五四新文化运动前后，虽然现实主义文艺理论最初是以"自然主义"的名义被介绍进来的，"为人生"的主张却成为五四现实主义文学一面更具有吸引力的旗帜。在这种文学主张面前，自然主义倡导者所要求的那种不带个性色彩的冷静、客观的创作态度，以及反对用文学去承担道德责任的观点受到了强烈的质疑。在1920年代的"革命文学"论争中，日本的"新写实主义"理论被介绍到中国，这种理论有比较明显的用现实主义的客观性纠正"福本主义"的理论偏颇的取向，但在进入中国之后，却成为提倡"革命文学"的年轻理论家用来对鲁迅、茅盾等五四现实主义作家进行批判的理论武器。社会主义现实主义这个在苏联产生的理论，本身固然有苏联无产阶级文艺的理论特征，但它同时也强调写真实的原则，因而保持了与传统的现实主义文学之间的精神联系，然而在进入中国之后，却产生了把新旧现实主义文学的差异绝对化，把写光明、写英雄当成社会主义现实主义的本质特征的倾向，并最终导向了"社会主义现实主义与浪漫主义相结合"这一理论命题。

一种理论在不同的时空当中"旅行"时，发生变异是正常的。国外传来的各种现实主义文论在中国每次发生变异的原因也十分复杂，这与中国文学自身的发展阶段有关，与中国文学试图用国外理论解决自身的文学问题有关，与理论家个人及其所在社团的理论立场有关，与此同时，也与中华传统文化的影响有关。文以载道，经世致用，是中国古代的文论家对文艺功能高度凝练的概括，同时，它也是理解中国古代文学家的创作心态，解读中国古代文学作品的思想内涵时一条重要的线索。中国的马克思主义文论之所以一直执着于文学功利性的维度，强调文学作为一种意识形态的政治功能与教化功能，显然受到这一古代文艺思想的深刻影响。与此同时，中西方文艺理论对文学真实这一问题的不同理解，也是造成这种偏离的重要原因。在西方的本质主义哲学观念进入中国之前，中国并没有建立起西方意义上的文学真实观念。"现实主义"这个概念中包含的真实性原则，在西方文艺观念中从来都不是指的现象本身的真实，而是现象背后本质意义上的真实。这种真实观，是从西方的本质主义哲学观中延伸出来的。在西方的本质主义哲学观念进入中国之前，中国并没有建立起西方意义上的文学真实观念。受"史传传统"的影响，中国古代文论家所说的真实性，多数时候指的是在历史上实有其事或实有其人。因此，当中国的现实主义文艺理论因为种种原因偏离"写真实"这一原则时，自身文学传统中存在的纠偏的力量是十分有限的。相反，作家的主观因素，不仅不被认为是有可能干扰叙事客观性的因素，而且还被视为作家秉笔直书、抵达历史深处、发现历史真相的前提条件。在这一充满伦理学与心理学色彩的理论视野里，主观之真诚与客观之真实不仅密切相关，甚至合二为一。这就使得国外各种现实主义理论中强调文艺的功利性、主体性的因素特别容易被放大。与此同时，其中所包含的客观性倾向、去意识形态化倾向，则很容易被忽视。

五，中国马克思主义文论中的审美维度与中华传统文化之间的关系。

在20世纪马克思主义文论发展过程中，马克思的《1844年经济学哲学手稿》（以下简称《手稿》）产生了巨大的影响，但这种影响在东西方的表现却存在差异。西方马克思主义中的"审美主义"思潮与《手稿》直接相关，这种思潮主要表现为一种批判理论，具有"审美乌托邦"的性质，强调"感觉革命"的作用，非理性色彩十分明显，关注的主要是人的主观意识、情感、欲望等。而《手稿》影响下的中国"实践美学"，采取的则是一种建构性的理论态度，坚持社会实践对于审美与艺术活动的优先性，强调感性与理性的统一，审美与功利的统一，个体性与社会性的统一。产生这种差异的一个重要原因是"实践美学"的建构，背后还有中国传统思想的因素。在1970年代末到1980年代中期，李泽厚已经把学术重心转移到中国哲学思想史的研究上，发表了一系列这方面的研究文章。这不仅是李泽厚"实践美学"建构的学术背景，同时也是李泽厚"实践美学"建构过程中极为重要的理论资源。

由于马克思主义本身是以社会改造为目的的,强调理论必须来自具体的社会实践活动,并最终服务于社会实践。因此,审美与政治的关系,成为马克思主义文论家很难完全绕开的一个问题。"审美"与"政治"之间的矛盾在中国马克思主义文论发展史上的第一次凸显,是在1920年代"革命文学"论争中,其问题的实质不是承认不承认文学与政治之间具有关联性,而是在把文学用于政治宣传的需要时,应不应当忽视甚至是牺牲文学的艺术性,即审美性。联系中国"左翼"文艺发展的历史,我们发现,《在延安文艺座谈会上的讲话》提出的"政治标准第一,艺术标准第二"这一文艺批评标准,其实也是一个相对折中的命题。尽管毛泽东作为一个政党领袖,更看重文学的政治功能,但是在评价艺术作品时,审美标准始终在他的心目中占据着一定的位置。审美与政治的关系问题在新时期之后的马克思主义文论研究中被进一步展开,1980年代对审美问题的强调,主要是为了纠正文艺过于政治化的弊端,而当审美的维度被一些人过度强调时,文化研究的思潮兴起,在某种程度上起到了再一次纠偏的作用。在当时的一些马克思主义文论命题如审美意识形态论、"实践美学"中,以及对形式主义文论进行的"马克思主义化"改造中,同样可以看到审美与政治的折中,这与儒家的文艺观强调"尚文"与"尚用"相结合,把"尽善尽美"作为文艺的最高理想,在思路与内容上十分相近。而中国传统哲学的中庸思想,以及在文学观念上的开放态度,对于中国马克思主义文论家理解文学与政治的关系问题,同样发挥了潜移默化的影响。

六,胡风以主观战斗精神为特征的现实主义文论与中国文化传统的关系,以及文学主体性问题在当代文论中进一步展开时,对中国传统观念的吸收与利用。

对于20世纪中国马克思主义文论发展史而言,胡风是一个无论如何也无法绕开的人物。胡风的文论思想自成体系，特色鲜明，而且一以贯之。其最重要的标志，就是对文学主体性的张扬。胡风的理论对创作主体的道德、意志、情感等方面提出了许许多多的要求，把这些主观条件作为现实主义得以实现的前提，无论就其思路而言，还是就其具体内容而言，与中国史传文学传统有很多共同之处。强调认识对象的复杂性与认识过程的艰难，是符合马克思、恩格斯倡导的现实主义文学精神的，而把认识论问题的重点转向认识主体，强调以"主观战斗精神"达到对于对象的认识，尤其是强调创作主体的人格力量的重要性，强调创作主体对苦难的承受能力，对新事物狂热拥抱的态度，则属于胡风的现实主义理论特有的东西。这些内容与中国传统文论把文学家与历史学家的道德操守与表达真相的勇气作为保证真实性的条件具有一致的地方，而在胡风的人格里，不仅可以发现革命者的热情，五四知识分子的"孤独"，还可以发现古代士大夫身上常有的殉道精神。

1980年代初期对文学主体性的张扬，其理论传统不仅可以追溯到1950年代后期的"文学是人学"这一命题，而且还可以追溯到1930年代就开始形成的胡风的文艺思想。在文学主体性论争当中，刘再复等人表达的许多观点，从某种意义上来说是对胡风、钱谷融等人理论观点的继承与进一步深化。而在钱谷融写下《文学是人学》一文的前一年，中国当代学术史上著名的"美学大讨论"已经展开。在这场美学大讨论中，青年美学家李泽厚正式亮相。李泽厚在新时期从哲学角度对人的主体性的研究，也对文学主体性问题的提出及其理论展开提供了直接的启发。因此可以讲，从胡风的"主观战斗精神"到"文学是人学"，再到文学主体性的张扬，构成中国马克思主义文论中一条贯穿几十年的线索。这条线索与李泽厚的美学也形成一种呼应关系。到了晚年，李泽厚把自己的美学称为"有人的美学"，并以"情本体"为核心概念，对自己的美学思想进行了总结与升华。而当李泽厚把自己一生的思考最后落实在"情本体"问题上时，我们发现他所追求的"有人的哲学""有人的美学"，无论是借助于马克思，还是康德，或者是其他理论，实际上都没有离开中国古代哲学与美学的根基。

以上六个方面的内容，被依次放在本书主体部分的六章当中进行论述。

中国的马克思主义文论先是作为一种外来的、具有西方现代文化特征的理论体系，后来作为占主导地位的、不断随时代发展而变化的理论体系，一方面与中华传统文化中的一些因素相通相融，另一方面也与其中的一些因素存在隔膜与冲突。因此，传统文化对马克思主义文论在中国的传播与发展的影响是多方面的：有促进，也有阻遏；有建立在视界融合基础上的理论创化，也有基于自身逻辑与立场而对马克思主义文论基本原则与理论命题的误解与歪曲。因此，对马克思主义文论中国化过程中传统文化作用的考察，同时也是以特定的理论视角对马克思主义文论中国化过程中存在的经验教训的总结。它不仅有助于我们正确认识马克思主义文论中国化的真实过程，而且有助于我们全面理解中国化马克思主义文论的深刻内涵，准确把握中国化马克思主义文论的理论走向，而这对建构适合中国国情、具有中国特色，与中华民族的文化精神相融合的马克思主义文论体系，有着十分重要的参考价值。

第一章 文人结社传统对马克思主义文论早期传播的影响

一 社团作为中国早期马克思主义文论传播的主要平台

诞生于20世纪初新文化运动中的中国现代文学,在最初的十几年里,由文人结社而形成的文学社团,是其最主要的组织文学生产的方式。而在1920年代,当马克思主义文论开始进入中国,被中国的理论家接受与传播的时候,也主要是经由文学社团这一平台完成的。一个理论家在当时流行的多种文艺理论思潮中,选择马克思主义作为接受与传播的对象,而且在可能接触到的具有不同理论指向的马克思主义文艺理论流派中,选择具有某一种指向的理论流派作为接受与传播的对象,并不完全是由理论家个人对文学问题的理解与理论兴趣决定的。对多数理论家而言,他们的选择在很大程度上也与其所在的文学社团在特定的历史条件下形成的文学立场,以及特定时期文学实践的需要有关。导致理论家在对所接受的理论进行解释时向某一方向发生偏离的原因,也往往与其所在文学社团的文学立场及文学实践需要有关。而中国现代文学社团,则深受古代文人结社这一传统的影响。

新文化运动开始前后的几年间,马克思主义思潮已经传入中国,但人们还仅仅把它当成是一种政治学说、经济学说或社会学

第一章　文人结社传统对马克思主义文论早期传播的影响

说，马克思主义的文艺观，并没有进入中国学者的视野。在中国共产党成立之后，整个1920年代的中共领导人，包括对文艺问题有很大兴趣的陈独秀、瞿秋白，在领导人的位置上时，都把主要精力用在了应付十分复杂而严峻的国内、国际政治斗争形势上面，根本无暇参与文艺战线的斗争，也没有认真关注过国际上马克思主义文艺理论发展的状况。马克思主义文论的建构，更没有被列入中共中央的工作日程上。瞿秋白虽然早年在苏联时关注过苏联的无产阶级文学实践，但他认真研究马克思主义文艺理论，并最终成为中国现代文学史上重要的马克思主义文艺理论家，实际上与他1931年年初在中共六届四中全会上被王明等人排挤出政治局常委，在"赋闲"的状态下开始介入"左联"的事务有关。比较成系统的马克思主义文艺理论是在1920年代中期以后，随着"革命文学"口号的提出，才开始进入中国的。在当时，参与并推动"革命文学"论争的，主要是文学研究会、创造社、语丝社、太阳社等文学社团，接受与传播马克思主义文艺理论的主体，也是身处文学社团中的理论家。

据文学史家考证，最早提出"革命文学"这一主张的，是文学研究会：1921年7月30日，文学研究会的发起人之一郑振铎就发表了《文学与革命》一文。文学研究会也是中国较早接受、传播马克思主义文艺理论的文学社团之一。1924年，郑振铎出版了《俄国文学史略》一书，这是中国系统介绍俄国文学的第一本专著，书中列专章介绍评述了对后来苏联的马克思主义文艺理论产生重要影响的别林斯基、车尔尼雪夫斯基、杜勃罗留波夫等人的理论观点，并高度评价了高尔基的创作成就及其文学思想。茅盾在1925年的《文学周报》上连续发表了长文《论无产阶级艺术》，主要结合苏联的文学实践，对无产阶级艺术的发展情况，以及无产阶级艺术的形式特点及其思想内涵进行了分析与总结。

文学研究会的理论家之所以会对马克思主义文艺理论产生兴

中华传统文化与马克思主义文论中国化

趣,是因为马克思主义文艺理论的一些立场与观点,同他们最初提倡的"写人生""人道主义""血和泪的文学""泛劳动主义""文学是一种严肃的工作""自然主义"等文学理念有着可以对接的地方。茅盾是文学研究会最重要的理论家,同时也是中国共产党最早的一批党员。在建党初期(同时也是文学研究会成立初期),虽然茅盾也在尽力为党工作,但在文艺主张上,他所提倡的是西方资产阶级的自然主义文学观。而茅盾从早年宣扬自然主义文学观,到后来转向宣传马克思主义文学观,并不使人感到突兀,这主要是因为他从马克思主义的文学观中提取了现实主义的立场与方法,从而与之前的文学主张很好地实现了对接。在最初接受与宣传马克思主义文艺理论的时候,茅盾的身份主要还是文学研究会的理论家,而不是中国共产党文艺思想的代言人。没有资料显示,茅盾在1920年代是受到党组织的指示,开始进行马克思主义文艺理论的研究与传播工作的。而据茅盾自己回忆,文学研究会刚成立时,他在商务印书馆编《小说月报》,只是因为其工作环境的方便,受党的指派,承担了外地党组织或党员与在上海的党中央之间联络的工作。[①] 正是因为茅盾代表着文学研究会的理论立场,使得他所倡导的马克思主义文艺理论与创造社所倡导的马克思主义文艺理论之间形成了明显的差异。

创造社是在国内发动"革命文学"论争的主要文学团体。而早在挑起"革命文学"论争之前,创造社中的一些人物就开始接触与传播马克思主义文艺理论。后来的创造社领导人在介绍创造社的历史时,常常强调国内第一篇将文艺问题与阶级斗争学说联系起来的文章——郁达夫的《文学上的阶级斗争》,这篇文章发表在1923年5月27日《创造周报》第3号上。尽管他们也承认,郁达夫当初在文章中对阶级斗争的理解与马克思主义的立场

[①] 茅盾:《复杂而紧张的生活、学习与斗争》,载贾植芳等编《中国文学史资料全编:文学研究会资料》,知识产权出版社2010年版,第784页。

第一章　文人结社传统对马克思主义文论早期传播的影响

还存在较大差距。创造社的灵魂人物郭沫若接触马克思主义理论，最早的记载是1924年，这一年，他在日本翻译了日本早期马克思主义学者河上肇的《社会组织与社会革命》一书。1925年，郭沫若宣称完成了文艺思想的转变。[①] 1926年，他先后发表了《文艺家的觉悟》《革命与文学》两篇利用马克思主义观点宣扬"革命文学"的文章，提出"革命文学""在形式上是写实主义的，在内容上是社会主义的"等主张。而在从事上述工作时，郭沫若并不是中共党员，他是在1927年8月参加南昌起义之后才加入中国共产党的。创造社后期的理论家冯乃超、朱镜我、李初梨等人，在日本接触马克思主义文艺理论，也是在1920年代中期，其思想深受当时在日本流行的马克思主义文艺理论流派"福本主义"的影响。而随着他们在1927年回国，作为创造社的新生力量，以"革命文学"为口号发起对鲁迅、茅盾、张资平等人的批判，这种带有强烈的"左倾"色彩的马克思主义文艺理论也被带进了国内。这时候，他们也都不是中共党员。创造社后期的骨干冯乃超、朱镜我、李初梨、李铁生等人加入中国共产党，是已经由创造社的"小伙计"成为中共宣传部门领导人的潘汉年，在1928年出面调停左翼文学内部关于"革命文学"的论争，阻止他们对鲁迅、茅盾等五四作家进行攻击的时候。

需要强调的是，如果说文学研究会的理论家接受与传播马克思主义文艺理论，是因为马克思主义的阶级斗争学说、对现实主义文学的提倡等，与他们之前的文学主张在许多方面可以契合的话，那么创造社接受与传播马克思主义文艺理论，则是在经历了一次十分明显的转向，对自己前期的许多文学主张进行了大胆的否定之后。这种转向，当然与国内、国际政治形势对创造社成员思想的影响有关，但同时也与创造社作为一个文学团体，在经历

[①] 宋斌玉等：《创造社十六家评传》，重庆出版社1998年版，第23—24页。

了一次低谷之后，需要借马克思主义文艺理论的提倡，在国内的文坛上重新树起自己的旗帜，谋求生存与发展的需要有关。

创造社在酝酿的时候，曾提出国内没有纯粹的文学社团，因此要填补这方面的空缺。他们最初提出的口号以及给国内文坛留下的印象是唯美主义的，专心致力于文学艺术发展的。创造社的这一文学姿态与文学研究会的"为人生"的文学主张针锋相对，在刚提出时曾经对国内文学青年产生了很大的吸引力，使创造社获得了最初的成功。但在接下来的几年间，创造社又面临着很大的生存困境，亟须为自己寻找一条新的出路。正是在这种情况下，创造社元老郑伯奇在日本与一帮年轻人一拍即合，决定回国发起一场"文学革命"。这场"文学革命"要将包括鸳鸯蝴蝶派作家、新月派作家、文学研究会的主要作家，以及鲁迅这样的文坛领袖，都作为革命的对象，试图借助于对封建文学、资产阶级文学、小资产阶级文学的全面批判，建立起全新的无产阶级文学，并借此重新确立创造社在国内文坛的地位，再创创造社早期的辉煌。而且，他们一开始实际上把批判的主要矛头指向了左翼文学内部，与太阳社、文学研究会以及鲁迅等人发生了激烈的冲突。因此，1920年代后期的"革命文学"论争，很大程度上是文学社团之间争夺话语权的斗争。它不是中国共产党统一领导下的文艺运动，对于中共的文艺事业发展也有不利的地方，以至于到后来不得不由中共出面终止了这场论争。

一个明显的事实是，在马克思主义文艺理论引入中国并得以传播的过程中，除茅盾（1921年入党）、蒋光慈（1922年入党）等极少数中共早期党员外，许多人如鲁迅、郑振铎、冯雪峰、郭沫若、郁达夫、郑伯奇以及从日本回国的创造社后期成员冯乃超、李初梨等人，刚开始接触马克思主义文艺理论时，都不是中共党员，有些人终生也没有加入中国共产党。即使是像茅盾、蒋光慈这样的中共早期党员，在1920年代开始接受与传播马克思

第一章　文人结社传统对马克思主义文论早期传播的影响

主义文艺理论时，也主要是以文学家的身份在活动。整体上讲，马克思主义文艺理论1920年代在中国的接受与传播，并不是基于政党理论宣传的需要，也不是在政党的直接领导与策划下进行的，文学社团是1920年代中国马克思主义文艺理论接受与传播的最主要的平台。这种状况到1930年"左联"成立以后才有所改变。

因此，在研究中国现代文学史上外来的马克思主义文艺理论怎样被本土理论家接受与传播这一问题时，那些本土理论家所在的文学社团的文学立场与文学实践需要，也是一个应该被考虑到的因素。在对诸如茅盾、成仿吾、冯乃超、蒋光慈等中国早期马克思主义文艺理论家进行个案研究时，必须考虑到他们作为特定文学社团的理论代言人这一身份。而像鲁迅这样的理论家，在文学社团林立的现代文学发展的早期，虽然选择了相对独立的姿态，与文学社团之间的关系不像茅盾等人那么密切，但是，一方面，在1920年代大部分时间里，他仍然属于语丝社，其对马克思主义文论的选择性接受，与语丝社的文学立场存在一定的相关性；另一方面，他之所以对马克思主义文艺理论产生兴趣，并成为马克思主义文艺理论的接受者与传播者，与其在"革命文学"论争过程中，试图回应来自创造社、太阳社这样的文学社团的批判有关，这也可以视为文学社团这一文学组织方式对中国马克思主义文艺理论影响的延伸。

中国现代文学史上马克思主义文艺理论早期的接受与传播主要借助文学社团这一现象，与同时期世界上其他国家马克思主义文艺理论的生成与传播相比，有着很大的特殊性。在作为中国马克思主义文艺理论最初来源地的苏联、日本和欧洲，马克思主义文艺理论家们或者是接受了马克思主义政党的指导乃至于直接领导，或者是作为相对独立的学者，以较为纯粹的学术态度从事理论工作。而在此之前，19世纪的马克思主义文艺理论家们，也不像大多数中国最初的马克思主义文艺理论家那样，主要以文学社团代言人的身份，根据文学社团自身的现实需要从事理论工作。马克思主义文艺理论最初在中国被接受与传播时，其接受与传播平台的特殊性是值得关注的。

二 现代文学社团与古代文人结社之间的传承关系

实际上，通过文学社团这一方式组织包括文学创作、文学批评与文艺理论研究在内的文学生产，并非现代作家的独创，而是中国古代文人结社这一传统的延续。而当中国早期的马克思主义文艺理论家们经由文学社团这一中国故有的平台进行理论选择与理论传播时，这一平台背后的传统因素，必然会对中国马克思主义文论的早期形态及之后的理论品格产生深刻的影响，这构成了马克思主义文艺理论本土化的一个重要方面。对这种影响的过程及其具体表现形态进行考察，有助于我们更深入地把握中国的马克思主义文艺理论与中国自身固有的文化传统、文学观念之间的内在关联。

中国现代文学史上文学社团的发展经历了这样一个过程：1920 年代，是中国现代文学社团蓬勃发展的时期；以 1930 年代初期"左联"的成立为标志，此后文学社团这一组织形式经历了一个被逐渐改造、淘汰的过程；到了 1940 年代，几个最有代表性的文学社团要么已经不存在，要么已经走向衰落，社团的数量也大为减少。而之所以如此，恰恰是因为中国现代文学社团带有太多"前现代"的文化基因，因而并不符合中国文学"现代性"发展的方向。一位西方学者曾敏锐地指出："民国时期的文学与传统有着很大程度上的延续性，这种延续性在生产的文本中显然并不多，但却大量存在于文本生产所处的社会语境里。无论什么

第一章　文人结社传统对马克思主义文论早期传播的影响

样的文体的生产者,都共享着流行的在文学社团工作中的习性。"① 也就是说,文学社团这一直接来源于中国古代文人结社传统的组织形式的存在,使得中国现代文学在文学观念、文体形式等方面比较多地借鉴西方资源的同时,作家的写作方式、相互之间的交往方式,以及不同文学主张间进行竞争的方式仍然受到中国文学传统的深刻影响。

现代文学研究界在关于现代文学社团的研究中,为证明中国现代文学的"现代性",比较多地强调了现代文人结社与古代文人结社之间的差异。比如,有学者就认为,"新文学"与"旧文学"在文学运动方式上的差异"几乎是本质上的",因为古代文学史上的"公安派""桐城派"等文学组织模式,本身有着明显的地域上的局限性。而"新青年派"、文学研究会、创造社、"语丝派"、"现代评论派"等文学社团,则打破了地域的隔绝,形成了地域之外的新空间。"现代文学活动是在这种新的空间下开展,现代的文学流派就是在这种空间中生长出来的,现代的文学运动也是在这种新的空间中得以形成与推广的。"② 有学者虽然也注意到了"中国现代文学社团的发展呈现出的是负增长态势,文学社团在文学史上不是越来越活跃,越来越多,也不是所占的地位越来越高,相反,越来越弱,越来越少,越来越低",但却把其原因归于 1920 年代以后政治对思想文化干预的加强。而在谈到现代文学社团与传统文人结社之间的关系时,仍然认为"它们不是以传统文会制度为继承模仿的对象,而是与新文学建设的种种思路结合起来,在新文学建设的使命感和责任感上组团结社,其社团宗旨和运作指向,也自非传统文社的以文会友或展示闲情逸致

---

① [荷兰]贺麦晓:《文体问题——现代中国的文学社团和文学杂志(1911—1937)》,陈太胜译,北京大学出版社 2016 年版,第 267 页。
② 钱文亮:《新文学运动方式的转变》,上海文化出版社 2010 年版,第 74 页。

所能相比"。① 这种看法在很大程度上忽视了现代文学社团与古代文人结社传统之间的关联，是不全面的。

其实，从一些现代文学社团的人员构成上，仍然可以看到一种基于同乡关系的联结，如语丝社主要成员周氏兄弟、孙伏园、孙福熙、钱玄同等人都是浙籍作家，且多为绍兴人；以高长虹为首的狂飙社以山西人为主干；浅草沉钟社的成员都来自四川；等等。这表明，古代文人结社常常依托的同乡关系，在现代一些文人结社时依然发挥着重要作用。此外，中国古代的文人结社也不全是以同乡关系为依托的，其结社活动的地点也不一定就在社员的家乡，其中有些文人结社也依托中心城市。因此，早在宋元时期，就形成了北方以开封、洛阳为中心，南方以临安、苏州为中心的文人结社版图。古代文学社团成员之间的联结，则在同乡关系之外，也有依托于官场同僚关系、科场同年关系或师生关系的。有些时候，使不同的成员走到一起的，主要是共同的文学兴趣或文学主张。如引发后世文人纷纷效仿的唐代"香山九老会"，就以白居易为核心，在洛阳这一"京畿之地"形成。当时，白居易仕途受挫，心灰意冷，终日与朋友酌酒赋诗打发晚年时光。"九老会"的成员多为白居易的官场同僚，另外也有僧人加入其中。古代社会由身居同一文化中心的文人，出于共同的文学兴趣结成的文学社团，与现代文学史上同处上海，或同处北京的文人聚集起来形成的文学社团，以及在大学校园里，依托同事、师生关系结成的文学社团之间，就其结社的缘由而言，并无二致。而在明朝末年，已经形成过复社那样的跨越苏、浙、赣几大区域，社员人数达几千人的文人社团。这样的社团，完全打破了地域局限，而且其所跨地域之广，社员人数之多，社团内部结构之复杂，并不亚于任何一个现代文学史上的大型社团。至于谈到社团

---

① 朱寿桐：《中国现代文学社团史》，人民文学出版社2004年版，第15、32页。

第一章　文人结社传统对马克思主义文论早期传播的影响

的功能，古代文学社团并非都是"以文会友或展示闲情逸致"，也有许多文学社团试图借文学活动表达政治诉求，实现改造社会的抱负。与此同时，一些现代文学社团也仍然起着"以文会友或展示闲情逸致"的作用。

总体来看，古代文人结成的文学社团，实际上是现代文人结社时可资借鉴的样板。只不过在现代文学社团运行过程中，一些古代社会没有或者是发展得不太充分的因素，如商业化的出版机构与现代报刊，介入了文学社团的运作之中，并发挥了重要作用。现代文学社团与古代文学社团间的差异肯定是存在的，但其间的传承关系也相当明显。现代文学史上以文学社团为依托形成的作家之间的社会联结，同样是处在传统与现代之间的一种状态，中国传统的文人交际方式与文学生产方式在其中发挥的作用不可忽视。

中国的文人结社活动，从唐代开始，由宋入元，在明代达到高潮。入清之后虽遭统治者的禁绝，但仍然持续发展了很长一段时间，之后才逐渐走向衰落。到了晚清，一方面革命党人模仿明末清初的政治社团模式建立了许多反清组织；另一方面，受明末复社等文人社团的直接影响，以南社为代表的文人结社活动也开始活跃。这是1920年代文学社团层出不穷的重要历史背景。因此，如果说1920年代的文人结社活动是对中国古代文人结社活动的继承的话，这种继承是有选择性的：它更多地继承了明代中后期文人结社的传统。对于文学主张十分明确，同时还持有明确的社会变革诉求或明确的政治主张的文学研究会、创造社、太阳社等文学社团来讲，更是如此。

有学者把明代的文人结社分为四个时期：（一）元末明初时期；（二）"台阁体"兴盛时期；（三）文学复古时期；（四）党争时期。明代文人结社的高峰出现在后两个时期，即明代的中晚期。就其特点而言，第三个时期"文人结社伴随文学复兴而兴盛,社团性质亦因此有了改变,由前一时期怡老诗社为主流发展为这一时期以文学性团体为主流,在文人结社基础上文学流派迅速兴起"。到第四个时期,"在前一时期卷入文学论争的文人团体至此卷入晚明政治风潮之中,党争与结社一体化,文人结社的性质再一次发生了变化"。①

明代中晚期,工商业在江南许多城市获得较大的发展空间,市民阶层兴起,各种思潮渐趋活跃,文坛上流派林立,新说迭出,政治上则党争不断。文学社团对于当时许多社会思潮的传播、文学流派的形成,甚至是朝廷的政治走向,都产生过重要的影响。这种情况,与现代文学史上最初十几年的状况的确有很多类似之处。

重视理论建设,具有鲜明的文学主张,是明代中晚期文学社团的一个重要特征。以李梦阳、何景明为首的前七子诗社,旗帜鲜明地倡导复古主义,并形成了系统的复古主义理论,而归有光参与的南、北二社,则大力推行其"唐宋文学"主张,并有不少理论建树。另外,像"性灵说""童心说"等进步学说的产生,都有文学社团的背景。有不少文学社团在立社之初就将文学主张地宣扬放在了十分重要的地位上,或在立社宗旨中表明,或在社约中明确规定下来,表现出鲜明的文学倾向。比如在明末影响很大的复社,自形成之日起即以"兴复古学"标榜,社名亦因此而生:"期与四方多士共兴复古学,将使异日者务为有用,因名曰复社。"②

明代中晚期的文学社团另一个特点就是用社团特定的文学主张与文学立场品第作品,在社员间相互标榜。作品的品第与标榜对于社团人心的凝聚与社团统一的文学创作风格的形成有十分积

---

① 何宗美:《明代文人结社综论》,《中国文学研究》2002年第2期。
② (清)陆世仪:《复社纪略》卷一,《中国历史研究资料丛书》,上海书店出版社1982年版,第181页。

第一章　文人结社传统对马克思主义文论早期传播的影响

极的作用："在品第、标榜这些具体手段之后，所体现的无疑是一种群体精神，它们在维系、调节群体内部关系，使群体保持和谐方面发挥着重要作用。……这些手法犹如润滑剂，使诗社活动这部'机器'处在一种良性互动的状态中。在此基础上，诗歌流派的脱胎而成，也就是很自然的了。"①

另外，明代中晚期文学社团往往是在十分复杂的文学环境与政治环境下，通过激烈的理论论争与政治斗争求得生存与发展的。尤其是到了第四个时期，党争与结社一体化，文学立场与政治立场的表达、文学权力与政治权力的争夺往往不分彼此，观念、立场的论争往往达到白热化程度。这也导致当时的文学批评往往十分尖锐，甚至充满偏激。郭绍虞先生曾这样讲："我总觉得明人的文学批评，有一股泼辣的霸气。他们所持的批评姿态，是盛气凌人的，是抹煞一切的。因其如此，所以只成为偏胜的主张；而因其偏胜，所以又需要劫持的力量。这二者是互为因果的……我们统观明代的文学批评史，差不多全是这些此起彼仆的现象。易言之，一部明代文学史，殆全是分门立户标榜攻击的历史。"②

明代中晚期文坛重视理论建设，文学社团内部成员间相互标榜，社团之间相互竞争甚至相互攻击，文学立场与社会变革立场、政治立场相互交错的现象，在1920年代的文坛上，都表现得十分相似且突出。

三　南社在古今文人结社传统延续上的纽带作用

晚明文学社团对现代文学社团发挥影响的过程中，有一个十

---

① 欧阳光：《宋元诗社研究丛稿》，广东高等教育出版社1996年版，第13—14页。
② 郭绍虞：《照隅室古典文学论集》（上），上海古籍出版社1983年版，第513页。

分重要的纽带,那就是成立于 1909 年 11 月 13 日,一直持续到 1920 年代中期的南社。

关于南社名字的由来,其最早的发起者之一高旭在南社成立前夕发表的文章中曾做过这样的说明:

> 然而社以南名,何也?《乐》:"操南音不忘其旧",其然,岂其然乎!南之云者,以此社提倡于东南之谓……鄙人窃尝考诸明季,复社颇极一时之盛。其后,国社既屋矣,而东南之义旗大举,事虽不成,未始非提倡复社诸公之功也。因此知保国之念,郁结于中,人心所同。①

南社是一个政治色彩浓厚的文学社团,不仅在传统的诗词文赋创作方面有很高的成就,而且在辛亥革命以及后来的反对袁世凯称帝等历史事件中,扮演过十分重要的角色,是清末民初一支重要的革命力量。而激发起南社成员革命热情的,是推翻清朝统治、恢复汉人政权的理想。这样一来,他们便自觉地把自己的文化统绪与清人入关之前的明朝联结起来,而其以抗清排满为核心的民族主义、兴复古学的学术追求、忧时托志、砥砺气节、反抗异族的诗学精神也以"几复风流"为依托得到呈现。以复社、几社为代表的明末的文会诗社,成为其刻意模仿的样板。

复古是复社的最鲜明的旗帜,在文学上,他们主张"夫文未有不复古而能开宗者也"。② 而南社在清末民初也把复兴古代学术作为自己的诉求。而且,南社对复社的继承,已经上升到精神层面。南社把成立大会的地点选在苏州的虎丘,就是要与崇祯六年复社的"丘召雅集"遥相呼应。关于明末的这场盛会,时人吴伟业曾有这样的记载:

---

① 高旭:《南社启》,《民吁报》1909 年 10 月 17 日。
② 黄淳耀:《董圣褒房稿序》,《陶菴全集》卷二。

第一章　文人结社传统对马克思主义文论早期传播的影响

> 先期传单四出,至日,山左、山右、晋、楚、闽、浙以舟车至者数千人。大雄宝殿不能容,生公台、千人石,鳞次布席皆满,往来丝织……观者甚众,无不诧欢,以为三百年来,从未一有此也。①

对南社成员而言,这一盛况不仅是江南文人的骄傲,更是一种要刻意凸显的民族文化记忆。而包括许多几社、复社成员在内的江浙文人,在入清后保有的民族气节,成为他们着力发掘的精神资源。在具体地点选择上,虎丘雅集定在张国维的祠堂,就是为了以这位为抵抗满清而牺牲的勇士的精神相激励。

复社是在张溥、吴扶九、孙淳等人的努力下,以应社为基础,合并了其他文人社团而形成的文人集团。自兴起之日始,复社便名震天下。南社不仅在规模、影响力方面与复社相仿,而且其在聚会方式、活动内容、资金筹集渠道以至于许多成员的行为方面,都对复社进行了刻意的模仿。

主持南社事务十多年,被视为南社灵魂的柳亚子,在1924年为《南社丛选》作序时,曾谈到自己年轻时对复社、几社人物的神往:

> 旷观前史,几、复清流,卧子、瑷公、勿斋、维斗,名在日月之表。而陈名复、李舒章辈则何如?又孰谓古今人不相及也。余生扶九、孟朴之乡,而谬膺天如、受先之任,负乘致寇,有托而逃,亦有年矣。②

吴扶九是复社的核心成员,据《苏州府志》记载,此人"世

---

① (清)陆世仪:《复社纪略》卷二,《中国历史研究资料丛书》,上海书店出版社1982年版,第207页。
② 杨天石、王学庄:《南社史长编》,中国人民大学出版社1995年版,第598页。

居荻塘，貌魁硕，善谈论。少负才名，喜结客。复社初起，与同郡张溥、杨廷枢等实为领袖。家饶于赀，四方造访者，舟楫蔽荻塘而下，客既登堂供具，从者或在舟中作食，烟火五六里相接，如此十余年无倦色"。而柳亚子也是因其少负才名，热心南社事务，而且家境富有，仗义疏财，成为南社的灵魂人物的。因此，柳亚子以吴扶九自比，是十分恰切的，这位同乡先贤对柳亚子参与南社的榜样作用也是显而易见的。除写诗外，青年时期的柳亚子还花费大量精力撰写明清之际的人物传记，勾勒明季逸史，搜罗出版乡邦文献，这其实也是要以钩沉的方式，呈现被清朝统治者有意抹去的"几复风流"。

因此，尽管南社在中国现代文学史上影响巨大，而且一直到1920年代还在从事活动，新文学的倡导者以及后来的研究者，却都更愿意把它看作是一个"近代"的，甚至"古代"的文学社团，把南社的成员算在旧文学的阵营里面。胡适1916年发表在《新青年》上的首提"八不主义"的信中，就有"如南社诸人，夸而无实，滥而不精，浮夸淫琐，几无足称者"的评论，把南社当成了"文学革命"的对象之一。①

而实际上，尽管南社成员以写旧体诗文为主，在新文化运动过程中对白话文学有明显的抵触，但作为一个社团组织，南社对后来的新文学社团有着实质性的影响。这种影响首先表现在，新文化运动的重要人物中有许多人与南社关系密切，甚至直接参与过南社的文学活动与政治活动。比如，白话新诗的奠基人之一、在新文化运动中十分活跃的沈尹默，就曾经是南社成员。鲁迅尽管在后来对南社的表现颇有微词，但在辛亥革命发生前后，却在家乡绍兴加入过"越社"。越社是在南社直接影响下成立的，其核心理念、运作方式都与南社相同，有人认为它其实就是南社的

---

① 《胡适与陈独秀的通信》，《新青年》第2卷第2号，1916年10月1日。

第一章　文人结社传统对马克思主义文论早期传播的影响

一个分社。许广平后来在《民元前的鲁迅先生》这篇回忆文章中，也直接说鲁迅加入的是南社，"不过对南社的作风，先生似乎不赞同，所以始终是一个挂名的社员，没有什么表现，甚至许多社友也不知道他是同志之一"。① 而据后来周建人回忆，鲁迅当年并非仅仅在越社挂名，而是积极参与其中，并成为核心成员。

南社对民初的青年人也产生了很大的影响。在新文化运动中成立的新潮社，创社成员之一顾颉刚回忆起中学时代对南社的印象时，曾这样讲："那时的革命的文学团体，是陈去病（佩忍）和柳弃疾（亚子）所领导的'南社'，他们俩都是江苏吴江县人，为了他们激昂的宣传，江、浙一带的文人们都闻风呼应，作起慷慨悲歌、愤时疾世的诗来……他们的态度是严肃的，和上海的一般报纸偏重黄色情调和滑稽趣味的迥然不同，使得我们做中学生的仰望之若神仙。"② 因此，说南社在辛亥革命前后青年人心目中的地位，与《新青年》知识群体在新文化运动过程中的地位十分相似，并不夸张。

就文学社团而言，在1920年代中国马克思主义文论传播中起到重要作用的文学研究会，在形成自己的组织架构时，就有着十分明显的南社的痕迹。比如，它们都在全国各地设有分社，有着"包办文坛的架势"；它们都拥有很多成员，在文坛具有很强的势力；在成立的时候，南社在文学之外，把推翻清朝、恢复文化正统、光复汉室作为自己的政治使命，文学研究会则强调"文学是一种严肃的工作"，提倡"为人生"的文学，张扬"人道主义"，把社会改造作为自己的使命。而南社在反清、反袁、反复辟过程中表现出的革命热情，则在与现代马克思主义文论传播关系更密

---

① 《抗战文艺》第6卷第4期，转引自栾梅健《民间的文人雅集——南社研究》，东方出版中心2006年版，第85页。

② 顾颉刚：《我在辛亥革命时期的观感》，转引自栾梅健《民间的文人雅集——南社研究》，东方出版中心2006年版，第83页。

切的创造社成员那里表现得更为突出。创造社的革命精神，与辛亥革命中的南社可以说遥相呼应。

明末的复社、清末民初的南社、1920年代的文学研究会、创造社之间的"家族相似"性，在它们的章程（条例）中体现得十分明显。

南社第一次雅集前夕，曾经形成过一个条例，发表在1909年10月27日的《民吁报》上，全文如下：

南社例十八条

品行文学两优者许其入社。

各社员意见不必尽同，但叙谈及著论可缓辩而不可排击，以杜门户之见，以绝争竞之风。

入社须纳入社金一元。

愿入社者须写明何省何县人及通信处，能以著述及照片并寄尤妙。

社员须不时寄稿本社，以待刊刻。

所刊之稿即署名《南社》。

寄稿限于文学一部，不得出文学之外。

集稿稍多，即行付印，或一月或二月不拘定。

社中公推正社长一人，副社长二人。

选稿之权悉操诸正、副社长，余人不得顾问。

社中所刊之稿，各社员皆得分赠。

前人未刊之集，实为难得至可宝贵者，各社员如得此项时，当出而附刊于《南社》中，以公于世。

各社员散处，每以不得见面为恨，故定于春秋佳日开两次雅集。或于秣陵、吴门，或于云间、海上，临时再定。

社长每岁一易人，雅集时由众社员推荐，如连任者听之。

印《南社》费，即以社员入会金充之，如不足时，概由

第一章 文人结社传统对马克思主义文论早期传播的影响

提倡人担任,不另筹。

雅集费临时再行酌捐,社员既各因闻声相思而至,当无不欣然乐从。

社员有过,但当面为劝戒,不得背后非笑。

各例每半年于雅集时修改。

此条例受复社影响很大。比如,在经费筹集方面,复社与大部分明代社团一样,通过"凑份子"的方式来筹集经费,但其经费来源主要依靠家境殷实的成员所提供的赞助。南社规定"入社须纳入社金一元",而印《南社》刊物的费用,"如不足时,概由提倡人担任,不另筹"。这些在《南社例十八条》中多有体现。而南社"雅集费临时再行酌捐"的做法,也是包括复社在内的明代文人会社的常规做法。复社定期选刻诗文,并邀请名家作序,南社也把刊刻出版社员的作品当成一项重要工作,定期出版《南社》。复社与组成它的各分社间的关系是比较疏离的,并不存在严格的隶属关系,而且成员之间关系也比较松散,缺乏严密的组织。而《南社例十八条》对入社条件、程序、社员与社团之间联系的规定,也都比较宽泛。

南社运行一年以后,在柳亚子的主导下,于第三次雅集之时,对之前的条例进行了修改,形成了另外一个更成熟的条例。条例全文如下:

南社例十三条

一、品行文学两优,得社友介绍者,即可入社。

二、入社需纳入社金三元。

三、愿入社者,由本社书记发寄入社书,照式填送,能以著述及照片并寄,尤妙。

四、社友须不时寄稿本社,以待汇刊;所刊之稿,即名为《南社丛刻》。

五、社稿岁刊两集，以季夏季冬月朔出版，先两月集稿付印。

六、社中公推编辑员三人，会计、书记各一人，庶务二人。

七、社稿以百页为度，分诗、文、词录三种。诗、文录各四十页，词二十页。

八、选事有编辑员分任。

九、社稿出版后，分赠社友每人一册，其余作卖品。

十、各社友散处，每以不得见面为恨，故定于春秋佳日，开两次雅集。其地址、时期，由书记于一月前通告。

十一、职员每岁一易人，雅集时由众社友推举，连任者听。

十二、雅集费临时再行酌捐。

十三、条例每半年于雅集时修改。

通信处：上海法租界洋泾浜五十四号民立报馆朱少屏或苏州黎

南社这两个前后相继的条例，都规定了社员入社的条件、社费交纳的数额、经费的酬集办法、社刊的出版发行、领导层的选举与设置、社员活动（雅集）的安排等事宜。后一个条例的修改之处有以下几点。

一，规定了入社需要社友介绍，并规定了入社需要填送书面的入社书。

二，原来规定社中公推正社长一人、副社长二人。这三人同时兼编辑员，掌握南社诗、词、文三种作品体裁的选稿权，并规定"余人不得顾问"。后来的条例修改为社中公推编辑员三人，负责文稿编辑，把编辑的工作由正副社长转向了专职的编辑员。

第一章 文人结社传统对马克思主义文论早期传播的影响

三，规定了社刊《南社》的容量"以百页为度"，以及诗、文、词三种体裁所占的篇幅。

四，在原有的书记员、会计员的基础上，增加了庶务一职，并把这三种职务及人数在条例中明确加以规定。

南社条例在成立之后一年多就进行修订，是为了解决运行过程中出现的各种问题。这些问题包括：入社标准太过宽泛，手续太过简单，导致社员水平良莠不齐；三位正副社长虽然掌握了社刊的选稿权，但他们实际上并没有认真负责，因此出现了前两集作品质量不理想、各种文体比例不协调的情况。因此可以说，南社的第二个条例，吸纳了这个社团在早期运行中的经验教训。而这些在南社经验教训基础上形成的条例内容，也以条文的形式进入了十年后成立的文学研究会章程。

以下是《小说月报》第12卷第1号（1921年1月10日）刊登的文学研究会简章条文：

第一条　本会定名为文学研究会。

第二条　本会以研究介绍世界文学，整理中国旧文学创造新文学为宗旨。

第三条　凡赞成本会宗旨，有会员二人以上之介绍，经多数会员之承认者得为本会会员。

第四条　本会之事业分为左列二种：

（甲）研究　　（1）组织读书会　　（2）设立通信图书馆

（乙）出版　　（2）刊行会报　　（2）编辑丛书

其他事业临时酌定举行。

第五条　本会每月开常会一次，以讨论会务进行之办法，如有特别事故，得临时召集特别会。

读书会集会之办法另定之。

第六条　本会设书记干事、会计干事各一人，任期皆为一年。于每年十二月前后选举之。

会址所在地外之会员得以通信选举职员，但为办事便利起见，被选人以与会址在同一地点者为限。

第七条　本会的费用由会员全体分担之，其募集方法分为两种：

（甲）常年费　其款额为二元。

（乙）临时费　无定额临时募集之。

第八条　本会为稳固基础并创办图书馆起见，拟筹募基金若干元。其募集方法有二：

（甲）募集会员或非会员的特别捐。

（乙）由本会出版的书报所得的版税中抽取百分之十。

此项基金存放于指定的银行中，除购买图书或特别用款外，不得用取。

第九条　本会会址设于北京，其京外各地有会员五人以上者得设一分会，分会办事细则由分会会员自定之。

第十条　本简章有未尽事宜，得随时修正之。

发起人　｛周作人　朱希祖　耿济之
　　　　郑振铎　瞿世英　王统照
　　　　沈雁冰　蒋百里　叶绍钧
　　　　郭绍虞　孙伏园　许地山｝

（附告）凡赞成本会宗旨，愿加入本会者，请照简章与下列诸人接洽，俟后择期开成立会，商量章程，临时再行布告。

周作人　北京西直门内八道湾十一号

孙伏园　北京大学新潮社

郑振铎　北京东城西石槽六号

瞿世英　北京盔甲厂燕京大学

沈雁冰　上海宝山路商务印书馆编译所

第一章　文人结社传统对马克思主义文论早期传播的影响

文学研究会的这个简章，就内容上而言，与南社条例一样，涉及社员入社的条件、会员费交纳的数额、经费的筹集办法、社刊的出版发行、领导层的选举与设置、社员活动（雅集）的安排等事宜。简章中"凡赞成本会宗旨，有会员二人以上之介绍，经多数会员之承认者得为本会会员"这一规定，与南社修订后条例中的"得社友介绍者，即可入社"这一内容相似，"本会设书记干事、会计干事各一人，任期皆为一年。于每年十二月前后选举之"与南社条例修订后的"社中公推编辑员三人，会计、书记各一人，庶务二人"这一内容，大同小异。我们虽然很难据此说文学研究会的简章直接参考了南社的条例，因为南社之后成立的许多社团，如越社、少年中国学会、改造社，其章程中许多内容也都与南社相仿。但它至少表明，从南社到文学研究会，在组织架构的设计、经费的筹集等方面，是一脉相承的。如果说南社承传了明代几社、复社的基因的话，那么这种基因也经由南社这样的晚清社团，进入了文学研究会这样的现代社团之中。

创造社是在日本成立的，其最初的成员都是在日本的留学生，无论其成员的个人生活还是社团的生存，都比较艰难，因此在初期并不是十分注重机构与制度建设，其作品出版也依附于泰东书局，没有自己的出版机构。直到1926年，有了一定的实力，脱离泰东书局之后，才有了正式的章程与出版机构。尽管创造社以文学研究会为自己的对手，这群从国外回来的十分新潮的文学新人，更不会把南社放在眼里，然而，在1910年的南社条例、1921年的文学研究会简章、1926年的创造社章程之间，仍然存在着太过明显的家族相似性。以下是1926年12月1日发表在《洪水周年增刊》上的《创造社社章》的文本：

第一章　社员

第一条　创造社不分性别凡志愿加入本社努力文化运动

依时缴纳社费者均得为本社社员

第二条　社员入社时须有本社社员二人以上介绍经本社总社执行委员会认可方得为本社社员

第三条　凡本社社员由总社执行委员会发给证书及徽章各一

第四条　社员移居时须随时通告总社执行委员会

第二章　组织

甲　总社组织

第五条　总社设一总社执行委员会由全体社员大会选出社员六人组织之

第六条　本社之权力机关为社员全体大会但团会时为总社执行委员会是本社长期最高机关

第七条　总社执行委员会之组织

一　总务委员一人

二　编辑委员二人

三　会计委员一人

四　监察委员二人

乙　分社组织

第八条　本社所在地以外各地之社员经总社执行委员会认可得依本社另定之章程组织分社由该地分社社员全体大会选出社员三人组织分社执行委员会归总社执行委员会统率

第九条　分社执行委员会之组织

一　总务委员一人

二　会计委员一人

三　监察委员一人

丙　出版部

第十条　由本社发起募股组织出版部出版本社社员之著作及其他之刊物出版之章程另定

第一章　文人结社传统对马克思主义文论早期传播的影响

第十一条　出版部由股东组织股东会并选出理事四人与总社执行委员会所派委员四人组织理事会理事会主席另由总社执行委员会选任其监察委员会由股东推举二人与总社执行委员会所派委员二人组织之

第三章　职务

第十二条　总社执行委员会有监督及处理本社一切社务全权其各委员职责如左

一　总务委员督理本社一切事务

二　编辑委员编辑本社定期或不定期刊物及审查其他一切稿件

三　会计委员管理本社总分社一切出入财物

四　监察委员会考查本社一切进行及稽核出入账项

第十三条　总社执行委员会以总务委员为主席

第十四条　分社执行委员会承总社执行委员会之计画经理各该地一切社务其各委员职责如左

一　总务委员经理该地分社一切社务

二　会计委员经理该地分社一切出入账目

三　监察委员监察该地分社一切进行及出入款项

第十五条　出版部各职员之职责由出版部之章程另定

第四章　会务

第十六条　本社最高机关为社员全体大会常会每年举行一次但总社执行委员会认为必需时或有社员三分之一以上之请求得召集临时大会

第十七条　社员全体打回去开会日期地点及重要议案须在三个月以前通告各社员召集临时大会不在此例

第十八条　社员全体大会之职权如左

一　接纳及采行总社执行委员会及分社出版部之报告

二　修改本社章程

三　决定对于本社各种进行事项应取之方法

四　选举总社执行及监察委员

第十九条　总社执行委员会委员遇故不能履行职责时由票数次多者依次补充

第五章　任期

第二十条　总社执行委员会分社执行委员及出版部理事会各员任期二年但得连任

第六章　纪律

第二十一条　本社领有文化的使命而奋斗凡社员入社后须严守本社社章社内各问题各得自由讨论但一经决议后即须一致进行

第二十二条　凡不执行本社决议者破坏本社章程者及二年以上不缴社费者经总社执行委员会议决后追缴本社证书及徽章

第七章　经费

第二十三条　本社社费以社员所纳之入社金常年社费特别资助金及其他收入为基金

第二十四条　社员在入社时须缴入社金三圆常年费二圆

第八章　权利

第二十五条　社员有选举及被选举为本社各项委员之权

第二十六条　社员对于本社事务皆有建议及否决权

第二十七条　社员对于本社出版部所出书籍与刊物购买时与出版部股东享有同等廉价之权利但一年以上未缴常年费者停止此项权利

第二十八条　本社及分社各委员概不支薪

附　　则

第二十九条　本章程解释之权在总社执行委员会

第三十条　本章程从公布日起即发生效力

第一章 文人结社传统对马克思主义文论早期传播的影响

第三十一条 本章程有不适宜处经社员三分之一之提议随时可以修改

从架构上看，创造社的这个章程分八章三十一条，条款详细了，内容增多了，不仅比南社条例，而且比文学研究会简章也要正规得多。但仔细分析，可以发现其基本的格局并没有实质性的变化，内容也不外乎社员入社的条件、会员费交纳的数额、经费的筹集办法、社刊的出版发行、领导层的选举与设置、社员活动的安排、分社与总社的关系等，而且在具体内容上相同相近的也相当多。条例章程是规范一个社团活动的最重要的文件，这种相同或相近，至少说明在文学主张、文学风格之间差异巨大的情况下，复社、南社与文学研究会、创造社的日常运作方式、人际交往方式方面，在很大程度上是存在继承性的。

四 社团传播对马克思主义文论品格的塑造

在中国现代文学史上，创造社是一个在不断地与国内文坛其他社团进行斗争的过程中显示自己存在的文学社团。它在成立后不久，就首先挑起了与文学研究会的论争。之后，与其他社团的一次次论争，贯穿了创造社十年的历史。对创造社而言，挑起论争是一种十分重要的生存策略。

创造社成立时，遇到的第一个对手就是文学研究会。文学研究会在1921年成立后，吸纳了五四以来大多数最重要的新文学作家。而且，在它成立后的一段时间里，也成为向文坛推介文学新人的最重要的平台。文学研究会在刚成立时，确实像创造社后来所攻击的那样，是具有"包办国内文坛"的雄心的。它在组织框架上采用的是"工会"式大联合的形式，在成立宣言中就声称,要建立覆盖全国、对一切文学创作者开放的"著作工会",作为"同业联合的基本"。[①] 尽管茅盾后来讲,这种"著作同业工会"决不是"包办"和"垄断"文坛,但当创造社的年轻人试图进入国内文坛时,却发现文学研究会内部实际上已经形成了新文化运动中走出来的老作家、已经成名的新作家、刚刚崭露头角的作家,以及渴望成名的文学青年之间的等级关系。这就使得刚刚开始写作的创造社的年轻人感到压抑,从而产生了强烈的在文学研究会之外另起炉灶的冲动。但是,还在日本求学的创造社成员,根本没有文学研究会那样充足的文化资本、社会资本与经济资本,尽管他们凭着与时代精神相呼应的浪漫热情与反叛精神,以及骄人的文学业绩,在1920年代之初那样一个新事物新思想不断涌现的时代,在青年人当中赢得了很高的声誉,取得了短暂的辉煌,但两三年之后,经济上、政治上、人事关系上的各种压力与困难使这个社团已经难以为继,走向低谷。这种时候,借助于在国内提倡"革命文学"这种更具反叛意味的文学举动,创造社把自己再一次推向了文坛中心。

在现代文学史上,一个很有意思的现象是,几个比较重要的文学社团除了有自己最权威的作家之外,也都有一个或多个在社团内部地位很高的理论家:文学研究会有周作人、茅盾,创造社前期有成仿吾,后期有李初梨、冯乃超,新月社有梁实秋、饶孟侃,语丝社有鲁迅、周作人,太阳社有钱杏邨、蒋光慈……之所以如此,是因为1920年代的文坛像明朝中晚期的文坛一样,一个文学社不仅要以自己的文学创作实绩立足,而且还需要有人能够把自己社团的文学主张用理论的方式表达出来,将自己社团的代表性作家以及新人新作,以评论的方式推介出去。同时,还要有人在社团之间的论争中发出自己的声音,占据舆论的上风。这

[①]《文学研究会宣言》,载《中国文学史资料全编:文学研究会资料》,知识产权出版社2010年版,第3页。

第一章　文人结社传统对马克思主义文论早期传播的影响

些人大多身兼理论家、批评家、作家三重身份，他们在阐明社团的主张、推出自己的作家，以及在社团之间的论战中，起着只从事创作的作家们不可替代的作用，因此即使他们创作水平不高，或者在成为理论家后很少再从事创作（如创造社的成仿吾），也会与重要作家一起，被视为社团的灵魂人物。

现代文学初期的这种生态，对现代文艺理论，特别是1920年代中国的马克思主义文艺理论，产生了十分深刻的影响。曾经有不少学者指出，现代文学史上包括文学研究会、创造社在内的文学社团，其所提出的文学主张，比如文学研究会的"为人生"与写实主义，创造社早期的浪漫主义与唯美主义，其实并不能代表社团全部的创作倾向。从创作的具体情况而言，文学研究会与创造社之间的分野远没有那么明显。绝然对立的文学主张的提出，以及围绕这些主张展开的激烈的争论，实际上是为了借此树起属于自己的文学旗帜，显示自己在文坛上的独特存在。郭沫若后来也承认，"文学研究会和创造社并没有什么根本的不同，所谓人生派和艺术派都只是斗争上使用的幌子"。[①] 而许多影响很大的马克思主义文艺理论与批评的文章，就是文学社团在自我标榜与相互论争的过程中被生产出来的。

茅盾在1979年曾写过一篇文章，回忆1920年代文坛不同社团流派之间论争的情况。他提到文学研究会成立之后三四年的时间里，"不得不同时应付着三个方面的论战，一是与鸳鸯蝴蝶派，一是与创造社，一是与学衡派"。接下来，他具体回顾了与创造社三个回合的论争，并认为论争的双方虽然是"一条路上走的人"，但论争涉及的问题则与马克思主义文艺理论的立场密切相关——作品是作家主观思想意识的表现呢，还是社会生活的反映？创作是无目的的无功利的，还是要为人生为社会服务？在这

[①] 郭沫若：《创造十年》，载《郭沫若自传》，求真出版社2010年版，第261页。

中华传统文化与马克思主义文论中国化

篇回忆录中,茅盾列举的自己及创造社成员郭沫若、成仿吾、郁达夫等人在这些论争中所发表的文章有十多篇。① 而当我们翻开创造社的历史时,会发现自始至终,创造社成员的理论批评文章,包括后期创造社谈论"革命文学"的文章,几乎都是参与文学论战的产物。这其中包括冯乃超的《艺术与社会生活》《冷静的头脑——评驳梁实秋的〈文学与革命〉》、成仿吾的《从文学革命到革命文学》、李初梨的《怎样建设革命文学》、麦克昂(郭沫若)的《桌子的跳舞》等在中国马克思主义文艺理论生成的历史上十分重要的文章。与此同时,钱杏邨的《死去了的阿Q时代》、茅盾的《从牯岭到东京》《读〈倪焕之〉》、鲁迅的《上海文艺之一瞥》《文艺与革命》等著名文章,也是在论争中产生的。

以深具中国自身文化特征的文学社团这一组织形式为主的接受与传播活动,对中国早期马克思主义文艺理论的品格产生了很大的影响。这种影响有的是积极的,也有的可以视为是负面的。

从正面看,它使得中国的马克思主义文艺理论一开始就与文学实践密切结合,对文学创作实践具有强烈的介入性与切实的影响力。

文学创作、文学批评与文学理论的建构三位一体,而且理论观点与理论立场常常不是通过抽象的理论论述,而是通过具体的文学批评被表达出来,本是中国古代作家写作的常态。这种状态在现代文学建立之初得到了延续。1920年代中国的第一代马克思主义文艺理论家,几乎都同时从事文学创作与文学批评。他们当中,有中国现代文学史上最顶尖的作家鲁迅、茅盾、郭沫若、郁达夫、蒋光慈等。另外一些理论家,如瞿秋白、冯雪峰、成仿吾、冯乃超、李初梨等,虽然文学成就不是很高,但也都有从事文学创作的经历,而且最初都是从文学创作着手进入文坛的。无

---

① 茅盾:《复杂而紧张的生活、学习与斗争》,载《中国文学史资料全编:文学研究会资料》,知识产权出版社2010年版,第784—809页。

第一章　文人结社传统对马克思主义文论早期传播的影响

论是前一种理论家,还是后一种理论家,他们都身处一个或多个文学社团之中,有着切身的文学创作体会,对于新文学作家,对于当时文坛上的各种文学现象与出现的各种问题十分熟悉。出于社团之间竞争与论战的需要,他们宣传马克思主义文艺理论的文章,绝大多数都不是对马克思主义文艺理论的纯学术化的介绍与阐释,而更多是借助于对作家作品与文坛现象的分析与批评,阐发马克思主义文艺观。其中有些文章还是以杂文这种文体形式,或者最初是以富有感染力的演讲的形式呈现出来的。这些文章,一方面传播了马克思主义文艺理论的观点与立场,另一方面也品评了作家,对文坛上出现的各种现象与各种问题表达了自己的看法与立场,对作家与文坛的发展方向有着很切实的影响。比如,文学研究会成员叶圣陶的长篇小说《倪焕之》1928年发表时,正值"革命文学"论争的高潮期,创造社成员有人在发表的文章中对叶圣陶进行了严厉的批评。茅盾借此机会写出长篇论文《读〈倪焕之〉》,称赞这部小说是一部"扛鼎之作",并回顾了五四以来的文学发展道路,阐明了自己的现实主义文学观,充分肯定了叶圣陶对新文学的贡献。茅盾站在现实主义立场对叶圣陶及这部作品的充分肯定,对作家本人及这部作品文学史地位的奠定起到了十分关键的作用。

社团传播的积极影响还表现在,由于许多文章都是在社团论争中产生的,论战性的理论姿态,特别是在文艺论争中创造的杂文这种文体形式,增强了马克思主义文艺理论本身的魅力,起到了帮助马克思主义文艺理论更好地传播,增强其社会影响力的作用。论争性的文章往往观点尖锐,立场鲜明,具有强烈的问题意识与针对性,在批评与反批评的一次次往还中,许多文章都能够在文坛引起很大的关注与广泛的反响;论争本身,也往往会成为文坛上轰动一时的文学事件,吸引许多人参与其中。1920年代后期,中国左翼文学之所以逐渐地占据了文坛的中心,一方面固然

中华传统文化与马克思主义文论中国化

与其文学创作实绩有关;另一方面,也与文学研究会、创造社、太阳社这些具有左翼色彩的文学社团中的理论家们通过"革命文学"的论争产生的广泛影响有关。当时许多出版商愿意冒政治风险与左翼文学组织合作,印刷出版左翼文学组织的作品,包括理论性著作与刊物,除同情革命外,也有人是看中了这些出版物的广泛影响,以及由此得到的很好的商业回报。

然而,社团传播的途径,尤其是围绕社团间论争进行的传播,也对中国早期的马克思主义文艺理论形态产生了一些负面影响。

在论争中对马克思主义文艺理论的理解与把握,显然具有很强的选择性。不同的文学社团由于具体的理论倾向不同,因而在接受与解释马克思主义文艺理论时,就更愿意选择那些与自己社团整体的文学立场一致的理论。

艾晓明在《中国左翼文学思潮探源》一书中,曾注意到1920年代中期当马克思主义文艺理论刚开始传入中国时,"蒋光慈、茅盾、郭沫若、鲁迅这些不同文学社团的代表人物,各自都从不同的角度提出或开始思考苏俄文艺论战的基本问题"。[1] 温儒敏先生也注意到这一问题。他认为,受苏联不同倾向的文艺理论影响,国际无产阶级文学运动基本上可以分为两大派:一个是"自动论派",着重文学的认识功能与宣传功能;另一个是"决定论派",强调文学反映现实,并要遵行文学本身的规律。就中国而言,创造社、太阳社主要受"自动论"一派影响,理论来源主要是苏联无产阶级文化派及其后的"拉普",其中以波格丹诺夫组织生活论影响最大,而论争的另一方鲁迅、茅盾以及一部分"语丝派"作家,则比较倾向于"决定论",从普列汉诺夫、托洛茨基、沃隆斯基等人的理论中吸取过有益的成分。[2]

---

[1] 艾晓明:《中国左翼文学思潮探源》,湖南文艺出版社1991年版,第38页。
[2] 温儒敏:《新文学现实主义的流变》,北京大学出版社2007年版,第87页。

第一章　文人结社传统对马克思主义文论早期传播的影响

除苏联外，在1920年代，马克思主义文艺理论进入中国的另一个基地是日本。对于日本理论的接受，中国的学者也有着明显的基于社团先在文学立场的选择性：创造社的理论家接受的基本上是"福本主义"的文艺理论，这一派文艺理论本身就受到苏联"岗位派""列夫派"以及后来成立的"拉普"这一组织的文学观点的影响，偏重于强调文学的阶级性以及文学的宣传功能，而太阳社成员蒋光慈、林伯修等人，则对藏原惟人的"新现实主义"文艺观比较感兴趣，因为藏原惟人的文学主张不仅强调"用无产阶级前卫的眼光看世界"，同时也强调文学是生活的表现。而是否认可"文学是生活的表现"，正是后期创造社与太阳社的分歧所在，也是他们曾经发生论争的原因。与此同时，鲁迅等语丝社的成员也对藏原惟人的理论感兴趣，因为藏原惟人的文艺理论建立在批判"福本主义"的基础之上，强调了认识生活与客观表现生活对于文学的重要性。

基于自身文学立场对国外马克思主义文艺理论的选择，导致了文学研究会、太阳社、创造社、语丝社所讲的马克思主义文艺理论，在一定程度上都是自己先在的文学立场的延伸。他们不仅从当时苏联与日本的马克思主义文艺理论家中选择了符合自己立场的理论派别进行介绍，而且在介绍的过程中，还对一些理论流派的观点进行了符合自己立场的简化与改造。这种抱着各取所需的态度进行的理论选择与理论改造，在马克思主义文艺理论传播初期出现，不利于人们对马克思主义文艺理论完整、系统地理解与把握。

至于郭绍虞先生所批评的明代文人在表达自己观点时那种"泼辣的霸气""盛气凌人"的作风，以及"抹煞一切"的"偏胜的主张"，在文学革命论争中，也有着十分突出的表现。对于这一问题，现代文学史研究者已经形成共识。而对这种情况产生的深层原因，郭沫若在后来回顾创造社与文学研究会当时的论战时讲得十分透彻,他说,"在我们现在看来,那时候的无聊的对立只是在封建社会中养成的旧式文人相轻,更具体地说,便是行帮意识的表现而已"。①

1930年代开始,特别是到了延安时期,以社团为主的马克思主义文艺理论传播形式已经得到了改变。"左联"成立之后,马克思主义文艺理论的传播就已经开始有了政党的指导与规划;到了延安时期,在中国共产党的直接领导下,更是建立了鲁迅艺术研究院、抗日军政大学等教育机构,随着教学的需要,马克思主义文艺理论开始在课堂上进行传播,因而产生了一批职业的马克思主义文艺理论家与翻译家。但是,之前文学社团传播时期的正面的影响与负面的影响实际上并没有完全消失。因此,在考察1920年代之后中国马克思主义文艺理论的发展历程时,传统的文人结社这一形式的影响,仍然是一个应该考虑的因素。

---

① 郭沫若:《创造十年》,载《郭沫若自传》,求真出版社2010年版,第261页。

第二章　早期理论家的传统教育背景对中国马克思主义文论的介入

一　一个被遮蔽的研究视角

20世纪70年代，斯洛伐克学者玛利安·高利克出版了一本学术著作：《中国现代文学批评发生史（1917—1930）》。该书以人物为中心展开论述，全部12章共选了17位批评家，他们是：胡适、周作人、陈独秀、郭沫若、成仿吾、郁达夫、邓中夏、恽代英、萧楚女、蒋光慈、钱杏邨、茅盾、瞿秋白、鲁迅、梁实秋、冯乃超、李初梨。这17位批评家中，除了胡适、周作人、梁实秋三人外，其余的14人都曾经是1920年代的左翼批评家或中共领导人，为中国早期马克思主义文艺理论的建设做出过自己的贡献。然而，这本书在涉及这14个人时，与之前和之后中国国内出版的几部涉及左翼文艺理论与文学批评发生与发展状况的学术著作最大的不同，在于它十分具体地分析了许多人所持的中华传统文化与文学观念，并突出强调了这些传统观念在他们接受马克思主义文艺批评的立场与观点时所产生的影响。

比如，该书谈到，要了解创造社前期郭沫若的"艺术天才"的观念，我们就必须要注意庄子，[①] 而郭沫若在1920年代中后期

[①] ［斯洛伐克］玛利安·高利克：《中国现代文学批评发生史（1917—1930）》，陈圣生等译，社会科学文献出版社1997年版，第30页。

中华传统文化与马克思主义文论中国化

向马克思主义立场的转变,则是因为"他从自己的批评准则中剔除了道家观念滋养的因素","发展了那些存在于传统的儒家观念中的因素"。① 作者认为,创造社最重要的理论家成仿吾的文学观念与中国古代哲学家孟子最为接近,② 而对太阳社的核心人物蒋光慈而言,中华传统文化中的游侠思想在他的心灵中留下了深深的痕迹。正是游侠精神的影响,使蒋光慈"保持着一种个人的自由、独立不倚的精神,刚直不阿和正义感",而这又使得他在左翼文学阵营中始终是一个异类,并最终被排斥出革命队伍。③ 该书还认为,瞿秋白因为接受了佛教的一些观点,所以对社会不公平的认识十分敏感。他早年曾经想努力在佛教中"发现妙法,以拯救可怜的同胞,争作人类的救星",而这种来自佛教的对众生的同情心,与他最终接受共产主义思想有直接关系。而且,瞿秋白对于俄国文学,尤其是托尔斯泰的偏爱,也与这一思想背景有关,"关于菩萨的理想,年轻的瞿秋白主要是在列夫·托尔斯泰的文学和理论著作中试图找到它的替身"。④

这种学术视角,在中国学者的相关研究中,一直都是比较缺乏的。

中国学者对于左翼文学发生与发展过程比较系统的研究,最早的著作当属李何林先生于1940年出版的《近二十年中国文艺思潮论:一九一七——一九三七》。该书把新文化运动作为起点,但从第二编起,便以左翼文学的发生与发展为主线展开论述。其重点分析的文学批评家,与高利克的著作所涉及的人物高度重

---

① [斯洛伐克]玛利安·高利克:《中国现代文学批评发生史(1917—1930)》,陈圣生等译,社会科学文献出版社1997年版,第45页。
② [斯洛伐克]玛利安·高利克:《中国现代文学批评发生史(1917—1930)》,陈圣生等译,社会科学文献出版社1997年版,第67页。
③ [斯洛伐克]玛利安·高利克:《中国现代文学批评发生史(1917—1930)》,陈圣生等译,社会科学文献出版社1997年版,第177页。
④ [斯洛伐克]玛利安·高利克:《中国现代文学批评发生史(1917—1930)》,陈圣生等译,社会科学文献出版社1997年版,第206页。

第二章　早期理论家的传统教育背景对中国马克思主义文论的介入

合,只是结束的时间点稍晚。该书第一次采用阶级分析的方法,对新文化运动以降中国主要的文学批评家的理论观点进行了介绍,并对影响比较大的几次论争进行了回顾。然而,在涉及左翼文学批评家的文学观念与理论立场的来源时,强调最多的是来自国外的文学思潮的影响,尤其是同一时期在苏联、日本流行的左翼文学思潮的影响。

李何林所采取的思路,对后来国内的左翼文学研究有决定性的影响。比如,艾晓明在1991年出版的博士学位论文《中国左翼文学思潮探源》中,以大量史料论及1923年苏俄文艺论战与之后中国"革命文学"论争的关系、创造社的后期转变与日本"福本主义"的关系、太阳社的"革命文学"主张与日本"新写实主义"的关系、1930年代苏联的"拉普"及其演变与中国"左联"的关系等。但是,该书始终没有涉及中国自身的传统文化与文学观念对国内第一批马克思主义文论家是否产生了影响这一问题。另一本由林伟民完成于21世纪初的左翼文学思想研究著作《中国左翼文学思潮》,在探析左翼文学思想的成因时,论述的重点放在了五四启蒙传统的继承、时代的激荡、国际无产阶级文学运动的影响、中国共产党的文艺方针等方面,虽然在"知识精英的民族危机感和时代使命感"的题目下,也论及"文以载道""经世致用"这两种中国传统观念与左翼文艺思潮之间的关联,但论述十分简略,且流于泛泛而论,没有结合理论家个人的实际进行具体的分析与说明。

中外学者在面对同一研究对象时所表现出来的上述差异是颇有意味的。从事学术研究的人往往会自觉不自觉地采用求异思维,而在求异思维的引导下,西方学者所发现的左翼文学思潮中的"中国元素",对于中国学者而言却常常是被遮蔽的。虽然这种研究视角上的局限"情有可原",但却不利于对研究对象的全面认识与完整理解。

马克思主义文论最初是作为一种"外源性"理论引入中国

的。其在中国传播与发展的过程中，不但在世界范围内马克思主义文论发展的阶段与水平、中国学者接触马克思主义文论的途径、学者本人希望借助这一理论解决的现实问题等因素会对其产生很大的影响，传统文化作为许多人理解与接受马克思主义文论的"前见"之一，其对马克思主义文论在中国的建构、改造、传播、接受，也发挥着不容忽视的作用。因此，在面对中国马克思主义文论传播与发展史上一些重要问题与复杂现象时，将中华传统文化的影响这一视角与其他解释角度结合起来考察，会更切近理论生成与传播的原始语境，有时候甚至会让问题豁然开朗。

二 早期马克思主义文论家接受的传统教育

实际上，对1920—1940年代中国化马克思主义文论建构产生过重要影响的早期理论家中，陈独秀、鲁迅、郭沫若、毛泽东、郑伯奇、茅盾、成仿吾、瞿秋白、钱杏邨、蒋光慈、冯乃超、胡风、冯雪峰、陈伯达等人，都出生在19世纪末期或20世纪最初的两三年时间内。也就是说，他们青少年时代接受的教育当中，以儒家经典以及中国古典文学的传授为主要内容的传统教育占了很大的比重。这14人中，包含了中国共产党早期历史上三位极重要的领导人：陈独秀、瞿秋白、毛泽东。

表1是上文提到的14位对中国化马克思主义文艺理论的建构起过重要作用的政治家、理论家的生卒年月、家庭出身及青少年时期接受教育的大致情况。

表1　　　　中国早期马克思主义文论家早年教育背景

姓名	家庭出身	生卒年	受教育情况
陈独秀	官僚地主	1879—1942	6岁后即随祖父、长兄读旧书，17岁进学秀才，18岁参加乡试（不中），19岁入杭州求是书院，22岁赴日本入东京专门学校留学

第二章 早期理论家的传统教育背景对中国马克思主义文论的介入

续表

姓名	家庭出身	生卒年	受教育情况
鲁迅	旧官僚	1881—1936	7岁发蒙，12岁入私塾，17岁入南京江南水师学堂，翌年改入江南水师学堂附设的矿务铁路学堂，21岁官派赴日本留学
郭沫若	地主兼商人	1892—1978	4岁入私塾，14岁入嘉定府中学，18岁入成都高等学堂分设的中学，22岁赴日本留学
毛泽东	富农	1893—1976	7岁入私塾，17岁入湘乡县立中学，20岁入湖南第四师范学校（后并入第一师范学校）
郑伯奇	农民、小商贩	1895—1979	8岁入小学，13岁入陕西省农业学堂，17岁考取民国大学政治专修科，18岁入上海震旦大学初级班，23岁入东京第一高等专科学校留学生预科
茅盾	商人、中医	1896—1981	6岁入私塾，8岁入小学，12岁入乌镇高等公立小学，14岁入省立第三中学，15岁转入省立第二中学，16岁入私立安定中学，17岁入北京大学预科
成仿吾	旧官僚	1897—1984	4岁随祖父读旧书，8岁入私塾，10岁入西门书屋，12岁入高等小学，13岁赴日本留学，入名古屋中学一年级
瞿秋白	旧官僚	1899—1935	5岁入私塾，6岁入小学，10岁入常州府中学堂，17岁入武昌外国语学校，20岁入外交部俄文专修馆
钱杏邨	手工业者	1900—1977	8岁入私塾，10岁入小学，12岁入省立第一商业中学，13岁入汇文中学（教会学校），18岁入上海中华工业专门学校
蒋光慈	小商人	1901—1931	6岁入私塾，13岁入高小，16岁入安徽省立第五中学，19岁入上海"外国语学社"学俄语，20岁入莫斯科东方共产主义劳动大学中国班

69

中华传统文化与马克思主义文论中国化

续表

姓名	家庭出身	生卒年	受教育情况
冯乃超	华侨资本家	1901—1983	7岁入日本华人私立小学，8岁回国读私塾，10岁回日本读私塾、华人私立小学，17岁高小毕业，19岁入东京第一高等学校预科，20岁入本科
胡风	富农、小作坊主	1902—1985	10岁入私塾，16岁入高等小学，18岁入武昌启黄中学，21岁入东南大学附属高中，24岁入北京大学预科
冯雪峰	农民	1903—1976	9岁入私塾，10岁转入县立小学，17岁入杭州省立第一师范学校
陈伯达	旧文人①	1904—1989	8岁以前随父亲读私塾，父亲去世后，到伯父家继续读私塾，11岁入小学，15岁考入集美师范

从表1所列信息可以看出以下几点。

（1）14人中，有13人接受过私塾教育或是由"旧学"背景的家庭成员实施的传统教育，其中时间长的如陈独秀达到12年，鲁迅、郭沫若达到10年。

（2）陈独秀在赴日本前，鲁迅在进入江南水师学堂前，没有接受学校教育的经历；郭沫若、毛泽东没有接受小学教育，或者说以私塾教育代替了小学阶段的教育，之后直接进入中学；成仿吾、蒋光慈、胡风三人则在接受了私塾教育之后，直接进入高级小学。

（3）14人中，胡风结束中学教育时间最晚（1925年），其他人结束中学教育的时间都在1920年以前。而中国的新文化运动

---

① 陈伯达祖上是官僚，但其祖父只是清末举人，父亲是秀才，都是以教书为生，未入官场。

第二章　早期理论家的传统教育背景对中国马克思主义文论的介入

开始于1917年，北洋政府教育部通令小学"国文"改"国语"，教科书改为白话文是在1920年，中学国语课的改革则是在此之后两三年才开始推行的，改革的措施包括将新文化运动后产生的白话文学作品编入"国语"课文当中。也就是说，这14人除华侨出身，在日本读中、小学的冯乃超外，其余的人，虽然有些人的中小学教育也是在"洋学堂"中进行的，但在晚清民初的"洋学堂"里，也只是简单接触到了多数私塾教育不能提供的西方自然科学知识，以及十分初级的西方语言教育，其中文教育与中国文化的教育，仍然是以传统文学与文化的接受，特别是儒家经典与儒家思想的接受为主的。在这一点上，他们学习的内容，以及学习的方法，与私塾教育并无实质性的差异。

从年龄上看，到1917年新文化运动开始，最小的陈伯达也已经14岁。他们实际上在新文化运动开始前已经形成了自己一生中最初的学术知识根底及文化信仰，其中有些人甚至受过很严格的传统学术方法训练，具有很专业的传统学术素养；有些人则在中国传统文学中浸淫颇深，养成了浓重的传统文人的性格与艺术趣味。

以年龄最长的陈独秀而论，他之所以会成为中国共产党的创始人之一，并成为中共第一任总书记，与他作为新文化运动的发起者与核心人物在青年人当中树立起来的威望有直接关系，而陈独秀之所以能借主编《新青年》，组织起一帮同人，发起一场声势浩大、影响深远的新文化运动，则与他北大文科学长的特殊地位有关。陈独秀是被当时的北京大学校长蔡元培"三顾茅庐"力邀，才出掌北大文科的。一个不学无术，尤其是没有传统学术根底的人，不可能成为蔡元培眼中的北大文科学长人选。面对当时北京大学一些保守人士对陈独秀这一人选的质疑，蔡元培曾经出面为其辩护，理由就是他精通音韵训诂，学有专长。

除了具有传统学术的根底外，陈独秀还有着浓厚的古代文人

中华传统文化与马克思主义文论中国化

气质与艺术修养。在主编《新青年》前,他不但参加过反清的革命党,而且还不时与沈尹默、谢无量、马一浮等文人雅集,徜徉于湖光山色之中,写诗作词,饮酒狂欢。① 而且,陈独秀一生,除写作大量的政论文章与社会批判文章外,还留下一些对中国书法、绘画进行研究的心得,并有数量可观的古典诗词、绘画、书法作品存世。这一切,其实皆得益于他作为一个前清秀才所受的传统教育。

在中国早期马克思主义文论家中,具有很深的中国古典学术根底的人,绝不仅仅是陈独秀这个前清秀才。就学术研究的成就而言,郭沫若、鲁迅远在他之上。鲁迅关于中国小说史的研究,郭沫若对甲骨文与中国古代历史的研究,在相关研究领域,不仅具有开拓性的贡献,而且达到了相当高的学术水准。而就其方法而言,两人的研究都是在新观念的指导下,充分利用了中国传统学术的方法。而浓厚的文人性情,以及在古典诗文、书法、篆刻、绘画、音乐等方面浓厚的兴趣与不凡的才能,更是在许多人身上都有体现。从这些方面看,他们身上有着中国传统文人浓重的印记。

据瞿秋白自己讲,早年读书时,"中国的旧书,十三经、二十四史、子书、笔记、丛书、诗词曲等",他都看过一些,对文艺类的书籍尤其有兴趣。② 另外,他在艺术方面深厚的修养,还得益于早年的家庭教育。瞿秋白出身于一个封建官僚家庭,虽然后来家道败落,以致贫困潦倒,但在他小时候,则靠着家族里做官的亲属,"过了好几年十足的少爷生活"③。瞿秋白的父亲虽然是一个没有生活能力的纨绔子弟,但却具有多方面的艺术才能,

---

① 唐宝林、林茂生:《陈独秀年谱》,上海人民出版社1988年版,第49页。
② 瞿秋白:《多余的话》,载卫华、化夷《瞿秋白传》,湖南人民出版社2014年版,第289页。
③ 瞿秋白:《多余的话》,载卫华、化夷《瞿秋白传》,湖南人民出版社2014年版,第280页。

第二章　早期理论家的传统教育背景对中国马克思主义文论的介入

尤其擅长国画。其母亲也出身于官宦之家，接受过良好的教育，十分重视少年瞿秋白的教育。从父亲那里，瞿秋白很早就学会了绘画与篆刻。而他的母亲则从幼儿起就教他背了很多古典诗词。①加上个性方面的原因，使得瞿秋白一生都酷爱文艺，具有浓厚的传统文人气质。后来在狱中总结自己的一生时，瞿秋白曾经说过，相对于做一个叱咤风云的革命家，他实际上更喜欢做一个纯粹的文人。因此，在从事革命工作的过程中，他还时时地幻想着这样一种生活："到随便一个小市镇去当一个教员"，"在余的时候，读读自己所爱读的书，文艺、小说、诗词、歌曲之类"，过一种逍遥的生活。② 这种过于浓厚的文人性情，对于一个职业的革命家可能是一种缺陷，但一旦进入文艺领域，则显示出了其极大的优势。

埃德加·斯诺的《毛泽东自传》用英文记录了毛泽东的自述。该书说毛泽东8岁就在当地上小学。③ 斯诺所说的"local primary school"实际上是中国传统的私塾，"这里根本不教外国的东西，就像基督教主日学校只讲《圣经》一样，私塾里只教四书五经"。④毛泽东在这样的学校里一直读到13岁，他后来对斯诺也称自己"熟读经书"。在这段时间里，除了私塾的课程之外，毛泽东还把大量时间花在阅读中国古代小说上，这些书包括《岳飞传》《水浒传》《隋唐演义》《三国演义》《西游记》等。即使在他17岁离开韶山进入"洋学堂"之后，所学的课程中仍然包括了许多对古代经典的研读。而且，尽管毛泽东说自己从小就不喜

---

① 卫华、化夷：《瞿秋白传》，湖南人民出版社2014年版，第5页。
② 瞿秋白：《多余的话》，载卫华、化夷《瞿秋白传》，湖南人民出版社2014年版，第281页。
③ ［美］埃德加·斯诺：《毛泽东自传》，汪衡译，中国青年出版社2009年版，第136页。
④ ［美］罗斯·特里尔：《毛泽东传》，何宇光等译，中国人民大学出版社2013年版，第6页。

中华传统文化与马克思主义文论中国化

欢读四书五经，并多次反抗，但在湘乡县东山高等小学堂这所"不大注重经书"，"西方的新知识教授得较多"的学校里，他的特长仍然是在传统文化方面，他自己回忆说："教员都喜欢我，尤其是教经书的，因为我古文作得不错。"①

毛泽东留下的手稿《讲堂录》，记载了他1913年10月至12月期间在湖南省第四师范学校预科学习时的课堂笔记及学习心得。从内容看，其中主要涉及"国文"与"修身"两门课。"国文"读的主要是中国古代典籍中的经、史、子、集，包括古文与古诗词的写作。如在"十月初三，国文"的标题下，有如下记录：

伊尹道德、学问、经济、事功俱全，可法。伊尹生专制之代，其心实大公也。尹识力大，气势雄，故能抉破五六百年君臣之义，首倡革命。

作文有法，引古以两宗为是。一则病在气单。

《书》乃唐、虞、夏、商、周之史。

文章须蓄势，河出龙门，一泻至潼关。东屈，又一泻至铜瓦。再东北屈，一泻斯入海。当其出伏而转注也。千里不止，是谓大屈折。行文亦然。作史论当认定一字一句为主，如《范蠡论》重修身而贵择交句，《伊尹论》之任字是。

拿得定，见得透，事无不成。

惟明而后可断，既明而断矣，事未有不成者，伊尹是也。

人心即天命。故曰天视自我民视。天命何？理也。能顺乎理，即不违乎人；得其人，斯得天矣。然而不成者，未之有也。

做文写字，文贵颠倒簸弄，故曰做；字宜振笔直书，故

---

① ［美］埃德加·斯诺：《毛泽东自传》，汪衡译，中国青年出版社2009年版，第35—36页。

第二章　早期理论家的传统教育背景对中国马克思主义文论的介入

日写。俗话之演成，必经几多研究，认为合理而真，始克流传不朽，颠扑不破，此类是也。①

这天的课堂笔记，有对商初大臣伊尹的评价，有对《尚书》及其中的民本思想的评价，有对清代古文家姚鼐的《范蠡论》、沈近思的《伊尹论》文法的评价，有对文章做法的理解。至于修身课的课堂笔记，则有相当一部分是理学家的语录以及对这些语录的理解。这些内容都属于传统文化的范畴。

1914年，湖南第四师范与第一师范合并，上半年毛泽东仍然在预科学习，秋季进入一师本科。这一时期，毛泽东仍然在大量接受中国传统文学与文化教育。对此，《毛泽东早期文稿》一书编者所列的毛泽东年谱是这样记载的：

> 一师求学初期，在老师的影响和帮助下，认真阅读了谭嗣同的《仁学》，曾国藩的"家书"以及康德和王船山的哲学著作，还有《韩昌黎全集》《昭明文选》《楚辞》和司马光的《资治通鉴》、顾祖禹的《读史方舆纪要》等书。②

是年年底，毛泽东迎来了21周岁生日。

正是上面这批从小接受传统教育，读过四书五经的人，在20世纪初的中国，力倡"新文化"，热情地传播马克思主义，希望创造一个全新的世界。这个群体，既是五四时期介绍马克思主义的主力，也是1920年代中期以后一直到鲁迅去世，发起"文学革命"论争，组织"左联"的主力，同时还是延安时期由马克思主义中国化这一论题切入，建构起以《在延安文艺座谈会上的讲话》为标志的中国化马克思主义文艺理论体系的主力。在这个过

---

① 《毛泽东早期文稿》，湖南出版社1990年版，第588页。
② 《毛泽东早期文稿》，湖南出版社1990年版，第707页。

程中，他们对"新文化"的想象，以及对马克思主义的理解，是以传统教育给予他们的知识，以及在这种教育方式中形成的文化人格为背景的。从传统教育中获得的各种观念、培育的艺术修养、经受的学术训练、形成的知识结构，是他们接受、理解马克思主义文艺理论时无法排除的"前见"，同时也是他们进行马克思主义文论建构时可以调动的十分重要的学术资源。

三 传统教育背景与早期马克思主义文论家的理论立场

1920年代及1930年代初期，从国际范围看，是马克思主义文艺理论发展过程当中一个思想比较混乱的时期。一方面，在匈牙利出现了卢卡奇站在"人本主义"立场上对马克思主义的重新解读；另一方面，在苏联，由"无产阶级文化"衍生出来的"无产阶级文学"这一概念刚刚提出，在特定的政治氛围里，关于怎样建设"无产阶级文学"这一问题，出现了许多十分幼稚、激进，有违文学创作规律与艺术发展规律的主张。这些主张有些直接从苏联传入中国，有些经由日本中转，再加工，然后传入中国。以"革命文学"的论争为标志的中国左翼文学的出场以及初步的展开，正是在这种情况下发生的。

1920年代中后期，在左翼文学阵营内部，对于许多问题的认识存在很大分歧，发生了许多论争。这些论争与分歧的产生，除了"宗派"情绪的作用（比如创造社与太阳社之间的相互攻击）之外，还与不同的理论立场有关。太阳社、创造社激进的年轻人往往会站在"革命"的立场上，强调"一切的文学，都是宣传"，"文学，有它的组织机能——一个阶级的武器"[①]。而既赞同革命，

[①] 李初梨：《怎样建设革命文学》，《文化批判》第2号，1928年2月15日。

第二章　早期理论家的传统教育背景对中国马克思主义文论的介入

同时又坚持文学立场的文学家,则更愿意强调"一切文艺固是宣传,而一切宣传却并非全是文艺"①,并提醒人们"有革命热情而忽略于文艺的本质,或把文艺也视为宣传工具",是会让文艺创作在不知不觉中走上标语口号这条路的。②

年轻的革命家们是以正统的马克思主义者自居,打着"马克思主义文艺理论"的旗号去宣传他们的文学主张的。而此时,马克思、恩格斯本人关于文艺问题的许多论述,特别是几封著名的文艺通信,大多还没有得以公开发表,人们无法从马克思、恩格斯原典这一渠道鉴别年轻的马克思主义理论家们从国外带回的这些新的文艺理论,是否是真正的马克思主义文艺理论。他们的质疑,实际上是基于自己之前对文艺问题的理解以及由此建立起来的艺术直觉。

是否符合艺术规律,至少是鲁迅与茅盾两人鉴别一种理论观点是否可信的重要依据。1926年鲁迅曾注意到托洛茨基的《文学与革命》一书,并表示认同,认同的理由是感觉到托洛斯基"深解文艺"。③1928年,茅盾写下《从牯岭到东京》一文,在对形成标语口号式文学的原因进行分析时,文中指出了三种情况:第一种是"有革命热情而忽略于文艺的本质";第二种是"把文艺也视为宣传工具";第三种则是"缺乏文艺素养"。④因此,鲁迅、茅盾在对创造社、太阳社的年轻人进行批评时,之所以敢于对他们那些时髦的主张表示怀疑,在艺术问题上表现出极大的自信与坚持,实际上是基于他们深厚的艺术修养,而这种艺术修养一方面来自他们自新文化运动以来的卓

---

① 鲁迅:《文艺与革命》,载《鲁迅全集》第4卷,人民文学出版社1981年版,第84页。
② 茅盾:《从牯岭到东京》,《小说月报》第19卷第10号,1928年。
③ 参见艾晓明《中国左翼文学思潮探源》,湖南文艺出版社1991年版,第37页。
④ 茅盾:《从牯岭到东京》,《小说月报》第19卷第10号,1928年。

有成就的创作实践，另一方面也来自他们青少年时期对中国古典文学的系统的学习。

正因为对太阳社、创造社年轻的理论家们所宣扬的"马克思主义文艺理论"的正当性产生了怀疑，鲁迅开始自己去阅读相关著作。他通过各种途径广泛接触了托洛茨基、普列汉诺夫、弗里契、梅林、考茨基、卢那察尔斯基、布哈林等人的理论著作，并将普列汉诺夫和卢那察尔斯基的著作介绍给了中国读者。这些人的许多文艺观点与太阳社、创造社成员所宣扬的时髦的理论相比，显得更宽容，更容易与鲁迅之前形成的文艺观念接通，更符合中国传统思维在认识问题时辩证、中庸的立场。① 鲁迅与茅盾等人基于自身文学信念而对某些文学立场的坚持，特别是鲁迅的翻译工作，客观上校正了中国早期马克思主义文论中存在的不顾文艺自身规律，在许多问题上认识偏激与片面，在中国"水土不服"的问题，提升了早期中国马克思主义文艺理论的质量。

实际上，鲁迅等人当时并没有认识到，这些从苏联、日本舶来的马克思主义文艺理论，也并非就是"原汁原味"的，而是已经被其输入者根据自己的理解与现实需要进行了删减与通俗化的处理，其原有的哲学深度与艺术高度，因此上被打了很大的折扣。

高利克在梳理钱杏邨经由日本向中国输入的"无产阶级现实主义"这一文学观念时，曾经注意到这样一个细节：在苏联的提倡者佐宁以及在日本的提倡者藏原惟人那里，都对于心理描写在"无产阶级现实主义"文学中的作用十分重视，有过深入的论述，而钱杏邨在《中国新兴文学中的几个具体的问题》一文中向国内读者介绍藏原惟人的理论时，却对其中与心理描写相关的内容只

---

① 相关论述参见泓峻《传统文学观念在 20 世纪前期中国化马克思主义文论形成中的作用》，《马克思主义美学研究》2009 年第 1 期。

第二章　早期理论家的传统教育背景对中国马克思主义文论的介入

字未提。①

高利克谈到的这个细节是十分耐人寻味的。苏联文论家对心理描写的重视，正是对于俄国19世纪现实主义文学传统的继承，它实际上是现实主义文学创作能够具有一定深度的重要保证。而对于钱杏邨这样既没有多少文学创作的实践，也没有对文学问题进行过真正深入思考，只是急于用文学创造新世界的年轻的"革命家"而言，接受类似于要求作家"把社会必然向前、进步、胜利的趋势形象地描写出来"②这样的文学观念并不困难，因为这一方面符合他们站在革命的立场上看待文学时的逻辑；另一方面，类似的文学主张与他们从小就接受的"文以载道"的文学观念之间，也很容易产生共鸣。而"心理描写"这种文学方法，却是在西方文学中发展起来的，中国传统的叙事文学中很少使用，对他们而言也就显得相当隔膜。因此，这些内容最后被钱杏邨当成过于技术化、过于细枝末节的问题而略去，也就并不令人感到奇怪了。这个现象至少说明，传统的文学观念对马克思主义文论中国化的影响，也可能是负面的，它会使中国的理论家囿于自身的文化视界，而对国外马克思主义文艺理论中某些深刻的东西视而不见或反应迟钝。

在中国早期马克思主义文艺理论发展过程中，瞿秋白做出了十分独特的贡献，是一个十分核心的人物。李何林在1940年出版他的《近二十年中国文艺思潮论（1917—1937）》一书时，将鲁迅与瞿秋白两人的肖像都放入了扉页，称二人为"现代中国两大文艺思想家"，并在序言中写下这样一段话：

---

① ［斯洛伐克］玛利安·高利克：《中国现代文学批评发生史（1917—1930）》，陈圣生等译，社会科学文献出版社1997年版，第167页。
② 钱杏邨：《中国新兴文学中的几个具体的问题》，《拓荒者》创刊号，1930年1月。

中华传统文化与马克思主义文论中国化

> 在近二十年中国文艺思潮中,除鲁迅以外,瞿秋白也占着很重要的地位……他的文章风格虽有一部分和鲁迅不同,但他二人的学识、思想、文章,在现代的中国要称"双璧"!假使说鲁迅是中国的高尔基,那么他可以算是中国的浦列汉诺夫了。①

这段话表明在那个年代,瞿秋白在一些左翼文学家心目中具有十分崇高的地位。

实际上,瞿秋白虽然在1920年就参加了李大钊组织的"马克思学说研究会",并于1922年在莫斯科加入了中国共产党,是中共早期最重要的马克思主义理论家、宣传家之一,而且在1927年国共分裂之后,接替陈独秀主持中央政治局工作。但是,他真正参与中国左翼文学的工作并产生重要影响,却是在"左联"成立之后。这是因为在马克思主义思潮刚传入中国时,人们还仅仅把它当成是一种政治、经济学说,马克思主义的文艺观,还没有进入人们的视野。而到了1920年代中期,当创造社的成员发起关于"革命文学"的论争时,瞿秋白已经成为中共最为核心的成员之一,并在很长一段时间内主持中央工作,主要精力都用在了应付十分复杂而严峻的国内、国际政治斗争形势上面,根本无暇参与文艺战线的斗争。1931年年初,在中共六届四中全会上,瞿秋白被王明等人排挤出政治局常委。在政治上被"靠边站",无事可干的情况下,瞿秋白开始通过时任中共中央宣传部文化工作委员会书记,分管"左联"工作的冯雪峰,"指导"左联的工作,并结识了鲁迅。作为中共一个时期内实际上的最高领导人,瞿秋白并不成功,甚至犯了很多错误,包括"左"倾盲动的错误。但一旦转入文艺战线,他却如鱼得水,很快发现并纠正了"左联"

---

① 李何林:《序》,载《近二十年中国文艺思潮论(1917—1937)》,陕西人民出版社1981年版,第15页。

第二章　早期理论家的传统教育背景对中国马克思主义文论的介入

工作中存在的问题,对"左联"的发展做出了十分重要的贡献,这不能不说与他深谙文艺,具有很高的艺术修养,因而能够认识到像茅盾、鲁迅这样的作家的真正价值,尊重作家,通晓艺术活动的规律有着直接关系。而其艺术修养,也是在他的青少年时期奠定的。

中国共产党直接领导下的"左联"在成立之初,实际上仍然存在着"关门主义""宗派主义",重视政治斗争而忽视对作家创作的指导等问题。而瞿秋白在指导"左联"工作时做的很重要的一件事,就是利用他的影响,在1931年11月通过了一个决议:《中国无产阶级革命文学的新任务》,在一定程度上克服了"左联"存在的问题,开创了"左联"工作的新局面。茅盾在后来谈到这个决议与瞿秋白的关系,以及它所产生的积极影响时,是这样讲的:

> 决议分析了形势,明确了任务,并就文艺大众化问题、创作问题、理论斗争与批评等问题,提出了自己的主张,特别是一反过去忽视创作的倾向,强调了创作问题的重要性,就题材、方法、形式等方面作了详细的论述……我认为,这个决议在"左联"的历史上有十分重要的作用,它标志着一个旧阶段的结束和一个新阶段的开始……促成这个转变的,应该给秋白记头功。[①]

在同一篇文章中,茅盾还谈到,瞿秋白"在党员中的威望和他在文学艺术上的造诣,使党员们人人折服。所以当他参加了'左联'的领导工作,加之他对鲁迅的充分依赖和支持,就使得鲁迅如虎添翼"。[②]

[①] 茅盾:《我走过的道路》(中),人民文学出版社1984年版,第86页。
[②] 茅盾:《我走过的道路》(中),人民文学出版社1984年版,第86页。

中华传统文化与马克思主义文论中国化

这里涉及瞿秋白指导"左联"工作期间的另一个重要贡献，那就是很好地协调了"左联"这个党领导下的组织与鲁迅之间的关系，得到了鲁迅充分的信任，极大地增强了"左联"的影响力与战斗力，成为当时党的各项工作的一大亮点。瞿秋白领导的"左联"时期，是鲁迅对中共在"左联"中的党组织最信任，与中共在"左联"中的党组织关系最融洽的一个时期。茅盾这样评价这一时期的"左联"的工作："鲁迅与秋白的亲密合作，产生了这样一种奇特的现象：在王明'左'倾路线在全党占统治地位的情况下，以上海为中心的左翼文化运动，却高举了马列主义的旗帜，在日益严重的白色恐怖下，开辟了无产阶级革命文学的道路，并且取得了辉煌的成就。"①

在此期间，瞿秋白与鲁迅个人之间也建立起一种十分亲密的友谊。鲁迅与瞿秋白一见如故，相互之间十分信任。在那个白色恐怖的特殊时期，瞿秋白几次遇到危险时，都把鲁迅家里当成了可以躲避的安全场所。这种亲密的私人友谊，又是建立在共同的人生信仰与文学信仰之上的。许多年之后，许广平回忆起瞿秋白在自己家里的情形时，曾经充满感情地这样写道：

> 他和我们在一起，我们简单的家庭平添了一股振奋人心的革命鼓舞力量，是非常之幸运的。加以秋白同志的博学、广游，谈助之资实在不少……鲁迅对党的关怀，对马列主义从理论到实践的体会，平时从书本上看到了，现时可以尽量倾泻于秋白同志之前而无须保留了。②

这一时期，鲁迅与瞿秋白不仅共同译书，共同著文（有一些出自瞿秋白之手，由于他的特殊身份不便发表的东西，便经过鲁

---

① 茅盾：《我走过的道路》（中），人民文学出版社1984年版，第87页。
② 许广平：《鲁迅回忆录》，作家出版社1961年版，第122页。

第二章　早期理论家的传统教育背景对中国马克思主义文论的介入

迅的修改，以鲁迅的名义发表），更重要的是，瞿秋白在此期间编辑出版了《鲁迅杂感选集》，并写下了一篇著名的序言。这篇序言，第一次站在马克思主义文艺理论的高度，分析了鲁迅"从进化论进到阶级论，从绅士阶级的逆子贰臣进到无产阶级和劳动群众的真正的友人，以至于战士"[①]这一思想转变的轨迹，充分肯定了鲁迅杂文的价值。他的这些分析，对于奠定鲁迅的杂文，以及鲁迅本人在中国现代文学史的崇高地位起到了十分关键的作用。后来毛泽东对鲁迅的肯定与评价，就吸收了很多瞿秋白的观点。《〈鲁迅杂感选集〉序言》这篇文章本身，也成为中国左翼文学批评史上的一篇经典之作，是中国马克思主义文艺理论与批评史上一个标志性成果。而这一理论使命之所以由瞿秋白，而不是另外的文艺理论家来完成，仍然要在很大程度上归功于瞿秋白在青少年时期就培育起来的深厚的文艺素养，以及他与鲁迅之间太多共同的思想经历与人生经历。

文艺批评活动最高的境界，是批评家与批评对象之间在思想与审美两个层面发生强烈的共鸣，把批评活动变成两个人精神层面的交流与对话。如果批评家不能在艺术修养、思想境界、人生体验上接近或超过批评对象，类似的共鸣与交流是不可能发生的。除了对马克思主义文艺观的认同这一前提之外，鲁迅与瞿秋白相似的童年经历，以及共同接受的中华传统文化的影响、中国艺术精神的熏陶，也是两人能够顺利对话并发生强烈共鸣的重要基础。

无论是中国传统观念还是在国外形成的马克思主义文学观念，其本身都是十分复杂的存在，其各自内部甚至存在许多矛盾、对立的因素。而中国早期的马克思主义理论家们所理解的马克思主义文艺理论，不仅与他们能够接触到的国外理论资源有

[①] 瞿秋白：《〈鲁迅杂感选集〉序言》，载《瞿秋白文集》（文学编）第3卷，人民文学出版社1989年版，第115页。

关，还与他们以什么样的本土视角作为"前见"选择与接受国外的理论资源有关。因此，所谓中华传统文化对马克思主义文论中国化的影响，其具体过程就表现得极为复杂。而就其具体形态而言，可能表现为某些传统观念因与国外马克思主义文论中的一些思想观点暗合而成为其得以顺利传播与接受的背景，也可能表现为某些传统观念的存在，使中国学者对外来马克思主义文论的思想观点进行了选择性吸收，还有可能是学者们在某些传统观念与外来的马克思主义文论思想之间进行了嫁接，同时也不排除某些传统观念的存在，使得学者对外来马克思主义文论的思想与观点产生误读。因此，谈论中国早期马克思主义文论家的传统教育背景，以及由此而形成的传统观念对马克思主义文论中国化的影响，必须充分意识到这一问题的复杂性。

但是，传统文化对中国马克思主义文论影响的存在，则是一个不容忽视的事实。

四 1930年代到1940年代初期党内理论家面向传统的学术研究

中国第一代马克思主义理论家，大多从小接受传统教育，受过中国古典学术方法的训练。而延安文艺话语体系的形成，还与毛泽东本人以及其他一些古典学术修养很深的中共学人，在马克思主义哲学观与历史观指导下，对中国古代文化传统与历史传统的思考及研究有关。《在延安文艺座谈会上的讲话》有两个重要的价值取向：一是文艺的民族性，一是文艺的人民性。民族性与人民性两个维度，首先是在以毛泽东为代表的中共领导人探索将马克思主义中国化的过程中逐渐明确起来的。在这一过程中，一些马克思主义学者面向中华传统文化与古代历史的学术研究，直接参与其中，起到了很重要的作用。

第二章　早期理论家的传统教育背景对中国马克思主义文论的介入

第一次世界大战结束后，西方一些进步知识分子开始对资本主义制度及建立于其上的文化形态进行反思与批判，有人甚至希望在古老的东方文明中寻求解决资本主义社会与文化危机的灵感，这极大地激励了中国的保守主义者排斥外来思想与社会制度的热情。而且，大多数保守主义者既反对在中国引进欧美的资本主义制度及自由主义文化，也反对在中国建立苏联式的社会主义制度，宣传马列主义。进入1930年代之后，随着民族危机的加剧，民族主义话语变得越来越强势。国民党政权则以中国历史文化传统的捍卫者自居，利用保守主义的一些观点，对中国共产党与马克思主义进行攻击。在这种情况下，怎样处理马克思主义与中国历史传统及文化传统的关系，成为中国共产党人必须面对的一个问题。在与国民党就政治领导权与文化领导权进行竞争时，中国共产党人采取的策略是：一方面用马克思主义的立场、观点与方法对中国的历史文化传统进行批判性的审视与重新阐释；另一方面，在研究中国历史与文化传统时，将马克思主义的历史唯物主义、辩证唯物主义与中国古典学术方法相结合，"巧妙地消除了二者之间的分歧，同时又采集其长处来支持革命的需要"。[①] 在此背景下，一些中国马克思主义学者所具有的传统教育背景，所接受的传统学术方法的训练，发挥了至关重要的作用。这一学术工作分为两个大的方面，一是对中国古代思想家进行的个案研究，一是就中国古代社会历史发展过程展开的研究。

其实，自1930年代初期开始，已经有人在延安之外自发地开展了上述研究工作，其中最具代表性的人物，是郭沫若和到达延安之前的陈伯达。

据郭沫若本人讲，他在1924年通过翻译日本学者河上肇的《社会组织与社会革命》一书开始接触马克思的学说，并由此开

[①] 颜炼军：《1925，马克思与孔子的对话——以郭沫若小说〈马克思进文庙〉为中心》，《现代中文学刊》2013年第1期。

中华传统文化与马克思主义文论中国化

始了其一生中一个重要的转向。① 而马克思的学说之所以能深深地吸引他,是因为其中的许多内容,与他之前接受的中华传统文化之间产生了强烈的共鸣。在翻译完这本书之后,郭沫若写了一部小说,题目为"马克思进文庙"。在这部小说中,郭沫若让马克思与孔子之间展开一场十分独特的对话,最终马克思在孔子面前发出这样的感叹:"我不想在两千年前,在远远的东方,已经有了你这样的一个老同志。"②

大革命失败后,郭沫若流亡日本。之后的一段时间里,甲骨文研究、中国古代哲学思想研究、中国古代历史研究占去了他很多的精力,而其学术研究的一个重要特点,就是在以深厚的中国古典学术素养处理复杂的历史文献资料的同时,用马克思主义的立场与观点观察问题,并努力寻求马克思主义与中国古代历史文化在精神层面的沟通。

郭沫若很早就对中国古代思想家惠施、王阳明等人的学说进行过研究,对孔子和先秦的儒家学派的思想尤其关注。在1920年代与1930年代,无论是胡适等自由主义学者,还是左翼思想家,大多对孔子及其所代表的儒家思想持批判态度,郭沫若则认为孔子"是兼有康德与歌德那样的伟大的天才,圆满的人格,永远有生命的巨人",只不过"在名义上奉行他的教义的秦以后之学者,没有把他了解"。③ 接触到马克思的学说之后,他发现马克思关于人的解放的思想与孔子倡导的仁学之间、马克思的共产主义理想与孔子所追求的大同世界之间、马克思的唯物论与孔子的不言怪力乱神之间,以及马克思重视理论的实践效果与孔子倡导的积极进取的人生态度之间,都有一致性。

郭沫若早年曾受泛神论思想影响,而据他说,由泛神论转向

---

① 宋斌玉等:《创造社十六家评传》,重庆出版社1998年版,第23—24页。
② 郭沫若:《马克思进文庙》,《洪水》第1卷第7期,1925年12月16日。
③ 《郭沫若集》,中国社会科学出版社2005年版,第413—414页。

第二章　早期理论家的传统教育背景对中国马克思主义文论的介入

无神论和唯物论是很自然的事。在历史观上，郭沫若则深受恩格斯《家庭、私有制和国家的起源》一文关于人类社会历史发展阶段论的启发。在写作《中国古代社会研究》一书时，郭沫若是把古代思想家放在他所说的中国社会由奴隶社会向封建社会大变革的历史背景中进行考察的，在这一视野中，"春秋战国时代的革命思想家，他们起来要革这旧思想的命"。这种变革思想集中反映在《易传》的辩证的宇宙观中，而孔子则是一个深受《易传》辩证宇宙观影响的思想家，因而代表了当时革命的力量，尽管这种革命带有折中的弱点。[1] 这种观点在1937年的《借问胡适》（即后来收入《青铜时代》的《驳〈说儒〉》一文）中被再次强调："在春秋时代奴隶制逐渐动摇了起来，接着便有一个灿烂的文化期开花，而儒开其先。"[2]

在接下来的"屈原研究"中，郭沫若则进一步把屈原塑造成了一个革命儒家的形象。五四时期，胡适、闻一多等人曾经想竭力清除他们所说的汉儒加在屈原身上的"伦理的箭垛"，将一个忠君的屈原还原为纯粹的诗人，甚至有人怀疑屈原本人在历史上是否真的存在。[3] 郭沫若则采取了另外的思路，对加在屈原身上的"忠君说"加以修正而不是完全否定，认为屈原的死是以身殉国，从而将屈原定位为"爱国诗人"。而且，郭沫若还强调了屈原儒家学者的身份，而他强调的屈原的这一身份，与他之前所说的"革命的儒家"形象是统一的。郭沫若认为，屈原的"革命性"一方面首先表现在文学方面。他指出，楚辞中使用的方言，即是当时的白话，因此屈原"是最伟大的一位革命的白话诗人"。而且，这一"文学革命""彻底地采用了方言来推翻了雅颂诗体

---

[1] 郭沫若：《中国古代社会研究》，商务印书馆2011年版，第69—70页。
[2] 郭沫若：《借问胡适》，《中华公论》创刊号，1937年7月20日。
[3] 胡适：《读〈楚辞〉》，《读书杂志》1922年第1期。

的贵族性",是"奴隶制向身份制转移之在意识形态上的反应"。① 而作为儒家的屈原对楚国的热爱,不只是因为楚国是父母之邦,而是"想以德政来让楚国统一中国,而反对秦国的力征经营"。② 这样一来,屈原的爱国就不再是对国君的愚忠,而是对进步的政治理想的维护。正如有学者所说,通过郭沫若的解释,"儒家思想成为了奴隶/人民普遍诉求的表达。儒家的革命性不只体现在顺应奴隶制向封建制的历史转变,更体现为在变革时代没落贵族、新兴地主、解放奴隶/人民等社会阶层中占据了人民的立场"。③ 借这一视角,郭沫若不仅将马克思主义的"人民性"立场赋予了孔子及其领导的学派,而且赋予了作为楚国三闾大夫的屈原。

而他的《中国古代社会研究》一书,则借助对以儒家五经为核心的经典文本、周代的彝铭以及刚发现的殷商甲骨卜辞等文献资料的创造性解读,以商周时期的社会变迁为主要观察对象,提出了西周以前是原始公社制,西周是奴隶制,春秋以后中国社会进入封建制的社会进化图景。在用唯物史观重写中国历史方面,郭沫若的《中国古代社会研究》不仅具有开拓之功,而且具有典范意义。尤其是其以是否站在人民立场上对历史人物进行定位,以及对以奴隶为代表的社会底层力量在推动社会变革中的积极作用的肯定,作为唯物史观的基本立场,对后来包括范文澜在内的中国马克思主义历史学家的历史研究产生了十分直接的影响。

郭沫若之所以能够涉猎中国古代思想史与社会发展史这样的专业研究,与他很深的传统教育背景有关。郭沫若自述其从四五岁开始每天读四书五经,十三四岁的时候开始接触周、秦诸子,

---

① 郭沫若:《屈原时代》,《文学》第6卷第2期,1936年。
② 郭沫若:《屈原思想》,《新华日报》1942年3月10日。
③ 唐文娟:《"民族—人民"诗人的生成——马克思主义视野与抗战时期郭沫若的屈原研究》,《中国现代文学研究丛刊》2021年第6期。

第二章　早期理论家的传统教育背景对中国马克思主义文论的介入

"从小以来便培植下了古代研究的基础"。① 这使得他有能力在接触到马克思主义的哲学与社会发展史观之后，以新的眼光处理中国古代典籍。对甲骨文材料的使用，是郭沫若中国古代史研究取得突破的重要途径，而这方面的研究，没有深厚的古文字与古代文化知识作为基础，是不可想象的事情。

陈伯达关于中国古代思想史的学术研究，起步于在华北工作期间。1933年，身为中共党员的陈伯达写作了一本史论《论谭嗣同》。翌年初，在吉鸿昌的资助下，这本书由上海印务社出版，这是他平生第一本学术性的著作。1939年，陈伯达在延安站稳脚跟后，再版了这本书。多年后，一位美国学者雷蒙德·F. 怀利对这本书做了这样的评价：

> 他坚称谭嗣同的思想含有初级的唯物论和残缺不全的辩证法的痕迹。由此可见，到1933年，陈伯达正在极力寻找马克思主义在中国本土的根源。最终，对辩证唯物主义在中国之起源的探寻使他回溯到中国古典哲学。对于陈伯达来说，中国悠久的历史不宜简单地被否定，相反，像他这样的中国马克思主义者能够准确地继承谭嗣同思想中"最优秀部分"，因为他们是中国一切优秀思想的继承者。②

陈伯达写作《谭嗣同传》的动机十分复杂，据他自己讲，主要是因为敬佩谭嗣同"英烈地，无顾忌地，为着政变，'横刀向天笑'，走上断头台"的勇气，因而想"重新把谭嗣同，这位可敬的启蒙思想家，介绍到中国新思想界的面前"。③ 但是，美国学

---

① 郭沫若：《后记》，载《十批判书》，人民出版社1912年版，第359页。
② [美]雷蒙德·F. 怀利：《毛主义的崛起——毛泽东、陈伯达及其对中国理论的探索（1935—1945）》，杨悦译，中国人民大学出版社2013年版，第13页。
③ 叶永烈：《陈伯达传》，四川人民出版社2016年版，第115页。

中华传统文化与马克思主义文论中国化

者阅读这本著作时的眼光也是极其敏锐的，因为陈伯达在此后的一系列论著中证明了他的判断：《谭嗣同传》标志着陈伯达思想的一次巨大转折，这位年轻的中共宣传战线上的干部，从此开始以学者的身份系统地研究起中国古代社会形态与中国古代哲学，并以惊人的速度在两年的时间里，发表了一系列颇有影响的研究成果，其中包括：

《从名实问题论中国古代哲学的基本分野》（1934年，《文史》第1期）
《公孙龙子的哲学》（1935年，《盍旦》第1卷第1期）
《中国古史上的神话传说源流考》（1935年，《太白》第2卷第1期）
《稷周社会略考》（1935年，《太白》第2卷第4期）
《论近人讲惠施及其辩者》（1935年，《晨报》8月16日、26日）
《春秋战国社会略考》（1935年，《太白》第2卷第12期）
《墨子哲学》（1936年，《盍旦》第1卷第5期）[①]

在这些文章中，陈伯达一方面尝试着用马克思主义的历史唯物主义观点对中国古代社会进行分析，并与郭沫若就中国到底有无奴隶社会这一问题进行论争；另一方面，陈伯达也在尝试用马克思主义哲学的一些概念对中国古代哲学思想进行重新阐发。这种研究视角在当时是富有创造性的。陈伯达在此期间的先秦诸子研究与中国古代历史研究深为中国大学国学系教授、系主任吴承仕所赞赏，吴承仕因此邀请他到中国大学教授先秦诸子思想。吴承仕是与黄侃齐名的章太炎的得意门生，《文史》杂志的创办人，

[①] 参见《陈伯达著述目录》，载叶永烈《陈伯达传》，四川人民出版社2016年版，第609页。

第二章　早期理论家的传统教育背景对中国马克思主义文论的介入

在中国传统学术圈子里影响很大。而此一时期陈伯达从事的中国古代历史文化研究，包括其因此而日益扩大的知名度，为他日后进入延安，被毛泽东看中，成为他的政治秘书，并最终成为中共在延安重要的理论家做了很好的铺垫。

在1930—1940年代之交的几年里，面向中国古代历史与哲学思想的研究在延安得以继续，其代表人物是陈伯达和范文澜。这些研究受中共中央的直接领导，并得到毛泽东的鼓励。

陈伯达1937年年末到达延安，在1939年到1940年两年时间里，开启了其中国古代哲学研究的第二次高潮。这一时期的成果包括：

《中国古代哲学的开端》（1939年1月，《解放》第62期）
《老子的哲学思想》（1939年2月，《解放》第63、64期）
《孔子的哲学思想》（1939年4月，《解放》第69期）
《惠施及其辩者的哲学思想》（1939年，《理论与现实》第1、2期）
《墨子的哲学思想》（1939—1940年，《解放》第82、102、104期）
《杨子的哲学思想》（1940年，《中国文化》创刊号）

正是在这一年多的时间，陈伯达引起毛泽东的关注，并成为他的政治秘书。而陈伯达引起毛泽东关注，主要是因为他有过在大学讲先秦诸子哲学的经历并有相关的研究成果。在后来出版的《毛泽东文集》中，收入了毛泽东1939年2月的两封信，第一封信是直接给陈伯达的，讨论的是陈伯达的《墨子的哲学思想》一文。第二封信是给张闻天的，向他推荐了陈伯达的《孔子的哲学思想》一文，并嘱他与陈伯达再讨论此文。

毛泽东的信件往往惜墨如金。在已经公开的毛泽东信件中，尤其是写给下属与同僚的信件中，这是两封极为少见的长信：第

中华传统文化与马克思主义文论中国化

一封信一千多字,第二封信长达两千多字。在第一封直接给陈伯达的信中,他首先提出陈伯达的《墨子的哲学思想》一文的题目"似改为'古代辩证唯物论大家——墨子的哲学思想'或'墨子的唯物哲学'较好"。可见毛泽东是同意把墨子视为辩证唯物论哲学家的。接下来,毛泽东就事物的实、质与属性问题、必然性与偶然性的关系问题,墨家"两而无偏"与儒家"执两用中"这两个命题的区别问题,谈了自己的看法。第二封信,涉及对儒家所说的"名不正则言不顺,言不顺则事不成"、忠与孝的关系、中庸思想、道德论等问题的讨论。其中有赞同陈伯达观点的,也有持不同意见的,但都是平等探讨的口气。在方法论上,采用的是与陈伯达一致的方法,那就是以马克思主义的哲学立场为主导,让马克思主义哲学观念与中国古代哲学观念相互阐发。比如,第二封信在谈到中庸问题时,毛泽东讲:

> 伯达的解释是对的,但是不足的。"过犹不及"是两条路线斗争的方法,是重要思想方法之一……朱熹在"舜其大知"一节注道:"两端谓众论不同之极致,盖凡物皆有两端,如大小厚薄之类。于善之中又执其两端而度量以取中,然后用之,则其择之审而行之至矣。然非在我之权度精切不差,何以与此?此知之所以无过不及而道之所以行也"。这个注解大体是对的,但"两端"不应单训为"众论不同之极至",而应说明即是指的"过"与"不及"。"过"的即是"左"的东西,"不及"的即是右的东西。依照现在我们的观点说来,过与不及乃指一定事物在时间与空间中运动,当其发展到一定状态时,应从量的关系上找出与确定其一定的质,这就是"中"或"中庸",或"时中"。说这个事物已经不是这种状态而进到别种状态了,这就是别一种质,就是"过"或"左"倾了。说这个事物还停止在原来状态并无发展,这

第二章　早期理论家的传统教育背景对中国马克思主义文论的介入

是老的事物，是概念停滞，是守旧顽固，是右倾，是"不及"。孔子的中庸观念没有这种发展的思想，乃是排斥异端树立己说的思想为多，然而是从量上去找出与确定质而反对"左"右倾则是无疑的。这个思想的确如伯达所说是孔子的一大发现，一大功绩，是哲学的重要范畴，值得很好地解释一番。①

上面一段话，毛泽东将孔子的"过犹不及"这一命题与党内的"左"倾、右倾两条路线的斗争相联系，不仅评价了陈伯达在此问题上的认识，而且评价了朱熹对这一问题的认识，在古今之间纵横捭阖，一方面显示了毛泽东敏捷的才思，另一方面也表现出毛泽东深厚的古典学术素养。而这正是毛泽东与陈伯达之间进行对话的基础所在。

陈伯达形成第二次研究中国古代哲学思想的高潮期，与毛泽东的鼓励，以及毛泽东在那一时期进行的理论思考直接相关。虽然陈伯达党内重要理论家的地位是借这批中国古代哲学思想研究文章奠定的，但是我们发现，随着毛泽东本人思想重心的转移，陈伯达在以后的时间里，直到1970年庐山会议失势前，再也没有继续这方面的研究。这表明陈伯达的相关研究在很大程度上是为了适应当时的理论氛围，以及毛泽东当时的理论兴趣。

范文澜是1940年年初到达延安的。不久，中宣部便委托他编写一部中国通史，作为干部的学习材料。之后，他领导的中国历史研究室还制定了中国古代史研究的三年工作计划。1941年9月，范文澜编写的《中国通史简编》上册由延安新华书店出版，1942年12月，延安新华书店出版了《中国通史简编》下册。这是一部被中共领导层寄予厚望的中国通史。之后，此书不断修订

---

① 毛泽东：《关于〈孔子的哲学思想〉一文给张闻天的信》，载《毛泽东文集》第2卷，人民出版社1993年版，第161—162页。

再版，成为中共关于中国历史的最权威的一种叙述，影响延至几代读者与历史学家。

范文澜的延安版《中国通史简编》之所以在当时引起广泛关注，有以下几个方面的原因。

其一，这部通史以一种新的历史叙述范式，体现了中国马克思主义历史学家在唯物史观指导下对中国古代历史研究的最新成果。郭沫若的中国古代史研究，虽然也体现着唯物史观的立场与观点，但重点在商、周、秦时期，以文献考证为主，许多论证过程实际上具有很强的针对胡适等人的观点进行辩驳的目的，专题性很强。而范文澜的《中国通史简编》重在历史发展过程的描述，把马克思主义关于经济基础决定上层建筑的观点、社会历史发展的阶段论、阶级斗争的学说、人民群众是历史的创造者的立场直接融进了对中国古代历史的叙述之中，虽然也大量利用古代文献资料，却很少烦琐的考证与征引，这不仅在当时的中国史学界让人耳目一新，而且放在中国两千多年的史学传统中也极具革命性的意义。

其二，这部著作体现着毛泽东关于中国历史的见解，代表着当时中国共产党的主流历史观。在1930年代与1940年代之交的几年间，毛泽东在不同场合发表过对研究中国历史的重视以及对于中国历史的看法。尤其是在写于1939年年末的《中国革命和中国共产党》一文的第二节《古代的封建社会》中，明确指出中国的封建制度"自周秦以来一直延续了三千年左右"，并就其经济类型、土地所有制、阶级关系、国家性质、社会主要矛盾等做出了明确的论断。这些论断在《中国通史简编》中都得到了体现。

更重要的是，《中国通史简编》为中国共产党在中国历史问题上争取到了话语权。1930年代与1940年代之交，中华民族的抗战进入了十分艰难、十分关键的时期，各种政治力量都在就中

第二章　早期理论家的传统教育背景对中国马克思主义文论的介入

国的前途与命运进行思考,并努力争取抗战的领导权。对中国前途与命运的思考与对中国历史的认识是密切相关的,中国共产党人对中国历史的叙述,实际上是站在无产阶级政党立场上对中国历史的重构,意在廓清之前统治阶级历史叙述的迷雾,让人们看到中国历史发展的规律与方向。因此,在《中国通史简编》上册刚出版时,毛泽东就十分兴奋地评价说:"我们共产党人对于自己国家几千年的历史,不仅有我们的看法,而且写出了一部系统的完整的中国通史。这表明我们中国共产党对于自己国家几千年的历史有了发言权,也拿出了科学的著作了。"① 有了这一历史研究成果作为铺垫,中国共产党关于新民主主义的学说就有了一个更为坚实的基础。而中国共产党在1940年代初期开始逐渐形成的新的文艺观,也与此密切相关。

五　面向传统历史文化的研究对延安文艺路线形成的推动作用

到了1930年代中后期,在新的历史条件下,不少中国的马克思主义者开始对五四新文化在展开过程中与传统割裂的失误进行反思,并对中国自身的历史文化传统有了新的认识,强调中国共产党人应该是中华民族光荣历史与优秀传统文化的继承者。这种转变是由如下几个方面的原因共同促成的。

第一,建立抗日民族统一战线的需要。随着日本侵华步伐的加快,民族矛盾迅速上升,救民族于危亡之中成为中国共产党最为紧迫的历史使命。早在1935年年底,毛泽东就意识到国内形势的这种变化,指出"目前形势的基本特点,就是日本帝国主义要变中国为它的殖民地",因而,党在这种形势下的基本的策略

---

① 佟冬:《我的历史》,载《中国当代社会科学家传》第4辑,书目文献出版社1983年版,第84页。

与任务，就是"建立广泛的民族革命统一战线"。① 而对中华民族自身历史文化传统的认同，成为建立抗日民族统一战线，动员起社会最广泛的阶层共同抵抗日本侵略，保家卫国的重要基础。"左联"后期"国防文学"与"民族革命战争的大众文学"两个口号，正是在这一背景下提出的。尽管"两个口号"的论争十分激烈，但它们都以拯救民族于危亡之中作为文学的最紧迫的使命。基于同样的逻辑，长征到达陕北之后，以毛泽东为代表的中共领导提出，要认真总结从孔夫子到孙中山这份中华民族自己的历史文化遗产，并将之发扬光大，以此激励全国人民的民族自豪感与抗战必胜的信心。

第二，与国民党争夺文化领导权的需要。在国际共产主义运动中，斯大林领导下的"第三国际"一直存在只重视把马列主义基本理论向各国输出，而不重视研究各国具体的历史文化传统的问题。这也使得中国共产党在成立之后较长的时间里，只是强调对引进的马列主义理论的学习与把握，强调从国外输入的马列主义理论在解释中国的社会现象、指导中国的革命实践时的重要价值，而忽视了对中国共产党民族身份的强调，忽视了对中国自身历史与文化传统的学习，缺乏对马克思主义理论与中国自身的历史文化传统之间关系的研究。而国民党在 1930 年代初期就发动了所谓的"民族复兴运动"，把自己打扮成民族历史与文化的继承者，宣称革命的主要目的就是复兴中国的历史文化，恢复民族固有的美德，进而攻击马克思主义者所倡导的辩证唯物主义、阶级斗争学说、共产主义理论都是外来的理论，与中华民族固有的历史文化传统是不相融的。这种宣传具有很大的欺骗性。为了应对国民党的这种文化攻势，一些中国的马克思主义理论家开始尝试在中国历史文化传统中发现与马克思主义理论相契合的因素，

---

① 毛泽东：《论反对日本帝国主义的策略》，载《毛泽东选集》第 1 卷，人民出版社 1991 年版，第 142—152 页。

第二章　早期理论家的传统教育背景对中国马克思主义文论的介入

进而为马克思主义在中国的存在与发展提供历史根据。

第三，新民主主义理论建构的需要。中国共产党与国民党之间，不仅存在着谁是中华民族几千年文明史的继承者的竞争，同时还存在着谁最能够代表当时中华民族大多数人民的利益，能够给中国带来更光明的前途的竞争。为了明确回答中国共产党领导下的中国人民在抗战胜利后的前途与命运这一问题，毛泽东开始写作《新民主主义论》。在这篇重要文献里，毛泽东提出了对新民主主义文化的构想，强调新民主主义文化应该是"反对帝国主义压迫，主张中华民族的尊严和独立的。它是我们这个民族的，带有我们民族的特性"。主张对一切外国的东西，决不能生吞活剥地毫无批判地吸收，认为"民族的形式，新民主主义的内容——这就是我们今天的新文化"。[①] 对新民主主义文化民族性的强调，民族形式问题的提出，实际上已经将历史与传统文化的继承问题凸显出来。而且，毛泽东特别强调对待过去的历史与传统文化，应当是建立在批判基础上的继承，这就使得对过去的历史与传统文化的研究成为十分必要的工作。

第四，中国共产党党内与教条主义斗争的需要。虽然1935年年初遵义会议召开之后，毛泽东进入了中共的核心决策层，其中共领袖的地位也逐渐得到党内大多数人的认可。但是，以王明为代表的教条主义路线仍然有自己的势力，党内不少人仍然难以摆脱对共产国际的迷信盲从思想。特别是随着1937年10月王明从苏联回到延安之后，在怎样建立"统一战线"问题上，中共党内又一次面临两条路线的斗争。在这种情况下，毛泽东希望通过总结党的历史，特别是党的六大以后的经验与教训，让人们认清教条主义对党的事业造成的危害。正是在这个背景下，毛泽东提出了"马克思主义中国化"的命题，强调中国共产党只有把外来的

[①] 毛泽东：《新民主主义论》，载《毛泽东选集》第2卷，人民出版社1991年版，第706—707页。

中华传统文化与马克思主义文论中国化

马克思主义理论与中国的具体实际相结合，才能正确指导中国革命实践。马克思主义与中国的具体实际相结合，一方面指向现实的层面，另一方面则指向历史文化的层面。如何实现马克思主义理论与中国历史文化传统的融通，作为一个更加急迫的理论问题，摆在了中共理论家面前。

正是在这种情况下，一些中国马克思主义者早年的传统教育背景被迅速激活，在中共中央的领导下，他们开始有计划地对本民族的传统文化展开研究，进而使得1930年代中期至1940年代初期延安的马克思主义理论建构具有了浓厚的传统学术背景。这一背景对当时发生的关于文艺民族形式的论争，以及后来毛泽东《在延安文艺座谈会上的讲话》的形成，都有着十分深刻的影响。而直接指导这一时期理论家的研究的是毛泽东。

1930年代与1940年代之交的几年间，毛泽东也正处在一生中著述最为丰富的时期。他一生中比较重要的理论著作，很多都写于这一时期：1937年，毛泽东完成了《矛盾论》《实践论》；1938年，完成了《抗日游击战争的战略问题》《论持久战》；1939年，完成了《中国革命和中国共产党》；1940年年初，完成了《新民主主义论》；1941年，完成了《改造我们的学习》《整顿党的作风》；1942年，完成了《反对党八股》《在延安文艺座谈会上的讲话》。在这个过程中，思想极其活跃的毛泽东，对马克思主义哲学与中国古代哲学都产生了十分深厚的兴趣。1938年，在他的倡导下，延安成立了"新哲学会"，并成立了马列学院。"新哲学会"由艾思奇主持，陈伯达也曾参与其中。马列学院下设历史研究室，陈伯达为主任，1940年范文澜到达延安后，接替了陈伯达主持历史研究室的工作。1941年马列学院改组为中央研究院，历史研究室改名为中国历史研究室，范文澜为中央研究院副院长兼中国历史研究室主任。在这几年内，与党内的一些"秀才"们就哲学问题与历史问题进行讨论，成为毛泽东乐此不

第二章　早期理论家的传统教育背景对中国马克思主义文论的介入

疲的事情。他与艾思奇主要交流的是马克思主义哲学思想，与陈伯达交流的主要是中国古代哲学思想，与范文澜交流的则主要是中国古代历史。一方面，毛泽东的思想深刻地影响了党内"秀才"们的学术研究的思路与方向，另一方面，党内"秀才"们的一些观点也影响了毛泽东对一些重大理论问题的思考，进而直接进入了毛泽东的著述之中。《在延安文艺座谈会上的讲话》这篇十分重要的中国化马克思主义文论文献的产生，也与这一背景有关。

与陈伯达等人的古代哲学思想研究同时展开的，是在中国马克思主义文论发展过程中影响深远的关于文艺民族形式问题的讨论。这场讨论的始作俑者，其实就包括陈伯达和艾思奇。1939年2月16日，《新中华报》发表了陈伯达的《关于文艺的民族形式问题杂记》一文，正是在这篇文章中，陈伯达一开篇讲道："近来文艺上的所谓'旧形式'的问题，实质上，确切地说来是民族形式问题。"[①] 而艾思奇则于同一日，在《文艺战线》上发表了《旧形式运用的基本原则》一文。在这篇文章中，艾思奇为其所说的与五四新文艺不同的"旧形式"进行了这样的辩护："有人说中国的旧形式是非现实的（例如认为旧戏是象征主义的戏），这是不正确的说法。旧形式有非现实的一面，然而一切艺术，只要是有价值的艺术，本质上都是现实的。中国的旧形式并不离开现实，而是反映现实的一种特殊的方式，方法，或手法……艺术的作用原不需要纤微毕现的写实，而只要有能力把握住现实，在这一点上，旧形式是有它的特长的，这是矛盾的一个方面。"[②]

文艺民族形式讨论的发起，旧形式利用问题的提出，与毛泽

[①] 陈伯达：《关于文艺的民族形式问题杂记》，载徐迺翔编《文学的"民族形式"讨论资料》，广西人民出版社1986年版，第7页。

[②] 艾思奇：《旧形式运用的基本原则》，载徐迺翔编《文学的"民族形式"讨论资料》，广西人民出版社1986年版，第17—18页。

中华传统文化与马克思主义文论中国化

东发表于1938年的《中国共产党在民族战争中的地位》一文提出的要使马克思主义"在中国具体化",反对"洋八股",而"代之以新鲜活泼的、为中国老百姓喜闻乐见的中国作风与中国气派"等观点有关。从马克思主义中国化到文艺的民族形式,其中有一条明确的逻辑线索。也正是在这篇文章中,毛泽东指出,"学习我们的历史遗产,用马克思主义的方法给以批判的总结,是我们学习的另一任务。我们这个民族有数千年的历史,有它的特点,有它的许多珍品。对于这些,我们还是小学生","从孔夫子到孙中山,我们应当给以总结,承继这一份珍贵的遗产"。① 这实际上是毛泽东在一段时间里把目光投向中国古代哲学思想,以及陈伯达到延安后重新拾起已经中断一年多的中国古代哲学思想研究的重要原因。因此,从这个角度看的话,文艺民族形式问题讨论的兴起,与中国古代哲学思想研究的兴起,两个事件不仅在起因上密切相关,在时间上十分接近,而且在功能上也相互呼应。

文艺的"民族形式"问题论争的焦点,集中在是否同意向林冰提出的"民族形式的中心源泉,实在于中国老百姓所习见常闻的自己作风与自己气派的民间形式之中"这一论断。向林冰在文艺民族形式上的立场是直接从毛泽东的文章中领悟出来的,"民间形式"的利用不仅突出了文艺的民族性,而且突出了文艺的人民性。

而经历了文艺民族形式论争之后,人民性立场,在范文澜的历史研究中,比在陈伯达的哲学研究中,得到了更为突出的表达。在他为1941年出版的《中国通史简编》上册所写的《序言》中,曾十分明确地强调,以往的历史"连篇累牍,无非记载皇帝贵族豪强士大夫少数人的言语行动,关于人民大众一般的生活境

---

① 毛泽东:《中国共产党在民族战争中的地位》,载《毛泽东选集》第2卷,人民出版社1991年版,第533—534页。

第二章　早期理论家的传统教育背景对中国马克思主义文论的介入

遇,是不注意或偶然注意,记载非常简略",而他这部历史则是一部"揭露统治阶级罪恶的,显示社会发展法则的中国通史"。[①]在具体的历史叙述中,他更是十分频繁地直接使用人民这一概念。范文澜《中国通史简编》对农民起义的叙述占了很大比重,他通过列举大量历史细节,分析了历史上一些重要的农民起义成功的经验与失败的教训。而对农民阶级的关注,凸显的正是中国马克思主义者独具特色的人民观。毛泽东对于中国化马克思主义的最大贡献之一,就是对中国农民的重视,以及对农民阶级中蕴藏的革命力量的高度肯定。在《新民主主义论》中,毛泽东强调,"中国有百分之八十的人口是农民,……因此农民问题,就成了中国革命的基本问题,农民的力量,是中国革命的主要力量"。[②] 在《中国革命和中国共产党》一文中,他强调"地主阶级对于农民的残酷的经济剥削和政治压迫,迫使农民多次地举行起义,以反抗地主阶级的统治。……中国历史上的农民起义和农民战争的规模之大,是世界历史上所仅见的。在中国封建社会里,只有这种农民的阶级斗争、农民的起义和农民的战争,才是历史发展的真正动力"。[③] 范文澜的历史叙述与毛泽东的论述之间,互文关系十分明显。

而到了《在延安文艺座谈会上的讲话》中,毛泽东已经让文艺的人民性占据了最为核心的位置。从毛泽东《在延安文艺座谈会上的讲话》(以下简称《讲话》)的内在逻辑看,"文艺为工农兵服务"这一主题是极为突出的。《讲话》的"引言"部分所说的立场、态度、工作对象,都涉及文艺工作者与工农兵及革命群众的关系;"结论"部分则把"我们的文艺是为什么人的"作为

[①] 范文澜:《中国通史简编》,江苏人民出版社2020年版,序言页。
[②] 毛泽东:《新民主主义论》,载《毛泽东选集》第2卷,人民出版社1991年版,第692页。
[③] 毛泽东:《中国革命和中国共产党》,载《毛泽东选集》第2卷,人民出版社1991年版,第625页。

首要问题提了出来,明确指出:"什么是我们的问题的中心呢?我以为,我们的问题基本上是一个为群众的问题和一个如何为群众的问题。"① 文艺为工农兵的问题,在当时的历史语境下,焦点也集中在文艺与中国广大农村、农民的关系上。《在延安文艺座谈会上的讲话》也涉及文艺的民间形式,传统形式的利用等问题,但民间形式、传统形式的利用,不仅是文艺民族性的体现,同时也是使文艺走进广大人民群众的重要途径。民族性与人民性的结合,实际上是中国化马克思主义的最为重要的特色,它体现为毛泽东所倡导的延安文艺路线的两个不可分割的方面,同时也是1930年代到1940年代中国马克思主义者在进行中国历史与传统文化研究时,所努力追求的境界。它们之间相互促进,推动着中国化马克思主义一步步走向成熟。

---

① 毛泽东:《在延安文艺座谈会上的讲话》,载《毛泽东选集》第3卷,人民出版社1991年版,第853页。

第三章 古代民本思想对人民文艺观及其实践的影响

一 中国马克思主义者的"人民观"与古代民本思想

人民性不仅是马克思主义经典作家思考文艺问题时坚持的一个基本立场，而且也是中国马克思主义文艺理论的一个核心命题，在20世纪中国的文艺理论建构与文艺实践中有着举足轻重的地位。始终高扬人民文艺的旗帜，是中国马克思主义文艺理论与文艺实践的一个重要特征。就其理论资源来讲，中国马克思主义文艺人民性立场在形成过程中，不仅有对国外资产阶级民主主义文艺思潮、社会主义文艺思潮的借鉴与吸纳，而且也受到中国古代民本思想及在此基础上形成的文艺观念的深刻影响。围绕人民性立场进行的文艺理论建构与文艺实践，始终是在马克思主义与中华优秀传统文化相结合的背景下展开的，对这一过程中传统文化所产生的具体影响的揭示，有助于我们更好地理解中国马克思主义文艺理论与实践的民族化内涵。

学界一般认为，中国古代民本思想发端很早，《尚书》中"天工，人其代之"[1]"天矜于民，民之所欲，天必从之""天视

---

[1] 《尚书·虞书·皋陶谟》，载《十三经》，上海书店出版社1997年版，第81页。

自我民视，天听自我民听"①等说法已经显示，在天意与民意相通的逻辑前提下，夏商两代占据主导地位的"神本"思想至少在周初就有了向"民本"思想转换的苗头。而"民惟邦本"这一命题的提出，则从国家政治的视角，强调了民的重要地位，与后来儒家建立在"仁学"基础上的"爱民、惠民、富民"等思想，以及墨子"为明君于天下者，必先万民之身，后为其身"②和老子"贵以贱为本"等思想可谓一脉相承。

尽管民本思想在许多先秦思想流派中都有所体现，但核心理念是在儒家学者那里得到充分阐发的，其主要内容包括强调天意与民意相通的"天命靡常"说、"民为神主"说；强调民在国家政治中的基础地位的"民惟邦本"说、"立君为民"说、"民贵君轻"说；强调"为政以德"、"礼乐教化"，反对"不教而诛"、滥用刑罚的"王霸之辩"；强调统治者应当克制欲望，加强内在修养的"五美"说；强调让利于民的"养民""利民"说；强调朝代更替以民意为基础的"革命"说等，而以"忠恕之道"为核心的"仁学"思想则构成民本思想的内在哲学基础

儒家的民本思想直接受到周初的政治家们反思"汤武革命"的影响。在翻天覆地的朝代变革面前，他们开始看到民众的反抗爆发时火山般的威力，意识到一个政权的生存与民众认可与支持的内在关系，有了"天不可信，我道惟宁王德延"③的自觉，从而对自己提出了德治、保民，在一定程度上回应民众诉求、顺应民心的要求。

从哲学的层面讲，先秦儒家学者一方面承认等级制的合理性，试图以"礼"作为外在规范，构建起一种稳定和谐的等级秩

---

① 《尚书·周书·秦誓》，载《十三经》，上海书店出版社1997年版，第107—108页。
② 唐敬杲选注：《墨子》，崇文书局2014年版，第32页。
③ 《尚书·周书·君奭》，载《十三经》，上海书店出版社1997年版，第133页。

第三章　古代民本思想对人民文艺观及其实践的影响

序;另一方面又认为人性是相近的,因而也就是可以相通的,人与人之间并无本质上的区别。而且,对孔子、孟子等正统的儒家学者而言,人性本质上是善的。这种认识其实也是基于更早便出现的一种观念,那就是"民"与"王"皆为天子,在"天—民"这一对立结构中,"王"与"民"处在同一的位置,"王"不过是因为其道德上的完美,而被天选择出来作为代理人管理民众的。郑玄在解释《周书·召诰》"皇天上帝,改厥元子兹大国殷之命"这句话时,说"言首子者,凡人皆云天之子,天子为之首尔"。[①] 虽然这种思想被后世的一些统治者当成了论证皇权合法性的依据,并逐渐将"天—民"结构中属于"民"一端的"王"移向了属于"天"的一端,但在先秦儒家学者,尤其是孔子那里,显然更多的是从"王"与"民"皆为天之子这一角度理解上述关系的。而孟子讲"人皆可以为尧舜",一方面是对《尚书》中人皆为天之子这一思想的继承,另一方面也是对孔子人性本善,而且具有自我为善能力这一思想的发挥。孟子对孔子的人性论作了进一步阐发,重点回答了人心向善的心理学基础。他通过对"恻隐之心""羞恶之心""辞让之心""是非之心"人皆有之的论证,承认了所有人的道德主体地位,又通过"忠恕"这一心学路径,打开了人与人、人与物相互联结的通道。这样一来,统治者对民的教化,就不再是一种外在的规范,而是对每个人都有的内在德性的启发,从而对孔子性善论中的民本思想进行了补充完善。

在中国两千多年的封建社会中,先秦儒家的民本思想一方面常常被统治阶级篡改成对自己有利的统治工具,另一方面也成为制约王权、保护生民的力量。近代以来,在资产阶级政治家那里,无论是康有为、梁启超那样的改良派,还是孙中山那样的革

---

① 孔疏引郑玄注。孔安国:《尚书正义》,上海古籍出版社2007年版,第579—580页。

命派，都把中国古代的民本思想当成了有力的思想武器。而古代民本思想的许多观念，与中国马克思主义者所奉行的人民性立场，如相信人民群众是历史的创造者、把人民利益放在首位、坚持走群众路线，以及把领导干部定位为人民公仆，从道德与意识形态入手引导与提高大众等，尽管在理论基础与最终目的上有实质性的差别，但也相互呼应。这种呼应并非偶然，而是有着深刻的历史文化原因的，它表明了中国古代民本思想对中国马克思主义者人民性立场的形成也产生了潜移默化的影响。

实际上，在汉语中，"民"与"人民"这两个词之间本身就存在着十分密切的联系，"人民"一词在很长时间里其实都是"民"这个概念的双音节表达形式。

"民"字虽然不见于甲骨文，但在现存先秦典籍中已经是一个常用字。儒家的"五经"中都可以见到这个字的用例。尤其是《尚书》，仅在其开篇《尧典》中，"民"字就出现了7次之多。作为后世民本思想发端的"民惟邦本""天视自我民视，天听自我民听""天矜于民，民之所欲，天必从之"等说法，也都出自《尚书》。

而"人民"一词，在先秦典籍中也已经出现，《周礼》中就有"大司徒之职掌建邦之土地之图与其人民之数"这样的说法。①

相比较而言，"人"出现得比"民"字要早，甲骨文中就十分常见，而且与"民"并不同义。《说文》解"民"作"众萌也"，段注认为"民"与"氓""萌"同义，指"懵懵无知儿也"。② 在先秦的用例中，许多时候"民"特指务农之人之事，如《孟子·滕文公上》有"民事不可缓也"，《国语·越语》说"不乱民工，不逆天时，五谷睦熟"，这里的"民事""民工"都指向农民的劳作。在中国古代的社会结构中，农民的地位在士之下，属于不掌握文化权力与政治权力的社会阶层，符合段玉裁所

---

① 《周礼·地官·大司徒》，载《十三经》，上海书店出版社1997年版，第365页。
② （清）段玉裁：《说文解字注》，上海古籍出版社1981年版，第624页。

第三章 古代民本思想对人民文艺观及其实践的影响

说的"憃憃无知儿也"这一身份。"民"有时还可作为"士农工商"的总称,如《穀梁传·成公元年》讲,"古者有四民,有士民,有商民,有农民,有工民"①。在这里,"民"与"官"可以对称,指向受君主、百官管辖,没有政治权力的"百姓"。"民"的上述两种含义都含有强调阶层身份的意思,已经被纳入了"官—民""君—民"的对立结构之中。因此,"民本"是相对于"君本"或"官本"而言的。而"人"字《说文》解作"天地之性最贵者也",段注说:"人者,天地之心也"②,这显然是把"人"作为一个与万物区别开来的类概念理解的,单独使用时没有特指某阶层的意思,更没有指向社会底层的意思。

在先秦至汉代的文献中,当"人民"作为一个双音节词出现时,实际上是一个与"民"基本同义的偏义复词。例如,由西汉刘向汇集战国时期资料编定的《管子》一书中,有一段话包含很多"民"字,同时也出现了"人民"的用例:

> 不能治其民,而能强其兵者,未之有也。能治其民矣,而不明于为兵之数,犹之不可。不能强其兵,而能必胜敌国者,未之有也;能强其兵,而不明于胜敌国之理,犹之不胜也。兵不必胜敌国,而能正天下者,未之有也。兵必胜敌国矣,而不明正天下之分,犹之不可,故曰:治民有器,为兵有数,胜敌国有理。正天下有分:则、象、法、化、决塞、心术、计数,根天地之气,寒暑之和,水土之性,人民鸟兽草木之生物,虽不甚多,皆均有焉,而未尝变也,谓之则。③

这段话主要谈的是"治民"之术,其中"民"字作为单音节

---

① 《穀梁传·成公元年》,载《十三经》,上海书店出版社1997年版,第1356页。
② (清)段玉裁:《说文解字注》,上海古籍出版社1981年版,第365页。
③ (西汉)刘向编:《管子》,上海古籍出版社1989年版,第23页。

词时，以"治"的宾语出现，指的是被统治者。而从上下文判断，本段中的"人民"与"民"在词义上并无实质性差别，基本可以判作"民"的双音节用法，指的也是被统治者。

成书于东汉的《白虎通德论》有这样一段话：

> 古之人民皆食禽兽肉。至于神农，人民众多，禽兽不足，于是神农因天之时，分地之利，制耒耜，教民农作，神而化之，使民宜之，故谓之神农也。①

这一段话中，"民"与"人民"两个词之间互文见义的关系更为明显，相对于神农氏这位被称为三皇之一的统治者，"人民"是被教、被使的对象，处在"王—民"的结构中。

古代典籍中把"人民"一词当成"民"的双音节表达这一用法，在古汉语向现代汉语逐渐转换的过程中，被现代学者继承了下来，这成为"人民"一词在现代学者的文章中出现时最初的，也是最基本的含义。

比如，梁启超以报刊体写的《新民议》(1902年) 一文，除"民"作为单音节词出现外，还出现了一次"人民"的用例："凡各国中人民之废者、疾者、夭者、弱者、钝者、犯罪者，大率早婚之父母所产子女居其多数。"在该文中，还有一个与"民"相关的双音节词"国民"，此词出现了12次。②

从上下文判断，《新民议》一文中"民""国民""人民"基本同义。通过分析可以发现，梁启超文章中的"民"这一概念更强调所指群体的民族国家身份，古代"民"这一概念中阶层身份区分的倾向被淡化了。

陈独秀《法兰西人与近世文明》(1915年) 一文中，除民作

---

① （东汉）班固：《白虎通德论》，上海古籍出版社1990年版，第10—11页。
② 《梁启超文集》，线装书局2009年版，第158、161页。

第三章 古代民本思想对人民文艺观及其实践的影响

为单音节词出现之外,"人民"作为双音节词出现了两次,见于"欧罗巴之文明,欧罗巴各国人民,皆有所贡献","其余大多数之人民,皆附属于特权者之奴隶"这两个句子中。与此同时,此文中也出现了"国民"一词(共9次)。其中,"民""人民""国民"也是基本同义的,其含义与梁启超文章中一致。[①]

由此可以推断,在20世纪初许多人的书面表达中,"民"这一概念已经比较多地以双音节词出现,大多数情况下表达为"国民",个别时候表述为"人民"。"国民"的表达方式大量出现,成为主流,可以视为近代以来民族国家概念对当时知识分子的影响所致,而"人民"这一表达方式的出现,则可视为对汉语传统用法的一种继承。

毛泽东早期的文章中"民""人民""国民"等词的用法与梁启超、陈独秀表现一致。比如写于1912年的《商鞅徒木立信论》这篇文言作文,"民"以单音节词的形式出现了6次,"国民"这一双音节词出现了3次,"人民"这一双音节词出现了1次。[②]

然而,到了写于1927年的《湖南农民运动考察报告》一文中,情况却已经有所变化。在这篇文章中,"国民"作为双音节词只出现了1次,而且是出现在"国民学校"这个词组中,其余都是在讲到"国民党""国民革命"这样的专有名词时,作为词素出现的。而"人民"一词在该文中则出现了4次。值得关注的是,另外一个也可以被视为"民"这一概念的双音节表达的"民众"一词,在该文中出现了5次。[③]

[①] 陈独秀:《法兰西人与近世文明》,载《独秀文存》,外文出版社2013年版,第11—15页。

[②] 毛泽东:《商鞅徒木立信论》,载《毛泽东早期文稿》,湖南出版社1990年版,第1—2页。

[③] 毛泽东:《湖南农民运动考察报告》,载《毛泽东选集》第1卷,人民出版社1991年版,第12—44页。

中华传统文化与马克思主义文论中国化

毛泽东在1919年就写有著名的《民众的大联合》一文。由此可以看出，在一段时间里，当将具有较浓厚的文言色彩的"民"这个词双音节化的时候，毛泽东更倾向于使用"人民"或"民众"，尽量回避使用"国民"这个词。而且，毛泽东所说的人民、民众，关注的重点是工人、农民等处在社会底层的群体，这与古代民本思想一致的地方反而更多。

在《新民主主义论》这篇长文中，"人民"已经成为出现频率极高的词。据中华人民共和国成立后收录在《毛泽东选集》中的文本统计，《新民主主义论》一文"人民"一词共出现43次（其中包括"人民大众"连用13次），远远超过了基本同义的另外三个双音节词"国民"（21次）、"民众"（6次）、"平民"（4次）。进一步统计发现，"民"字在《新民主主义论》中共出现了554次，但都是作为一个词素出现在双音节、多音节词中，这些词除上面提到的外，还有"市民""农民""民主""民族""民意""殖民地""三民主义"等。也就是说，在《新民主主义论》这篇文章中，作为具有较浓厚文言色彩的"民"这个单音节词，已经完全被双音节词"人民""民众""平民"或四音节词"人民大众"所取代。

引人关注的是，就在这篇文章中，毛泽东谈到了他对"国民"一词的理解，并对这个词的词义做出了自己的界定。他说：

> 资产阶级总是隐瞒这种阶级地位，而用"国民"的名词达到其一阶级专政的实际。这种隐瞒，对于革命的人民，毫无利益，应该为之清楚地指明。"国民"这个名词是可用的，但是国民不包括反革命分子，不包括汉奸。一切革命的阶级对于反革命汉奸们的专政，这就是我们现在所要的国家。[1]

---

[1] 毛泽东：《新民主主义论》，载《毛泽东选集》第2卷，人民出版社1991年版，第676页。

第三章　古代民本思想对人民文艺观及其实践的影响

从这里似乎可以理解毛泽东之前不太喜欢用"国民"一词的原因。而且，毛泽东在这里对"国民"一词的重新解释，与他本人及中国共产党官方站在马克思主义立场上对"人民"这一概念的定义是一致的，那就是在"人民"这一概念中引入阶级分析的视角，既强调它的包容性，又强调它的革命性，从而完成了由传统的民本思想向马克思主义"人民观"的跨越，同时也与近代资产阶级革命家所说的人民区分了开来。

但是，在中国马克思主义者的人民观里，仍然可以清晰地看到传统民本思想的影响。这种影响除了体现在上文提到的相信人民群众是历史的创造者，强调把人民利益放在首位，坚持走群众路线，以及把领导干部定位为人民公仆，从道德与意识形态入手引导与提高大众等方面外，还有一个方面，那就是对处于中国社会最底层的农民作为革命依靠力量的重视，以及对农民在构成"人民"的各阶级中重要地位的强调。

在中国最早的一批马克思主义者那里，农民问题就开始受到关注。1919年9月，李大钊在《新青年》上发表《我的马克思主义观》的同时，还在《少年中国》上发表文章，热情号召他的学生及其追随者"投身到山林里村落里去，在那绿野烟雨中，一锄一犁的作那些辛苦劳农的伴侣"。[1] 毛泽东对于中国化马克思主义的最大贡献之一，就是论述了农民在20世纪中国革命中的重要性。他"不仅把农民看作革命民众基础，而且把革命创造力和政治判断标准这些马克思列宁主义者认为党才具备的东西，赋予了农民自己"。[2] 在《新民主主义论》中，毛泽东强调，"中国有百分之八十的人口是农民，……因此农民问题，就成了中国革命

---

[1] 李大钊：《"少年中国"的"少年运动"》，《少年中国》第1卷第3期，1919年9月。

[2] ［美］莫里斯·迈斯纳：《马克思主义、毛泽东主义与乌托邦主义》，张宁等译，中国人民大学出版社2013年版，第74页。

111

中华传统文化与马克思主义文论中国化

的基本问题,农民的力量,是中国革命的主要力量"。① 在《在延安文艺座谈会上的讲话》(以下简称《讲话》)这篇文章中,毛泽东同样表现出对农民的极大关注与热情。他从外延上对人民的概念进行了规定,认为"占全人口百分之九十以上的人民,是工人、农民、兵士和城市小资产阶级",文艺为人民服务,"第一是为工人的,这是领导革命的阶级。第二是为农民的,他们是革命中最广大最坚决的同盟军。第三是为武装起来了的工人农民即八路军、新四军和其他人民武装队伍的,这是革命战争的主力。第四是为城市小资产阶级劳动群众和知识分子的,他们也是革命的同盟者,他们是能够长期地和我们合作的"。② 考查毛泽东在《讲话》中的用语,我们发现,在具体列举文艺服务的对象时,除了上面那段话外,他总是"工农兵"并举,或者"工农"并举,没有一次遗忘农民这一群体。正因为如此,有国外学者才做出了这样的评价:"在我看来,农村革命是后来这个国家最高领导者的一项政治创新,也是毛泽东对历史最伟大的贡献。它证明动员起来的群众的力量即使在一个巨大而贫穷的国家里也可以成为最强大的政治力量。如果民主意味着'人民的力量',那么毛泽东就对民主理论做出了一个至今仍被世人津津乐道的贡献。"③

中国的马克思主义者关注农民,把农民视为革命需要依靠的一种重要力量,把农民面对的问题当成最为紧迫的问题,一方面是基于在中国一直到 20 世纪中后期农民都占国人的绝大多数这一事实;另一方面也与中国古代社会民本思想的重心其实就是"农本"这一传统有关。

---

① 毛泽东:《新民主主义论》,载《毛泽东选集》第 2 卷,人民出版社 1991 年版,第 692 页。
② 毛泽东:《在延安文艺座谈会上的讲话》,载《毛泽东选集》第 3 卷,人民出版社 1991 年版,第 855 页。
③ [美] 布兰特利·沃马克:《毛泽东政治思想的基础(1917—1935)》中文版序,霍伟岸等译,中国人民大学出版社 2013 年版,第 6 页。

第三章　古代民本思想对人民文艺观及其实践的影响

毛泽东自己十分熟悉儒家的民本传统，在学生时代的笔记中，针对《尚书》中"天视自我民视"这句话，曾写下了这样的感想："人心即天命，故曰天视自我民视。天命何？理也。能顺乎理，即不违乎人，斯得天矣。然而不成者，未之有也。"[①] 他还曾将中国历史上的民本政治与现代政治相提并论，认为民主传统，共和一词，就来源于三千年前的周朝，与孟子所说的"民为贵，社稷次之，君为轻"有关。中国第一代马克思主义者青少年时代接受的教育当中，传统教育占了很大的比重，这是他们接受、理解从国外传来的马克思主义时无法排除的前见。而民本思想，是其中最为重要的一个方面。

对中国的马克思主义者而言，文艺人民性立场的形成，与其所持的人民观直接相关。传统的民本思想通过这一路径，必然对中国马克思主义文艺理论的建构及文艺实践产生深刻影响。

二　先秦儒家民本思想对古代文艺思想的影响

实际上，古代民本思想通过中国马克思主义者所持的人民观，对中国20世纪初以来的文艺理论建构及文艺实践产生影响，只是民本思想对中国马克思主义文艺人民性立场产生影响的可能路径之一。除此之外，我们还应该关注古代民本思想通过中国古代文艺观这一中介，对中国20世纪初以来马克思主义文艺理论建构及文艺实践产生影响的可能性。

首先，先秦儒家民本思想与儒家文艺思想之间，存在着共生的关系。

先秦儒家的民本思想包含儒家的哲学观、政治观、经济观、

---

① 《毛泽东早期文稿》，湖南出版社1990年版，第588页。

道德观、人生观、历史观等各个方面，涉及对天人关系、政权合法性、社会治理方式、统治阶级的道德修养、民众教育、民心的争取、朝代变革的内在逻辑、人性的善恶等一系列重大问题的思考，在先秦儒家思想中占有举足轻重的地位。与此同时，文艺问题也是先秦儒家思考的核心问题。在《诗》《书》《礼》《易》《春秋》这五部儒家最核心的经典中，以及记录孔子与其弟子言行的《论语》中，提出了许多对后世影响巨大的文艺理论命题。这些命题构成了先秦儒家思想另外一部分核心内容。把儒家的民本思想与文艺思想分别限定在不同的学科范畴内加以理解，只是基于现代学科意识而形成的思维方式。对于儒家学者而言，政治哲学思想与其文艺思想是一体的，文艺命题往往是其哲学思想、政治思想的延伸。作为先秦儒家的核心观念，民本思想必然会投射到其对文艺问题的理解上。

先秦儒家文艺思想与民本思想之间最明显的联系，体现在"观诗""观乐"说与"听政于民"说的关联上。"诗可以观"被认为是孔子提出的一个著名的诗学命题，而这一命题却奠基于周代史官"采诗"和公卿"献诗"这一政治制度之上。《礼记·王制》还有"天子五年一巡守……命太师陈诗以观民风"的记载。[1] 在统治者看来，诗歌无非"男女有所怨恨，相从而歌。饥者歌其食，劳者歌其事"[2] 的产物，其内容是民风、民情、民怨的直接表现。在先秦儒家学者那里，与"观诗"相近的命题，还有"观乐"。《左传》中有季札观乐的记载，与此相印证的还有《礼记·乐记》中的记载，谓"治世之音安以乐，其政和。乱世之音怨以怒，其政乖。亡国之音哀以思，其民困。声音之道，与

---

[1] 《礼记·王制》，载《十三经》，上海书店出版社1997年版，第777页。
[2] 《春秋公羊传》，何休注，载《十三经》，上海书店出版社1997年版，第1263页。

第三章 古代民本思想对人民文艺观及其实践的影响

政通矣"。[①] 从先秦儒家的这些经典论述以及后世儒家学者的解释看,观诗、观乐的主要目的就是体察民情民风,了解民间的声音,特别是老百姓对政治治理的反应,从而评估政治治理的效果。这种评估是为了发现政治治理的得失,以为善政的参考,其中儒家民本思想的影响十分明显。

先秦这种通过观诗以观民俗、察民情的诗学观,在后世的儒家诗学传统中得到了继承与发扬。然而,近代以来,却有着被研究古代诗学理论的学者有意无意忽视的趋向。五四以降,受新潮思想影响的学者有一个十分矛盾的立场:一方面,他们对《诗经》所体现的民间性与批判精神十分看重,竭力还原其作为民歌的身份;另一方面,这种学术努力又是在"疑古"以及清算汉代以后的儒家学者将《诗经》里的作品道德化、政治化的名义下进行的。对儒家的反感,使得他们对儒家诗学理论评价一般较低,先秦儒家学者的民本立场很难引起他们的关注。而另外一些以古代文论为主要研究对象的学者,则深受从西方引进的审美文艺观的影响,在面对儒家诗学的一些命题时,更愿意从文学创作的主体性、艺术性等角度切入,而没有意识到先秦儒家的诗学理论是围绕诗(许多时候特指的是《诗》这一儒家经典文本)的接受展开的,思考的核心问题是诗的功能问题,尤其是政治功能与教化功能。还有相当一部分学者受西方仪式学派的影响,在谈到先秦"观诗""观乐"这些现象时,比较多地强调了其作为贵族间交往时礼仪性的一面,认为"赋诗言志"也好,"观诗观乐"也好,主要体现的是贵族的教养与艺术化的生活。这样的理解忽视了在先秦的诗学观念中,"观诗""观乐"的行为之所以发生,首先是基于统治者所持的民本立场,是因为他们认为能够在这些活动中听到下层民间的声音,从而为现实政治提供参考。而中国马克思

[①] 《礼记·乐记》,载《十三经》,上海书店出版社1997年版,第848页。

主义文艺家关于文艺是社会生活的反映,希望通过文艺作品考察民心向背的文艺观念,则与先秦儒家的看法有更多的相合之处,这个问题本书留待下一节讨论。

发端于先秦儒家诗学的"怨刺说"与民本思想也有直接的关系。如果说"诗可以观"这一命题,因为其主要是从接受者这一角度立论,还比较容易还原其中所包含的民本立场的话,那么由于"诗可以怨"这一命题是从创作主体出发立论的,而后来的文学创作主体多是士大夫阶层,因此其中所包含的原始儒家的民本立场,在后世的学者那里就更容易被忽视。

孔子的"诗可以怨"这一命题的提出,首先基于对《诗经》文本的事实判断。在《诗经》的305首诗歌中,《毛诗序》标明为刺诗的就有一百来首。虽然后人对汉儒说诗"不离美刺二端"颇为不满,认为其中有许多牵强附会之处,但《诗经》中存在"怨刺诗",则是一个不争的事实。孔子所说的"怨",孔安国解释为"刺上政也"。这是从政治角度进行的解读。孔安国的解释影响很大,它一方面使许多人将《诗经》中的怨诗直接称为"怨刺"诗;另一方面也刺激了后世大量政治讽喻诗的产生,从而形成了儒生以诗表达政治态度,进行讽谏的诗学传统。然而,简单地以"刺上政也"解释诗经中的怨诗,是片面的。《诗经》中的怨诗不仅有表达对政治不满的内容,而且还有表达闺房之怨、弃妇之怨、征夫之怨以及小人物对生活艰辛加以抱怨的诗作。这些诗作未必具有明显的政治意向,以及通过诗歌"上达天听",干预政治的意图。而周代统治者重视《诗经》中的怨诗,则是因为从这些"饥者歌其食,劳者歌其事"的怨诗中,能够了解民间疾苦,获得其施政效果最直观、最真实的反馈,从而为善政的出台提供参考。这种逻辑与先秦民本思想的内在逻辑高度一致。而通过民间文艺作品了解民生疾苦,也是中国马克思主义文论家强调要重视民间文艺的重要原因之一。

第三章　古代民本思想对人民文艺观及其实践的影响

儒家学者对他们所说的怨刺诗功能的理解也是多方面的。除了用诗表达政治态度以达到参与政治的目的，以及统治者通过诗歌了解民情民风之外，儒家还认为诗歌具有使民众的负面情绪得以宣泄，进而舒缓民怨，达到社会稳定的功能。《国语》对诗歌的这种功能有明确的阐述：

> 是故为川者决之使导，为民者宣之使言。故天子听政，使公卿至于列士献诗，瞽献曲，史献书，师箴，瞍赋，矇诵，百工谏，庶人传语，近臣尽规，亲戚补察，瞽、史教诲，耆、艾修之，而后王斟酌焉，是以事行而不悖。①

这段话一方面突出了通过献诗以补察时政这一政治考量，同时也将"为民者宣之使言"与"为川者决之使导"相类比，包含了对诗歌泄导民情的认识。于是，对儒家学者来讲，"上不以诗补察时政，下不以歌泄导人情"（白居易《与元九书》）就成为一个时代政治失范的重要标志。尽管在他们那里，"泄导人情"最终还是为了政权的稳定，但这种态度，比之于"防民之口，甚于防川"的说法，其背后的民本立场体现得十分明显。

而后世儒家学者在对孔子"诗可以怨"这一命题进行解释时，却存在着逐渐偏离先秦儒家民本立场的路径，那就是将"怨刺诗"的创作主体逐渐地单一化，排除了下层民众，变成了具有官员身份的士大夫阶层。对这个阶层而言，一方面"诗可以怨"成为一种通过表达政治态度而影响政治的途径，另一方面也成为表达政治失意之后的悲愤，以及抒发不与现实同流合污的志向的途径。屈原的"发愤以抒情"说，司马迁的"发愤著书"说，刘勰的"志思蓄愤"说，便是沿着这一路径展开的。而到了钟嵘

---

① 迟双明：《国语全鉴》，中国纺织出版社 2020 年版，第 6 页。

《诗品序》那里，更是重点提取了怨诗的悲剧意味，把它与诗人对于人生宇宙的个性化体验联系了起来，导向了悲剧美学，从而与之后主要由文人创作构成的"中国抒情传统"合流了。在这一转化过程中，"诗可以怨"这一理论命题中原有的民本立场被逐渐淡化，以至于最终被淹没。唐以后，由先秦儒家延续下来的诗学传统与钟嵘等人开拓出的具有悲剧美学色彩的诗学传统是并行的，但正统的儒家学者还是更看重先秦儒家的民本传统。近代以来，钟嵘所确立的传统，更多地被抱持审美主义观点的学者作为诗学正统肯定，并发扬光大，而"诗可以怨"这一诗学命题原本所具有的民本思想，则在中国马克思主义者的文艺观中被更多地继承了下来。

对儒家学者而言，在诗歌的诸种功能中，他们最为看重的是它的教化功能。这种教化功能一方面是通过"祖述尧舜""彰显文武""止于至善"的诗的内容实现的，另一方面，是通过诗歌形式本身的"兴物起情""感发志意"的特点实现的。先秦儒家对文学艺术内在规律的深入思考，与其想充分利用文学艺术的特性实现教化的目的有关。而诗教、乐教的提出，则与其所持的民本思想有着内在的逻辑关联。

儒家诗教的对象，一方面包括作为统治者的国君与官员，另一方面也包括作为被统治者的下层民众。在"官—民""君—民"所组成的二元结构中，儒家诗教的重心，实际上更多的是指向下层民众，而不是"君"或"官（师）"这样处在诗教实施者位置的意识形态的生产者与传播者。从这一点上来讲，民被放在了被动地位上。但儒家诗教作为一种意识形态建构的方式，又是建立在充分尊重被教育者主体性的基础上的。而且，儒家诗教思想特别强调教化者作为师的表率作用，认为教化实施的最佳途径，是实施教化的人具有良好的道德修养，对下层民众心怀仁义之心，这样才能"以上率下"，让民众心悦诚服地接受教化的内容。儒

第三章 古代民本思想对人民文艺观及其实践的影响

家学者倡导的德治其实包含两个方面：一个方面是提升民众的道德水准；另一个方面则是以自己的德行为社会树立起道德的标杆。因此，在道德自律的规定方面，儒家学者对包括自己在内的施教者的要求远比对民众的要求要高得多。而对于民众，儒家学者不仅强调统治者有教化民众的义务，对"不教而诛"的行为给予强烈谴责，而且认为统治者还有乐民、富民的义务。以诗乐教化人民，与富民、养民、乐民一起，构成先秦儒家所理解的"善政"的重要内容，这种政治理念正是民本立场的体现。而强调文艺家的道德修养，强调艺术家在感情上贴近人民，并希望用文艺作品去接近大众、教育大众、提高大众，也正是中国马克思主义者人民文艺观及其指导下的文艺实践的重要特点。

三 中国马克思主义者人民文艺观形成过程中的民本底色

先秦通过观诗以观民俗、察民情的诗学观，在后世的儒家诗学传统中得到了继承与发扬。《毛诗序》吸收了《礼记·乐记》"审乐以知政"的观点，认为《诗经》中的《风》《雅》两部分诗，存在"正"与"变"的区别："至于王道衰，礼义废，政教失，国异政，家殊俗，变《风》变《雅》作矣。"[①] 刘勰也说："幽厉昏而《板》《荡》怒，平王微而《黍离》哀。"[②] 汉代官方设乐府这一机构，并模仿先秦设置采诗官，专门采集各地民间歌谣。这一传统在后世绵延不绝。宋代郭茂倩辑录汉魏到唐、五代的乐府歌辞，兼及先秦至唐末5000多首乐府诗，编成《乐府诗集》。在中国两千多年的诗学传统中，对民歌的重视，构成儒家

---

① 《毛诗序》，载《十三经》，上海书店出版社1997年版，第848页。
② （南朝梁）刘勰：《文心雕龙·时序》，周振甫：《〈文心雕龙〉今译》，中华书局1986年版，第392页。

十分重要的一条传统。这种文学观念,后来越过诗歌理论,影响到了对白话小说、戏曲等具有民间身份的文学体裁的看法。当小说家们试图为被称为"街谈巷议,道听途说"的小说存在的合法性进行理论辩护时,能够反映民间的声音,以及以民间立场补官方正史之阙,成为其能够运用的一条十分重要的理据。

对包括民歌、戏曲、通俗小说等民间文学的重视,作为一种重要的文学观念,经由晚清到五四前后的"白话文学"运动,最后进入了中国第一批马克思主义者的文艺观念之中。陈独秀在新文化运动前参与编辑《安徽俗话报》时,就提倡过民间戏曲,认为"当今的戏曲,原和古乐是一脉相承的","唱戏一事,与一国的风俗教化,大有关系"。他不仅在《安徽俗话报》上刊发了不少戏曲,而且还亲自操刀进行戏曲创作。① 毛泽东青少年时期也十分热爱中国民间文学,特别是白话小说与民间故事对他认识历史与社会产生了很大影响。据说他从年轻时候就十分喜爱《水浒传》这部书,参加革命后,在颠沛流离的战争生活中,"他个人的行李中,永远都有那把伞和一些书,行军过程中那些书是会变化的,但《水浒传》都一直形影不离"。② 在1930年的《寻乌调查》一文中,他曾用方言语音记录了一首很长的当地民歌《月光光》,并对里面的方言语词作了注释。而记录这首民歌,是为了反映当地农民受地主地租的剥削,"禾头根下毛饭吃"(据毛泽东的注释,这句方言是说刚打下禾交过租就没有饭吃)的惨状。③

中国马克思主义者重视来自民间的文艺作品,原因大概有这样三个方面。

---

① 石钟扬:《文人陈独秀》,人民文学出版社2015年版,第243—247页。
② [美]罗斯·特里尔:《毛泽东传》,何宇光等译,中国人民大学出版社2013年版,第145页。
③ 《毛泽东文集》第1卷,人民出版社1993年版,第204页。

第三章 古代民本思想对人民文艺观及其实践的影响

其一,认为民间文艺更接近现实,与中国马克思主义文艺理论倡导的现实主义精神有更多契合之处。周扬在谈到中国民间文艺作品时就曾说:"在旧小说中可以窥见老中国人和旧社会的真实面貌,从民歌、民谣、传说、故事可以听见民间的信仰、风俗和制度。这与古代采诗以观民风的传统是高度一致的。"①

其二,民间文艺能够更真实地传达人民的爱憎,表现人民的思想、情感与愿望。谈到民间戏曲时,周扬认为"人民以自己的眼光观察周围的现实生活,同时根据自己的生活经验,把历史和传说的故事加上自己的想象和判断,就在各种戏曲中创造了他们所向往、所喜爱的人物","人民的真正同情总是在被压迫、被欺凌者的一面,那些弱小、善良的人民一面,而对于那些骑在人民头上的凶恶的压迫者、剥削者,则表示了深深的愤怒和蔑视"。②从这里可以听到孔子"诗可以怨"的回声。

其三,认为民间文艺表现着底层民众的革命精神,可以通过民间文艺,认识民众的革命力量,并从底层民众那里获得朴素的阶级感情、斗争精神与革命必将胜利的信心。毛泽东曾说:"在中国封建社会里,只有这种农民的阶级斗争、农民的起义和农民的战争,才是历史发展的真正动力"③,这与他后来的著名论断"人民,只有人民才是创造世界历史的动力"④ 相互呼应。而在中国马克思主义文论家看来,许多民间文艺作品的主题就是"歌颂那些敢于反抗压迫、反抗暴力,为自己的生存和幸福而奋斗的英

---

① 周扬:《对旧形式利用在文学上的一个看法》,载《周扬文论选》,人民文学出版社 2009 年版,第 273 页。
② 周扬:《改革和发展民族戏曲艺术》,载《周扬文论选》,人民文学出版社 2009 年版,第 287 页。
③ 毛泽东:《中国革命和中国共产党》,载《毛泽东选集》第 2 卷,人民出版社 1991 年版,第 625 页。
④ 毛泽东:《论联合政府》,载《毛泽东选集》第 3 卷,人民出版社 1991 年版,第 1031 页。

雄的、正义的人们"。① 这种认识与古代持民本思想的儒家学者对民众革命力量的认知有一致的地方，只不过中国的马克思主义者是希望发扬群众中蕴藏的力量，而儒家学者则从维护统治秩序的角度出发，害怕群众中的反抗力量，并试图化解这种力量。

面对古代文化遗产，毛泽东总是强调要剔除其封建性的糟粕，吸收其民主性的精华。而糟粕和精华的区别，就是要将古代封建统治阶级的一切腐朽的东西和古代优秀的人民文化，即"多少带有民主性和革命性"的东西区别开来。而对中国的马克思主义者来说，古代"多少带有民主性和革命性"的优秀文化在艺术上，除表现在极个别同情与关怀民众的士大夫的作品中外，主要存在于底层群众自己创作的作品之中。

中国的马克思主义者对民间文艺的重视，突出表现在对民间文艺形式的利用上。1928年4月，中共江西省委曾报告中央，"将依照二度梅、梁山伯访友、四川调、五更调、十杯酒等小歌调本来叙述万安暴动的情形，农工生活痛苦和出路、国民党的真象等等"。②《在延安文艺座谈会上的讲话》中，毛泽东提醒延安的文艺工作者"应该注意群众的墙报，注意军队和农村中的通讯文学"，"注意军队和农村中的小剧团"，"注意群众的歌唱"，批评一些知识分子出身的作家"不爱他们（指农民，引者注）的感情，不爱他们的姿态，不爱他们的萌芽状态的文艺（墙报、壁画、民歌、民间故事等）"。③

对民间传统的重视，使得中国共产党领导下的文艺与主要接受西方传统的五四主流文艺形成了差异。后来"延安文艺"与

---

① 周扬：《改革和发展民族戏曲艺术》，载《周扬文论选》，人民文学出版社2009年版，第287页。

② 周平远：《从苏区文艺到延安文艺》，社会科学文献出版社2014年版，第41页。

③ 毛泽东：《在延安文艺座谈会上的讲话》，载《毛泽东选集》第3卷，人民出版社1991年版，第863、857页。

第三章 古代民本思想对人民文艺观及其实践的影响

"五四文艺"的分化,很大程度地体现在这一点上。正是在探索民族文艺形式利用的过程中,中国的马克思主义者形成了一套十分完整的关于文艺民族化的理论话语。与五四新文艺反封建的立场一致,在相当长的时间里,中国的马克思主义者大多对旧文艺中的官方传统、士大夫传统持批判态度,只承认其中的个别作品具有民主的、进步的成分。但对民间传统则采取了较多的肯定态度,在《中国革命和中国共产党》一文中,毛泽东甚至将封建社会里物质财富和精神财富的创造,通通归到了农民与小手工工人的名下。①

20世纪30年代末到40年代初,曾经发生过一场关于如何创造中国文艺的"民族形式"问题的论争。论争的焦点集中在是否同意向林冰提出的"民族形式的中心源泉,实在于中国老百姓所习见常闻的自己作风与自己气派的民间形式之中"这一论断上。由于向林冰"民间形式"为中心源泉的主张直接建立在对五四文学的否定之上,在他看来,"在民族形式的前头,有两种文艺形式存在着:其一,五四以来的新兴文艺形式,其二,大众所习见常闻的民间文艺形式",而"民间形式中心源泉"论即意味着五四以来的新兴文艺形式"在创造民族形式的起点上,只应置于副次的地位"②,因此受到深受五四文艺传统影响的创作家与理论家的反击。

对向林冰观点的反击,以胡风数万字的长文《论民族形式问题》最具代表性。对向林冰而言,"民间形式的批判的利用,是创造民族形式的起点,而民族形式的完成,则是运用民间形式的归宿。换言之,现实主义者应该在民间形式中发现民族形

---

① 毛泽东:《中国革命和中国共产党》,载《毛泽东选集》第2卷,人民出版社1991年版,第625页。
② 向林冰:《论民族形式的中心源泉》,重庆《大公报》理论副刊《战线》1940年3月24日。

式的源泉"。① 而对于胡风而言，"'民族形式'，它本质上是五四的现实主义传统在新的情势下面主动地争取发展的道路"。② 对于向林冰"民间形式＝民族形式"这种观点，连周扬都不能完全认同，进而提出了以发展新形式为主，新形式从旧形式中吸收营养，并对旧形式进行思想上、艺术上的改造这种折中的观点，③但事实上，向林冰的这种观点并非是自己一时心血来潮时的独创，而是有着深刻的政治背景的。

　　向林冰提出民间形式是民族形式的中心源泉这一主张，一方面与毛泽东提出的新民主主义的文化应该具有"民族的形式，新民主主义的内容"主张有关，另一方面，陈伯达、艾思奇这样一些党内的重要理论家也提出了"旧形式"的利用问题。五四新文化运动之后，出现了从各种角度对旧形式进行反思的声音，其中一种声音就来自艾思奇、陈伯达这样的马克思主义理论家。艾思奇在发表于1939年的《旧形式新问题》一文中指出，"'五四'文化运动一般的缺点是：由于要打破旧传统，于是就抛弃了、离开了旧的一切传统，特别是离开了中国民众的大众优秀传统"，因此，这场运动就不可能真正建立在广大民众的基础上。在他看来，民众真正熟悉的形式，实际上是旧形式，"要接近大众，就不能不考虑怎样接近的方法，而旧形式的媒介，却是接近大众所必要的东西"。④ 艾思奇在他的这篇文章中，以否定形式呈现出这样一种逻辑：五四的文艺形式由于抛弃了旧传统，因而也就远离民族传统，最终是脱离了大众。

---

　　① 向林冰：《论民族形式的中心源泉》，重庆《大公报》理论副刊《战线》1940年3月24日。
　　② 胡风：《论民族形式问题》，载《胡风全集》第2卷，湖北人民出版社1999年版，第727页。
　　③ 周扬：《对旧形式利用在文学上的一个看法》，载《周扬文论选》，人民文学出版社2009年版，第274页。
　　④ 艾思奇：《旧形式新问题》，载黄梅子等编《延安文艺档案·延安文论》，陕西出版传媒集团太白文艺出版社2017年版，第86页。

第三章　古代民本思想对人民文艺观及其实践的影响

因此，表面上看艾思奇讨论的是形式的新旧问题，实际上关注的是形式的大众化问题，这一逻辑与中国古代文艺的民本立场是一致的。向林冰沿着艾思奇的思路又往前走了一步，把艾思奇所说的旧形式，直接落实在了民间形式之上。因此，向林冰并没有篡改艾思奇的本意，而"民间形式"这一概念却比"旧形式"这一概念更能突出其背后的民本逻辑。

向林冰文章中所体现的民本逻辑之所以更为明白，是因为他是直接从毛泽东的文章中领悟出来的。对他而言，"民族形式的提出，是中国社会变革动力的发现在文艺上的反映。由于肯定了变革动力在人民大众，所以赋予民族形式以'中国老百姓所喜闻乐见的中国作风与中国气派'的界说。从这更进一步的分析下来，便知民族形式的中心源泉，实在于中国老百姓所习见常闻的自己作风与自己气派的民间形式之中"。这也是为什么是向林冰，而不是胡风，不是陈伯达，甚至也不是周扬在这一问题上与毛泽东在《在延安文艺座谈会上的讲话》（以下简称《讲话》）中所表明的观点更为接近的原因。陈伯达对传统有更多的留恋，胡风、周扬实际上更看重五四新文艺的传统，而毛泽东则是直接从接续了民本传统的文艺的人民性立场出发思考问题的，对此，向林冰表现得最为敏锐。延安《讲话》后的文艺方向与五四新文学的重要的差异之一，也体现在把对民间文艺形式的借鉴与利用，放到了十分重要的地位上。

对于向林冰"民间形式中心源泉论"的历史命运，后来的学者曾发出了这样的疑问："令笔者最为困惑，但也是最能够显现历史的复杂性的是，从理论层面来看，向林冰对'五四'新文艺排斥，要求文艺纯粹回到民间的主张显然是不正确的，但是，在中国文学的实践层面，恰恰又证明了他的理论在实践上的'历史正确'。"[①]

---

① 石凤珍：《文艺"民族形式"论争研究》，中华书局2007年版，第156页。

作者之所以感到困惑，是因为对其背后的理论逻辑不熟悉或不认同。从代表五四新文艺立场的胡风等人的观点看，很容易得出"民间形式中心源泉论"的观点是"过分从政治需要来看待文艺问题，而忽视了文艺自身的特性和规律"的"极端与片面"的主张，而从深受古代民本思想影响的人民文艺立场出发，民族形式必须是大众的，因而也就必须是民间形式。

中国古代的民本思想通过中国马克思主义者的人民观以及中国传统的文艺观这两条路径，对人民文艺观的确立及其指导下的实践，产生了不容忽视的影响。当然，在中国马克思主义者人民文艺观形成过程中，这两条路径很难绝然分开，而是共同发生作用的。对它们的揭示，有助于我们更深入、更全面地理解中国古代民本思想与中国马克思主义文艺人民性立场之间的深层联系，更准确地把握中国马克思主义文艺人民性立场的独特内涵。

四　人民文艺观在文艺实践中的体现

在漫长的封建社会里，底层民众往往不掌握文化资源，无力创造自己的作品。因此，中国的马克思主义者中一些人很早就在进行一种努力，那就是让广大群众能够通过文艺作品发出自己的声音。这种努力已经超出了古代民本思想的实践范围，但却仍然可以看作中国马克思主义者在文艺人民性立场指导下，对古代民本思想在继承基础上的超越。

早在"左联"时期，"文艺大众化"问题就被提了出来。"左联"成立时，除设立"马克思主义文艺理论研究会"之外，还同时设立了"大众文艺委员会"，而且在成立不久，便在自己的机关刊物《大众文艺》和《拓荒者》上围绕文艺大众化问题展开了讨论。之后，"左联"又分别于1931年、1932年发动了两次

第三章 古代民本思想对人民文艺观及其实践的影响

文艺大众化讨论。最初，大众化是从文艺表现对象入手的，"无产阶级文艺"这个概念的提出，使把普罗大众作为文艺的表现对象成为一种自觉的追求。而普罗大众无产阶级意识的培养，又需要通过能够走近他们的文艺作品完成。因此，文艺大众化最终落实在文艺形式的通俗化上。这种大众化也被称作用通俗的文艺形式对大众进行启蒙，即"化大众"。与此同时，中国的马克思主义者还在进行着另外一种努力，那就是让普罗大众掌握书面语言，从而打破上层阶级的文化垄断。从中央苏区一直到全国解放初期，在工农群众中文盲占很大比例的情况下，广泛开展的识字扫盲运动，即同时包含两种目的，一种是让工农大众能够进行书面阅读，一种是让工农大众进行书面的表达。

但由于汉字本身的特点，以及以汉字为媒介的汉语书面语与口语之间无法消除的隔膜，因此，受苏联语言文字政策的启发，中国的马克思主义理论家们早在1920年代末就试图为底层群众提供一种离他们的语言状态最近、更容易掌握的文字，从而让他们十分方便地把自己的口头表达转化为书面形式。1929年，经与吴玉章、林伯渠等人反复讨论，瞿秋白拟出了《中国拉丁化字母方案》，并予以公布。其实，当时国内已经有学者在进行汉字拉丁化的改革，并形成了成熟的方案。但瞿秋白等中国的马克思主义理论家却认为这些方案没有真正从底层民众的角度考虑他们的需要，只有自己的文字改革方案才能从根本上打破上层阶级对文化的垄断。1931年9月，"中国新文字第一次代表大会"在符拉迪沃斯托克召开，大会以瞿秋白的《中国拉丁化字母方案》为基础，制订出了中国文字的新方案。在现代汉字改革历史上，这套方案被称作"北拉"。

瞿秋白所提出的文字改革方案，首先是以中心城市无产者的"普通话"为依托的。在他看来，"在五方杂处的大都会里，在现代化的工厂里面，大众的语言事实上已经产生一种中国的普通话，以这种大都会里各省人用来互相谈话、演讲、说书的普通话，才是真正的现代中国语"，这应该是一切书面表达的标准。①其次，瞿秋白还试图借自己的文字改革解决之前由黎锦熙等人主导完成的"国语罗马字"方案存在的方言歧视问题，让各方言区的大众都有自己的文字，让各地没有文字的人，通过方言文字的习得变成识字的、能够用文字进行表达的人。他强调，这种新中国文"不但是为着容易普及初等教育和简单的识字运动，而且是为着要使中国几万万群众能够得到一种程度上更高级的文字"，"使几万万群众能够运用自己的语言和文字去参加新时代的伟大的真正的文化革命"。②

在文艺大众化的讨论中，鲁迅曾经表达过一些疑虑，因为他意识到即使要接受通俗化的大众文艺，也需要读者有相当的文化适度，最起码要能够识字。所以，他说"现在是大众能鉴赏文艺的时代的准备"，还不到推广大众文艺的时候。③可以看出，鲁迅理解的大众文艺，指的是用于书面阅读的文学作品。而一些倡导大众文艺的"左联"领导人视野则更为开阔，他们同时注意到了口头文学，以及其他通俗文艺形式。阳翰笙曾说："在千千万万的劳苦工农还是文盲或半文盲的现在，不管你的作品怎样大众化吧，对于他们，还是没有福气来消受，因此，我们不能不利用各式各样的文艺上或艺术上大众化了的诸种形式来接近他们了。"顺着这一思路，进入他视野的有移动剧团、木人戏、歌谣曲调、插画小说等。他认为，"这些大众化了的文学或艺术的形式，在我们这文化落后的，广大的工农群众被驱逐到文化圈外连字都认不到一个的中国，是绝对不能忽视的，如果有意地忽视了，我们

---

① 瞿秋白（宋阳）：《大众文艺的问题》，《文学月报》1932年第1期。
② 瞿秋白：《新中国的文字改革》，载《瞿秋白文集》（文学编）第3卷，人民文学出版社1989年版，第280页。
③ 鲁迅：《文艺的大众化》，《大众文艺》第2卷第3期，1930年3月；《文艺大众化问题讨论资料》，上海文艺出版社1984年版，第17页。

第三章　古代民本思想对人民文艺观及其实践的影响

的问题就没有什么多大的实际意义"。① 实际上，对民间文艺形式的关注，不仅是一个大众接受的问题，因为许多民间文艺形式的创作主体就是底层民众。

瞿秋白也曾论及文艺的旧形式利用问题，而他讲的旧形式正是民间形式，从中可以看出从提倡文字改革到提倡文学大众化之间的内在发展逻辑。他特别讲到用传统演义小说的形式讲述革命故事的问题，认为这种接近口语的语言形式并不与要表达的新内容相冲突。②

"左联"时期两次文艺大众化讨论，涉及的问题相当广泛，毛泽东《在延安文艺座谈会上的讲话》中的一些核心命题，如知识分子作家阶级立场的转换问题、文艺旧形式的改造与利用问题、文学语言的大众化问题、工农作家的培养问题等，都有呈现。

对于"让底层群众通过文艺作品发出自己的声音"这一理想而言，更直接的努力，就是在基层群众中培养作家与艺术家。"左联"时期，受苏联经验的启发，中国的马克思主义者提出了借开展"工农通讯员运动"，让基层群众参与文艺创作的设想，并将之付诸实践。瞿秋白认为，大众文艺的创造不仅是用普通大众的日常生活有关的语言来写作这样一个简单的技术性问题，而且也是用这个语言来表达大众自己的意图、习惯，甚至阶级意识的"大众运动"的开展问题。他特别强调，文艺大众化的运动必须是劳动群众自己的运动，最终要能够使群众自己创造出革命的文艺，并认为通过街头文学运动，"工人青年之中，将要'发见'很多意料之外的天才，渐渐的他们会变成主体"。③

曾任"左联"书记的周扬也认为，"文学大众化不仅是要创

---

① 《阳翰笙选集》第四卷，四川文艺出版社1989年版，第23—25页。
② 瞿秋白：《大众文艺的问题》，《文学月报》1932年第1期。
③ 瞿秋白：《普罗大众文艺的现实问题》，载《瞿秋白文集》（文学编）第1卷，人民文学出版社1985年版，第481—482页。

中华传统文化与马克思主义文论中国化

造为大众所理解所爱好的作品,而且,最要紧的,是要在大众中发展新的作家"。他说:"工农通信员的活动是和重大的政治任务相联系的。这些任务不一定带着文学的性质,但是普罗列塔利亚特的创造力,经过工农通信这个练习时期之后,是会达到文学的领域的","政治通信可以使工人发展他的潜伏的文学才能"。

由此可以看出,瞿秋白、周扬提倡工农通讯运动,并不完全是出于政治宣传的需要。提高工农通讯员的文学能力,创造工农自己的文学作品,也是十分重要的目的。周扬甚至根据苏联的经验认为,许多工人通讯员出身的作家,不仅可以运用各种小的形式[如简短的报告、Sketches（短剧）、煽动诗、墙头小说等]进行写作,而且也可以创造描写阶级经验的长篇作品。①

因此,许多左翼知识分子到工厂开办工人夜校,培养工人通讯员,让工人掌握必要的文化,提高写作水平。而到了延安时期,随着文艺大众化的深入,"左联"时期培养工人通讯员的做法已经发展为让工农兵自己创造自己的文艺这一自觉追求。1940年,曾出现过一本由延安大众读物社创办的名为《大众习作》的刊物,创办这本刊物的目的就是帮助初学写作的人提高写作能力。

周而复在《边区的群众文艺运动》一文中则谈到毛泽东《在延安文艺座谈会上的讲话》发表之后,边区"广泛发动群众自己动手,用他们自己所熟悉的艺术形式,来表现他们自己的生活,创造他们自己的新艺术"的情景:"他们的创作方法,大半是集体的,可分为两种:一种是,纯粹是工农兵自己在一块,三五个人,或更多的人,来凑故事,大伙商量;另一种是工农兵和知识分子合作,这些群众作家,并不一定识字,他们想好了故事,凑成功了,再由知识分子加以整理,装饰。"结果,"这个运动展开

---

① 周扬:《关于文学大众化》,《北斗》第2卷第3、4期合刊,1932年7月;《周扬文论选》,人民文学出版社2009年版,第268页。

第三章 古代民本思想对人民文艺观及其实践的影响

之后,长期被埋没了的民间艺人,得到他们发展才能的地方,长期被压制和轻视的群众创作才能,也有了施展的园地","到处涌现出许多劳动诗人、作家、歌手"。①

重视工农兵自己的创作,着力在工农兵中培养文艺创作人才,成为中国共产党组织文艺生产的一个重要经验,这一经验一直延续到中华人民共和国成立之后。

1954年,《长江文艺》第1期发表了一篇署名黎辛,显然代表着当时主导性立场的文章《关于目前省(市)文艺刊物编辑工作的一些意见》,文章指出工农兵作家"虽然文化程度不高或创作经验不多,可是他们的作品往往显露出惊人的对生活的表现能力,能够多方面地反映群众生活、思想与感情,创作出亲切而新颖的作品",认为"组织文艺通信员和培养新作者是一项非常重要的工作,必须有高度服务的精神和艰苦耐烦的态度去从事",并要求"为着广泛展开文艺通讯网,刊物编辑部应当用多种多样的方式帮助初学写作者学习和提高。比如召开小型座谈会,研究来稿的情况和解决作者的询问;以'编读往来'、'读稿亲谈'、'文艺习作'等形式,根据来稿的实际情况写作文艺短论发表,约请专业作家写作一些具体的写作经验和文艺常识,或者是聘请他们刊物的顾问,经常解答读者提出的问题"。②

许多文艺刊物在反思自己的办刊方向时,也把是否很好地培养了工农兵作家作为重要方面。比如,《人民文学》认为自己"虽然也发表了一些直接来自工农的作品,但其数量还是很少的,经常性也是不够的,这样,使得我们发表群众创作未能成为我们

---

① 周而复:《边区的群众文艺运动》,载黄梅子等编《延安文艺档案·延安文论》,陕西出版传媒集团太白文艺出版社2017年版,第262—264页。

② 郭剑敏主编:《中国当代文学史料丛书:文学期刊、社团与流派(史料卷)》,浙江大学出版社2016年版,第37—38页。

中华传统文化与马克思主义文论中国化

工作中的一个突出重要的方面"。① 全国文联在总结刊物工作时，则对一些刊物提出了这样的表扬：河南省文联机关刊物《翻身文艺》是"竭力向通俗方向努力的刊物，它的编辑目标是：尽量做到大家能听懂，读懂，进而至于大家都能写"，上海的《群众文艺》"注意选登了工农兵群众自己的作品，并且组织了许多专家参加通俗化的指导工作"。②

中华人民共和国成立后，许多县级、地市级行政区域以及许多行业都有自己的作协、音协等文艺组织，这些文艺组织一项重要的职能，就是把分散在街道乡村、各行各业的基层文艺爱好者都组织起来，鼓励、指导他们进行文艺创作，并从中发现创作人才。有相当一批后来成名的作家、艺术家，就是从最基层的群众中成长起来的。

如果说基层的作协、音协等组织，还有发现与培养作家、艺术家的使命的话，那么在基层开展的许多群众性文艺活动，则属于"寓教于乐"的性质，许多时候，甚至主要目的是娱乐大众。

在早期组织工人运动的时候，中国的马克思主义者就曾摸索出了"俱乐部"这样一种组织群众、引导群众的方式：1922年5月，在组织安源工人大罢工的过程中，成立了安源路矿工人俱乐部。后来，在红军中也有俱乐部组织。《古田会议决议》在总结红军宣传工作的失误时，就包括"俱乐部没有办起来"。③ 之后，这种"含有士兵娱乐和接近工农群众两个意义"的俱乐部便在红军中组建起来，成为"各个单位的文化娱乐教育领导机构"④。这

---

① 《人民文学》编辑部：《文艺整风学习和我们的编辑工作》，《文艺报》1952年第2号；郭剑敏主编：《中国当代文学史料丛书：文学期刊、社团与流派（史料卷）》，浙江大学出版社2016年版，第25页。

② 全国文联研究室：《关于地方文艺刊物改进的一些问题》，《文艺报》第4卷第6期；郭剑敏主编：《中国当代文学史料丛书：文学期刊、社团与流派（史料卷）》，浙江大学出版社2016年版，第28页。

③ 《毛泽东文集》第1卷，人民出版社1993年版，第98页。

④ 《中央苏区革命文化史料汇编》，江西人民出版社1994年版，第288页。

第三章　古代民本思想对人民文艺观及其实践的影响

种俱乐部后来还推广到了中央苏区管辖的农村地区。毛泽东在《长冈乡调查》中写道："全乡俱乐部四个，每村一个"，"俱乐部都有新戏"。① 俱乐部这种形式，包括这个名称，在中华人民共和国成立后也得到了长时间的延续。

另一个和俱乐部性质有些相近，但更专业的群众性娱乐组织是剧社。在中央苏区，"工农剧社"这一组织已经从上到下形成一个完整的体系：从中央总社、省分社、县分社直到支社，共分为四级。而军队中设"文工团"、基层群众中设业余的"文艺工作宣传队"这一传统，也出现得很早，且一直延续到中华人民共和国成立之后很长时间。

利用人民群众自己喜闻乐见的文艺形式，一方面是为了宣传自己的理论、政策，增强自己的影响力，扩大自己的群众基础，这与古代政治家在民本主义理念影响下争取民心的努力在方向上是一致的；另一方面，中国的马克思主义者也希望通过群众自己喜欢的艺术形式，以寓教于乐的方式，提高群众的思想觉悟与文化水平。从中仍然可以看出儒家学者乐民、教民等文艺观念影响的存在。而有意识有计划地让普通的工农群众自己从事文艺创作，在工农群众中发现与培养艺术家，则是中国的马克思主义者沿着中国古代民本思想逻辑进行的一种创新。

---

① 《毛泽东文集》第1卷，人民出版社1993年版，第309页。

第四章　现实主义文论在中国的"变异"及其原因

一　马克思主义文论视野中的现实主义文论

现实主义（Realism）文论作为 19 世纪中期欧洲现实主义文艺思潮的伴生物，曾经对欧洲文坛产生了巨大的影响。许多著名的作家与文艺理论家，如雨果、巴尔扎克、泰纳、别林斯基、车尔尼雪夫斯基等人，都曾经为现实主义文论的形成做出过重要贡献。在欧洲 19 世纪现实主义文论发展过程中，马克思主义经典作家，尤其是马克思和恩格斯本人也有着十分突出的贡献。他们对具有现实主义倾向的作家莎士比亚、巴尔扎克等人给予了很高的评价，并根据现实主义创作原则对许多左翼作家的文学创作进行了批评，提出了诸如"莎士比亚化""现实主义的胜利""典型环境中的典型人物""文学的真实性与倾向性"等一系列现实主义文艺理论的重要命题。这些理论命题在 1930 年代公开发表后，对现实主义文论的深化与发展起到了很大的促进作用。

马克思主义文论具有不同的维度。受欧洲 19 世纪现实主义文艺理论的影响，对反映论维度的强调构成经典马克思主义文论的一个底色。这一维度强调把文学艺术放在社会历史文化的大背景中，从宏观上进行把握，在本质论的层面，把文学艺术看作特定

第四章　现实主义文论在中国的"变异"及其原因

时代经济、政治、文化、意识形态等内容的折射与反映；在创作论的层面，要求作家深入社会历史的深处与现场，充分感受生活的丰富性与具体性，把握时代脉搏；在价值论的层面，认为一部文艺作品的成功与否，与其反映现实的深度与广度密切相关。这三个层面放在一起，形成一个完整的理论体系。

对经典马克思主义文论而言，反映论维度的凸显，还与历史唯物主义的哲学立场有关。马克思对"席勒式"创作的批评，恩格斯"现实主义的胜利""典型环境中的典型性格"这些理论命题的提出，实际上都与对主观主义文学创作态度的批判有关。他们申明，只要作家能够严格地从现实生活出发，按照生活的本来面貌去再现现实，即使他的主观倾向性有问题（如巴尔扎克），仍然会完成一个现实主义作家的历史使命，而一个过分急于表达自己的主观倾向性的作家，则会由于自己的主观性而伤害到文学艺术的真实性。对文学艺术真实性的要求，是马克思主义反映论文学观的最核心的内容。之后的马克思主义文论之所以特别推崇现实主义，与希望通过文学尽可能真实地反映社会生活的要求是直接相关的。

然而，单纯强调再现真实的一面，其逻辑发展的结果，必然是走向自然主义的文艺观。经典的马克思主义文论之所以在后来没有像欧洲 19 世纪的批判现实主义文艺理论那样走向自然主义，是因为在其理论系统内，有一个对极端的反映论加以限制的维度，那就是对文学艺术作品以及作者所要承担的历史使命的强调。这构成马克思主义文论的另外一个不可或缺的维度。到了许多苏联马克思主义文论家那里，这个层面得到了特别的强调。他们认为，像 19 世纪批判现实主义文学那样一味地暴露现实中的黑暗面的作品，在社会主义时期可能会产生一定的消极影响。因此，不能够把现实主义文艺"归结为仅仅是批判旧的现实，揭露旧现实的恶习的感染性"。文艺家的任务"还包括研究、体现、描写，并从而肯定新的现实"，而以肯定的态度反映现实，也就是要求文艺家在反映现实的同时，传达出生活中理想的、光明的一面，"学习怎样在腐朽的垃圾的烟气腾腾的灰烬中看见未来的火花爆发并燃烧起来"，①从而发挥文学的精神鼓舞与激励作用。

但是，在苏联文论中，当强调文艺要表现生活中的光明与理想时，对文艺作品的真实的要求也一直存在。苏联文论界的确出现过"岗位派""无产阶级文化派"等主观唯心主义色彩十分浓厚的文艺思潮。但是，正因为有反映论维度的存在，工具论色彩过于突出的文学观就会遭到质疑，并在文论内部，不断产生回到现实主义文学写真实这一基本立场的努力，"唯物辩证法的创作方法""社会主义现实主义"这些口号提出的初衷，都一方面认同文学具有政治功利性的基本立场，另一方面体现着将偏离了写真实的文学拉回到现实主义轨道上的努力。

马克思主义文艺理论还有一个基本维度，那就是把文学作为一种意识形态来看待。这一维度其实与反映论的维度、工具论的维度都有相关性：一方面，作为意识形态的文艺作品必然是特定社会历史过程的反映；另一方面，作为意识形态的文艺作品也会对特定的经济基础与特定的社会制度起到维护或瓦解的作用。从这个意义上讲，文学艺术必然有其符合或违背某一阶级的阶级利益的属性。而当某一阶级起来维护或争取自身的利益时，文学艺术也就自然会成为可以利用的工具。文艺的阶级性、组织生活的功能、宣传功能的提出，都建立在这一认识的基础上。因此，文艺的意识形态性是能够把反映论与工具论两个维度联结起来的中介。但是，20世纪苏联的马克思主义文论在强调文艺的意识形态性时，又很容易向工具性的一端发生偏移。每到这时候，作为一种制衡的力量，欧洲文学中固有的现实主义精神就会出场，以写

---

① 周扬：《马克思主义与文艺》，作家出版社1984年版，第210页。

第四章 现实主义文论在中国的"变异"及其原因

真实的名义对这种偏移进行纠正。

总起来讲,接近现实、认识现实、反映现实、改造现实,都是存在于马克思主义文论逻辑之中的命题。建立在历史唯物主义与辩证唯物主义基础上的马克思主义文论,一方面与19世纪欧洲的现实主义理论有着天然的亲和性;另一方面,马克思主义的基本立场与方法,也为其改造与深化提供了可能。在20世纪马克思主义文艺理论发展过程中,形成了许多种不同的现实主义理论形态,但是,无论是1920年代日本文论家提出的"新写实主义",1930年代在苏联形成的"社会主义现实主义",还是匈牙利学者卢卡奇的现实主义理论,其实都是这种可能性在某一个方面的展开。包括卢卡奇、列宁、高尔基、托洛斯基、卢那察尔斯基、法捷耶夫、吉尔波丁、藏原惟人等在内的马克思主义文论家围绕现实主义文艺理论展开的一系列理论思考,也都体现着对现实主义文艺理论继承、深化、改造的努力。这一过程贯穿了20世纪前期马克思主义文论发展的始终,从而使得现实主义文论在马克思主义文论发展过程中,长时间占据着核心位置。在这一过程中,19世纪欧洲的批判现实主义文论以及之后发展起来的自然主义文论、1920年代在日本产生的"新写实主义"文论、1930年代初期在苏联产生的"社会主义现实主义"文论,以及与现实主义文论有关的一些理论命题,如"典型环境中的典型人物""现实主义的伟大胜利""莎士比亚化""席勒化""唯物辩证法的创作方法""现实主义与浪漫主义相结合"等,都先后传入国内,并对中国现实主义文论的产生、发展、深化起到了重要的作用。

然而,由于各自文学传统的差异,在苏联文论中存在的对偏离写真实的方向进行纠偏的力量,在中国马克思主义文论发展过程中表现得要微弱许多,这就使得中国的马克思主义文论在20世纪发展的过程中,更容易偏向政治功利性的维度。这种趋势在五四时期就已经有所体现,在"革命文学"论争中以及"左联"时期,表现得更加明显。即使到了中国马克思主义文论开始走向成熟的延安时期,以至于中华人民共和国成立后到"文化大革命"前的"十七年",这种趋势仍然没有得到根本改变。最后,在"文化大革命"这一极不正常的历史条件下,这种趋势被发展到了极致。

具体地讲,五四前后,虽然现实主义文论在许多时候是以"自然主义"的名义介绍进来的,"细致地观察、客观地描写"这一西方自然主义文论最具代表性的主张被反复强调。但是,与此同时,"为人生"的主张却成为五四现实主义文学一面更具有吸引力的旗帜。在这种文学主张面前,自然主义倡导者所要求的那种不带个性色彩的冷静、客观的创作态度,以及反对承担道德责任的文学立场受到了强烈的质疑;1920年代"革命文学"论争中,日本的"新写实主义"文学理论被介绍到中国,这种理论在日本是针对强调文学是宣传、是生活的组织的"福本主义"而产生的,有比较明显的用现实主义的客观性纠正"福本主义"理论偏颇的取向。但是,在这种理论进入中国后,尤其是在其主要的倡导者太阳社的理论家那里,却成为与深受"福本主义"文学主张影响的创造社合流,用以对鲁迅、茅盾等五四作家进行批判的理论武器;社会主义现实主义这个在苏联产生的理论,是在解散"拉普"后产生的,这一概念本身固然包含了现实主义与社会主义的结合的理论指向,但它同时更强调写真实的原则,因而保持了与传统的现实主义文学之间的精神联系。然而,社会主义现实主义理论在进入中国之后,却产生了把新旧现实主义文学的差异绝对化,把写光明、写英雄当成社会主义现实主义的本质特征的倾向,并最终导向了"社会主义现实主义与浪漫主义相结合"这一理论命题。

一种理论在不同的时空当中"旅行"时,发生变异是正常

第四章　现实主义文论在中国的"变异"及其原因

的。国外传来的各种现实主义文论在中国每次发生变异的原因也十分复杂，这与中国文学艺术自身的发展阶段有关，与中国文学艺术试图用国外理论解决的自身的问题有关，与理论家个人及其所在社团的理论立场有关，与此同时，也与中国自身传统文化的影响有关。尤其是当国外传来的理论在不同的历史时期，面对不同的现实情境，却总是向同一个方向发生倾斜时，自身传统文化的潜移默化的影响，更是一个值得重视的观察角度。更何况有些时候，这种方向性的选择本身就有现代文艺观念与传统文艺观念的相互角力与相互纠缠。

二　在自然主义与"为人生"之间摇摆的五四现实主义

欧洲的现实主义文论，是在"写实主义""自然主义"的名义下，在20世纪初期受"吾国文艺犹在古典主义、理想主义时代，今后当趋向写实主义"[①]这种进化论立场影响，作为一种新潮文艺理论被介绍到中国的。由于自然主义是继现实主义文艺理论之后在西方产生的，与现实主义文艺理论在精神上具有很多一致之处，五四前后的许多理论家都把它看成现实主义文学的一种新的发展形态。许多西方19世纪的现实主义文艺观念，最初也往往是在"自然主义"的旗号下被输入进来的。因此，我们把当时的理论家在"写实主义""自然主义"等名称下进行的理论移植与理论思考，都纳入"现实主义"这一概念当中进行讨论。

与当时已经在西方产生的各种现代主义文艺理论相比，现实主义文论及其所包含的创作方法，不仅被认为是新潮理论，而且还与20世纪初中国思想界的整体氛围高度契合。茅盾曾经指出：

[①] 《胡适与陈独秀的通信》，《新青年》第2卷第2号，1916年10月1日。

中华传统文化与马克思主义文论中国化

"自然主义是经过近代科学的洗礼的,他的描写法,题材以及思想,都和近代科学有关。"① 而科学的世界观与方法论,正是近代以来,特别是五四新文化运动前后中国思想界急于从西方输入的东西。

正因为如此,20世纪初期中国重要的思想家,几乎都曾经对现实主义文学产生过兴趣。在《论小说与群治之关系》这篇文章中,梁启超曾把小说分为"理想派小说"与"写实派小说",并对写实派小说给予了积极的评价。而新文化运动的发起者与主要参与者胡适、陈独秀、鲁迅、钱玄同、周作人等,也都认为西方的现实主义文学,特别是其最新形态自然主义文学,代表着世界文学发展的潮流,对中国文学的改造具有重要的借鉴意义。他们认为,应该用"如实描写社会,不许别有寄托,自堕理障"② 的现实主义文学,取代中国文坛仍然在流行的具有严重形式主义倾向,宣扬腐朽过时的封建道德观念,无病呻吟的"古典主义"文学。

1915年,陈独秀在一篇文章中就介绍说:"十九世纪末,宇宙人生之真相,日益暴露,所谓赤裸时代、所谓揭开假面时代,喧传欧土自古相传之旧道德旧思想旧制度,一切破坏,文学艺术亦顺此潮流由理想主义再变为现实主义(Realism)更进而为自然主义(Nuturalism)。"③ 在《文学革命论》一文中,陈独秀依据当时流行的进化论逻辑,认为"自文艺复兴以来,政治界有革命,宗教界亦有革命,伦理道德亦有革命,文学艺术亦莫不有革命,莫不因革命而新兴而进化",并声称:"予爱卢梭、巴士特之法兰西,予尤爱虞哥、左喇之法兰西;予爱康德、赫克尔之德意志,

---

① 茅盾:《自然主义与中国现代小说》,载《中国文论选》现代卷(上),江苏文艺出版社1996年版,第296页。
② 《陈独秀与胡适的通信》,《新青年》第2卷第2号,1916年10月1日。
③ 陈独秀:《现代欧洲文艺史谭》,《青年杂志》第1卷第3号,1915年。

第四章　现实主义文论在中国的"变异"及其原因

予尤爱桂特郝、卜特曼之德意志；予爱倍根、达尔文之英吉利，予尤爱狄铿士、王尔德之英吉利。吾国文学豪杰之士，有自负为中国之虞哥、左喇、桂特郝、卜特曼、狄铿士、王尔德者乎？"竭力鼓吹包括现实主义、自然主义与唯美主义等在内的西方文艺思潮。而此文提出的著名的"三大主义"，以"平易的、抒情的国民文学""新鲜的、立诚的写实文学""明了的、通俗的社会文学"相号召，则与西方的现实主义文学精神遥相呼应。①

胡适的《文学改良刍议》一文，在进行文学评价时，同样受到现实主义文艺观念的影响。他说："吾每谓今日之文学，其足与世界'第一流'文学比较而无愧色者，独有白话小说（我佛山人、南亭亭长、洪都百炼生三人而已。）一项。此无他故，以此种小说皆不事摹仿古人（三人皆得力于《儒林外史》、《西游》、《石头记》然非摹仿之作也），而惟实写今日社会之情状，故能成真正文学。"② 在后来的《论短篇小说》一文中，他谈到中国文学"由文言的唐人小说，变成白话的《今古奇观》，写物写情，都更能曲折详尽"，是"近于写实主义"的"一大进步"。③

至于1921年成立的文学研究会，更是把文学写作与现实人生的改造紧紧联系在一起。其代表人物周作人、茅盾等，对现实主义文艺理论的内涵进行了系统的阐发，提出了"人道主义""为人生""平民文学""人的文学"等具有鲜明的现实主义色彩的文学主张，以及"实地观察，客观描写"等现实主义创作的具体方法，让现实主义文艺理论在中国生下根来，并最终通过一批优秀作家的创作，结出了丰硕的果实。

然而，中国五四前后新文化的倡导者们，在最初使用"自然主义""写实主义"这些概念时，却出现了不少分歧。其中最重

---

① 陈独秀：《文学革命论》，《新青年》第3卷第1号，1917年3月1日。
② 胡适：《文学改良刍议》，《新青年》第2卷第5号，1917年1月1日。
③ 胡适：《论短篇小说》，《新青年》第4卷第5号，1918年5月15日。

要的理论分歧,就是有时候强调自然主义、写实主义建立在科学世界观的基础之上,"如实描写社会,不许别有寄托,自堕理障"是其最重要的特征。这实际上是要抓住自然主义文学"去意识形态化"的特征,目的是想以此摆脱旧的思想观念对文学的侵蚀;有时候则强调现实主义具有人道主义的立场,平民化的立场,可以"立人",可以进行社会改造。这种理解更多抓取的是19世纪欧洲现实主义文学的特征,目的是想将现实主义文学作为改造中国社会的良方,因而赋予了文学以强烈的功利性与意识形态功能。这种对现实主义理解上的分歧不仅表现在不同的理论家那里,甚至在同一个理论家那里也有表现。只不过最初的时候,这种分歧并没有引起人们重视。到了后来,围绕"文以载道"这一中国传统文艺理论命题,在提倡现实主义的理论家内部展开了一场论争,这种分歧才凸显了出来。而这一论争针对"文以载道"这一命题,则再清楚不过地表明了中国传统观念对现实主义文学观念在中国传播过程的介入,以及对它的选择性接受。

当陈独秀、胡适等人发起新文化运动的时候,其对传统文学的攻击,不仅指向了过于追求形式铺张的古典文艺倾向,把帝王将相当成表现主体的贵族文艺倾向,迂晦艰涩的"山林文艺"倾向,而且也指向了儒家文艺观念中最核心的一个命题:"文以载道。"在作为《文学改良刍议》一文的先声,于1916年10月发表在《新青年》上的胡适与陈独秀的通信中,胡适提出了"文学革命"的八事,陈独秀对其中"六事"表示"无不合十赞叹",但对第五条"须讲求文法之结构"和第八条"须言之有物"则持保留态度。在谈到反对"须言之有物"的理由时,陈独秀说:"若专求'言之有物',其流蔽将毋同于'文以载道'之说。"[①]在后来发表的《文学改良刍议》一文中,胡适并没有听从陈独秀

---

① 《胡适与陈独秀的通信》,《新青年》第2卷第2号,1916年10月1日。

第四章　现实主义文论在中国的"变异"及其原因

的意见将"须言之有物"一条删去,反而把它由第八条移到了第一条的位置。然而,胡适却对这种坚持做了特别的说明:"吾所谓'物',非所谓古代'文以载道'之说也",并进一步解释说他所说的物是"情感"与"思想"。① 这等于一方面坚持甚至是特别强调了自己主张的不可改变,另一方面又声明在反对"文以载道"的问题上,他与陈独秀立场的一致。

然而,陈独秀并没有就此作罢。接下来在呼应胡适《文学改良刍议》的《文学革命论》一文中,又以更激烈的语气,表达了对"文以载道"这个命题的憎恶:

> 文学本非为载道而设,而自昌黎以迄曾国藩所谓载道之文,不过钞袭孔孟以来极肤浅、极空泛之门面语而已。余尝谓唐宋八大家文之所谓"文以载道",直与八股家之所谓"代圣贤立言",同一鼻孔出气。②

陈独秀与胡适在这个问题上的一来一往,实际上是在坚持自己立场的同时,也向对方表达相互的认同:陈独秀声言自己不反对"言之有物"这一主张,但反对的是古文家文章所载的"孔孟之道";胡适则强调自己所说的"物"是文章要有作者的思想与情感,不是陈腐的孔孟之道。两个"文学革命"的主将因此在基本立场上求同存异,取得共识。然而,这却并没能让其他人获得同样的共识,尤其是陈独秀对"文以载道"这一命题的非议,遭到了另外一些人公开的异议。这种异议同时也波及胡适的观点。

《文学革命论》一文发表两个月后,《新青年》上发表了署名曾毅的来信,提出了这样的观点:"述一事也,必视于国家社会有关者,或劝之,或惩之,莫不有道在焉",并十分坚定地申明:

---

① 胡适:《文学改良刍议》,《新青年》第2卷第5号,1917年1月1日。
② 陈独秀:《文学革命论》,《新青年》第2卷第6号,1917年2月1日。

中华传统文化与马克思主义文论中国化

"非道之文,不有价值。"①

对于为什么要反对"文以载道",陈独秀除了强调他所指的是反对载"孔孟之道"外,其实还提出了两个更具理论价值的理由。在回复曾毅的信中,他认为"文以载道"的说法容易让人"失文学之本"。并接着说道:"窃以为文以代语而已,达意状物,为其本意。文学之文,特其描写美妙动人者耳","状物达意之外,倘加以他种作用,附以别项条件,则文学之为物,其自身独立存在之价值,也已破坏无余乎"?

陈独秀这种观点背后的文学观念,有一部分内容接近于当时从西方刚进来的唯美主义思潮,另一方面内容,实际上也与中国古代的"文笔之分"有关。至于他提出的第二方面的理由,则来自他对自然主义文学的理解:"欧洲自然派文学家,其目光惟在写自然现象,绝无美丑、善恶、邪正、惩劝之念存于胸中。"也就是说,陈独秀之所以理直气壮地反对"文以载道"这一中国传统文学的核心命题,除了他的坚决的反传统立场外,还与他坚信自然主义这一外来的文学理念代表着文学发展的方向有关。

问题在于,陈独秀试图以强调文学的独立价值作为立论的核心,反对强加给文学过多政治与道德的功能,并将文学独立的路径设定为自然主义的"惟在写自然现象,绝无美丑、善恶、邪正、惩劝之念存于胸中",自有其深刻之处。然而,这种去意识形态化、去功利化的现实主义文艺观,不仅与五四时期中国现实主义文艺的整体走向相去甚远,而且也与中国传统观念直接抵触。

因此,反对陈独秀的观点的学者,虽然并非在为中国传统观念进行辩护,而是在为同样是五四文学观念的另外一些内容存在的合法性进行辩护,但是,其立场却与中国古代儒家文学观念有

---

① 《曾毅与陈独秀的通信》,《新青年》第3卷第2号,1917年4月1日。

第四章 现实主义文论在中国的"变异"及其原因

一致之处,因为他们主张的这些内容,在理论逻辑上与中国传统的"文以载道"观念是一致的。

实际上,假若承认了"惟在写自然现象,绝无美丑、善恶、邪正、惩劝之念存于胸中"的自然主义文学观念,那么五四文学提倡新道德反对旧道德,改造社会、改造人生的立论基础也就被抽空了。而无论是周作人提出的"人的文学""平民文学"的主张,还是之后文学研究会的"为人生"的文学主张,都给文学设定了另外一些十分明确的目的:"辟人荒"、国民性改造、人类生活的改良……而且,作为"人的文学""平民文学""为人生的文学"的直接倡导者,周作人在他的文章中,又直接把文学与道德联系了起来:"人的文学,当以人的道德为本",只不过对周作人而言,值得提倡的道德是"男女两本位的平等""恋爱的结婚"这样的新道德。① 而反对旧道德,提倡新道德,不仅成为五四时期文学家们的一个响亮的口号,而且也成为当时"问题小说"写作的一个主要的主题。虽然在这个过程中,基于反传统的立场,他们回避了"文以载道"这个概念,甚至声称对这个儒家色彩太过深厚的概念表示反感,但从其文学观的实质看,则具有明显的"文以载道"的特征。

在五四前后,能够从"其目光惟在写自然现象,绝无美丑、善恶、邪正、惩劝之念存于胸中"这一角度理解西方的自然主义、现实主义这些文学观念的,只是极个别人。大部分人对现实主义文学思潮的理解,都多少带上一些中国文学"文以载道""经世致用"的影子。然而,由于"文以载道"这一名称传统文化的身份过于明显,因此对它的攻击就具有了天然的合法性。而公开声称维护这一观念,却要具有相当的勇气。五四过后,到了中国现实主义文艺真正展开的时候,在文艺要不要载道这一问题

---

① 周作人:《人的文学》,《新青年》第5卷第6号,1918年12月7日。

中华传统文化与马克思主义文论中国化

上的分歧,就变成了对国外不同现实主义文论模式进行选择的分歧:包括鲁迅、郑振铎、瞿秋白、郭绍虞这些"人生派"文学的提倡者与实践者,都更关注俄国的现实主义文艺理论,而非来自法国的现实主义与自然主义文论,并把译介工作的重点指向了苏俄。"他们译介俄国文艺理论的目的很明确,就是为'人生派'现实主义的追求寻找理论根据。因此他们译介时的注意力就集中在俄国作家有关文学与生活,特别是文学的社会功利性的论述上。"[①]

正是在这种意义上,我们说,在1920年代初期,现实主义文艺理论刚进入中国不久,就已经被中国的文艺传统改写。

在现代文学史上,对于国外现实主义文艺的认识与陈独秀"其目光惟在写自然现象,绝无美丑、善恶、邪正、惩劝之念存于胸中"这一观点比较接近的,是茅盾。茅盾是一个比陈独秀对自然主义文学精神把握更全面的现实主义理论家,其对自然主义的提倡也更具针对性。他倡导自然主义的最重要的一篇文章《自然主义与中国现代小说》发表于1922年。与陈独秀一样,他也是在"自然主义"这一概念下讨论现实主义问题的。而他之所以在这个时间提出这一问题,针对的正是以"问题小说"为代表的"新派小说""过于认定小说是宣传某种思想的工具,凭空想象出一些人事来迁就他的本意,目的只是把胸中的话畅畅快快吐出来便了",缺乏实际生活的经验以及客观描写的技能等弊端。[②]

在茅盾看来,自然主义文学之所以能救治新文学的时弊,是因为"自然主义者最大的目标是'真',在他们看来,不真就不会美,也不会善"。而要想达到自然主义所追求的真,就要求作家要事事实地观察,然后把所观察到的东西照实描写出来。在

---

① 温儒敏:《新文学现实主义的流变》,北京大学出版社2007年版,第23页。
② 茅盾:《自然主义与中国现代小说》,《小说月报》第13卷第7期,1922年7月。

第四章　现实主义文论在中国的"变异"及其原因

《自然主义与中国现代小说》这篇文章的结尾,茅盾特别强调,以道德家的眼光"专怪自然主义者泄露恶信息,是不对的",欧洲自然主义小说中所见的人间的兽性、绝望的悲哀都是人生的真实的反映,因此,真实本身就是自然主义文学的价值。① 茅盾把自然主义理解成只还原事实真相,不直接表达作者价值立场的文学,不仅与陈独秀的理解一致,而且也更接近自然主义以及现实主义在欧洲的真实含义,用以反思中国当时的文学创作,也的确切中肯綮。但由于它距离中国自身的文学传统太过遥远,因此能够接受的人十分有限,一提出来就引起了一场论争,而且论争就发生在文学研究会内部。

同样是文学研究会重要成员的瞿世英,在与茅盾《自然主义与中国现代小说》这篇文章同一期的《小说月报》上,发表了《小说的研究》一文的上篇,表达了许多与茅盾不一致的意见。一方面,他赞同茅盾文学家要对生活细致观察的主张,但又认为"小说以能申诉于人的感情为第一条件"。而他说的感情,实际上就是五四作家在作品中经常宣扬的"爱的精神"。他认为,"小说中充满了人道主义的,濡浸于爱的精神的都能激发人的同情心,又能使人歌颂人生导入理想的人的生活"。因此他将茅盾的"实地观察与客观描写"这一创作原则,修改成了"热烈的情绪与精细的观察"。显然,这既不符合自然主义、现实主义在欧洲的定义,与茅盾借自然主义的提倡,纠正新文学"只是把胸中的话畅畅快快吐出来便了"的意图也相悖。②

在接下来两期《小说月报》上,瞿世英又连续发表了他的《小说的研究》一文的中、下篇,一方面赞扬写实派小说背后的科学精神、唯物主义精神以及在反映现实方面的成功,另一方面

---

① 茅盾:《自然主义与中国现代小说》,《小说月报》第13卷第7期,1922年7月。
② 瞿世英:《小说的研究》(上篇),《小说月报》第13卷第7期,1922年7月。

也指出写实派小说自身也是个很复杂的概念，它本身有很多优势，也有很多缺点乃至"危险"，其中的"危险"就包括"缺乏同情心"，仅仅把呈现事实当成目的，却不用事实去"解释真理"，以及忽视人类生活的精神方面与心理方面等。①

在关于自然主义问题的讨论中，同属文学研究会的周作人、郑振铎等人也都提出过与瞿世英类似的观点。至于创造社的成仿吾，则直接指出现实主义有"真写实主义"与"假写实主义（庸俗主义、自然主义）"的区别，甚至认为"纯客观是不可能做到的"，"文学作品都是作家的自叙传"。②

因此，如果说中国现代文学在五四这一起点上，现实主义诉求就成为主流声音的话，那么这种现实主义是在自然主义与"为人生"两个方向上摇摆不定的。自然主义的倡导者更多地领会了西方文学的"客观性"原则，而以文学改造人生社会的主张，则更多地与中国古代文学观念中的"文以载道""经世致用"传统有关，更强调文学政治的、道德教化的、社会改造的功能，并以此为立足点，对来自国外的不同的现实主义文艺理论进行了选择性的接受。这是现实主义文艺观念进入中国之后第一次被改写。

三　从校正激进思潮到与激进思潮合流的"新写实主义"

1920年代中期以后，受国际社会主义思潮与马克思主义理论影响的中国左翼文学阵营逐渐形成，并引起了中国共产党的重视，产生了中国第一批马克思主义文艺理论家。这些理论家的理论背景、文学观点各异，但在提倡现实主义这一问题上，立场是相当一致的。每个人思考现实主义问题时的角度可能存在差异，

---

① 瞿世英：《小说的研究》（下篇），《小说月报》第13卷第9期，1922年9月。
② 成仿吾：《写实主义与庸俗主义》，《创造周报》1923年第1号。

第四章　现实主义文论在中国的"变异"及其原因

阐发现实主义文论时各自的重点也有不同，但是，对现实主义文学道路作为中国文学发展的正确方向的信心，则始终是坚定不移的。在他们的热心推动下，国外的各种现实主义文艺理论，开始了在中国"旅行"的历程，但与此同时，也引发了不同观点之间的不断论争。特别是新生代的文学家们，开始运用国外现实主义理论的一些新的发展，对五四传统进行批判与反思。

左翼文学内部对五四现实主义传统的批判，是在创造社发起"革命文学"论争时开始的。由于创造社后期的青年理论家们在日本时，正是"福本主义"的文学观在日本左翼文学中流行的时期，因此，李初梨、冯乃超等人在国内宣扬的"科学的文艺观"，基本上都是"福本主义"的观点。他们发起的"革命文学"论争，以及对鲁迅等人的批判，也是以"福本主义"为依托的。

在后期创造社的理论家那里，是把冷静客观地反映现实当成文学的任务，还是把用文学组织现实、改造现实当成文学的任务，是无产阶级文学与之前的资产阶级、小资产阶级文学的重要分水岭。尽管在五四现实主义传统中，以文学客观性为目标的自然主义只停留在理论层面，且并非主流的声音，但从国外回来的创造社的理论家们仍然把只追求客观再现作为五四现实主义传统的问题之一加以批判。李初梨在他的《怎样建设革命文学》一文中认为，在"什么是文学"这样的问题上，存在着以前期创造社和文学研究会为代表的两种说法，"前一派说：文学是自我的表现，后一派说，文学的任务在描写社会生活"。而对他而言，上面两种关于文学的理解都是有问题的："一个是观念论的幽灵，个人主义者的呓语；一个是小有产者意识的把戏，机会主义者的念佛。"而他的文学定义，就着眼于对上述两种观念的超越：

> 文学，与其说它是自我的表现，毋宁说它是生活意志的要求；

中华传统文化与马克思主义文论中国化

> 文学,与其说它是社会生活的表现,毋宁说它是反映阶级的实践。

显然,对李初梨而言,"革命文学"不仅是要用阶级意识超越个人主义的文学,而且要用"反映阶级实践"的要求,超越那种"仅作为一种表现的——观照的"文学。他要求文学"不仅在观照地'表现社会生活',而且实践地在变革'社会生活'",不是"什么血,什么泪",而是"机关枪,迫击炮"。① 成仿吾在几乎同一时间发表的文章中,表达了同样的观点:"文艺决不能与社会的关系分离,也决不应止于是社会生活的反映,它应该积极地成为变革社会的手段。"② 而让文学"实践地变革生活","积极地成为变革社会的手段",则是要以取得无产阶级意识为前提的。

创造社成员回国后,"福本主义"的文学观念在日本开始受到"新写实主义"理论的批判。"新写实主义",也称为"无产阶级写实主义",是1920年代后期产生于日本的一种现实主义文艺理论。这种理论产生的背景十分复杂,一方面与苏联1920年代围绕如何建立无产阶级文艺的论争有关,另一方面也与日本国内左翼文艺路线的转换有关。就这一理论的首倡者藏原惟人而言,其最初提倡"新写实主义"的动机多在于后者,即试图用现实主义文艺所包含的客观性、现实性、具体性原则,校正之前在日本流行的"福本主义"以纯粹的无产阶级意识要求作家,把文艺简化为阶级意识的直接表达与政治斗争工具的倾向。

因此,尽管藏原惟人所倡导的"新写实主义"也认为无产阶级作家应当首先获得阶级的意识,以无产阶级的世界观去观察社

---

① 李初梨:《怎样建设革命文学》,《文化批判》第2号,1928年2月15日。
② 成仿吾:《全部的批判之必要——如何才能转换方向的考察》,《创造月刊》第1卷第10期,1928年3月。

第四章　现实主义文论在中国的"变异"及其原因

会，但同时又认为阶级意识是应该与作品融为一体，渗透在作品的每一个角落的，甚至需要以扬弃的方式，在无意识中体现出来，而不是作为抽象的概念生硬地贴到作品之上。"新写实主义"还要求无产阶级作家在创作时应当扩大无产阶级的内容蕴含，潜入现代生活的各个方面，从那里获得正确的、客观的、具体的生活记录。为此，藏原惟人要求作家不仅要正确地描写生活，而且还要真实客观地描写生活。在一些提倡"新写实主义"的文章中，他还提出了要写复杂个性、深入人物的内心世界去的要求。这些主张，体现了"新写实主义"试图在一定程度上继承19世纪欧洲现实主义传统的努力。[①]

因此可以说，在20世纪马克思主义文论发展史上，就现实主义文论的发展历程而言，由藏原惟人倡导的"新写实主义"，尽管仍然受到苏联"岗位派""拉普"文艺观的影响，但在论及文艺与生活的关系、文艺创作与作家世界观的关系、文艺的社会功能等问题时，已经与单纯强调文艺的组织生活的功能，单纯强调正确的阶级意识的重要性，单纯强调文艺的政治功利性与宣传作用的苏联"岗位派""拉普"的文艺理论，日本"福本主义"的文艺理论有了很大的区别。它在强调"新写实主义""新"的方面的同时，在很大程度上也体现着在新的历史条件下复归现实主义传统的努力，标志着马克思主义现实主义文论发展的一个新的阶段。尽管后来藏原惟人也受到"拉普"文艺观的影响，接受了"唯物辩证法的创作方法"这一提法，有把"新写实主义"的重心从对客观性、现实性、具体性的强调放回到对作家的阶级意识、文学的政治宣传功能的强调的倾向，但它在此之前对日本现实主义文学的正面影响，是不能否认的。

在中国，"革命的现实主义""无产阶级现实主义"（普罗列

[①] 艾晓明：《中国左翼文学思潮探源》，湖南文艺出版社1991年版，第127—128页。

塔利亚写实主义）甚至"新写实主义"这些概念曾经在茅盾、郭沫若、李初梨等人的文章中出现过，但作为一种比较系统的现实主义理论，"新写实主义"特指的是日本藏原惟人建立的理论。最早关注这种理论并把它介绍到中国的，是太阳社的林伯修。1928年，他翻译了藏原惟人《到新写实主义之路》《普罗列塔利亚艺术底内容和形式》两篇文章。应该说，在翻译的文字里，藏原惟人"新写实主义"要求客观地描写现实与要求以无产阶级阶级意识组织现实两个方面的内容都有所体现。而且，由于太阳社刚成立时，包括蒋光慈等人在内的一些作家与创造社的立场并不一致，还比较注重文艺的写实性与艺术性，因此他们也曾试图借助藏原惟人的理论表达自己的文学立场，并因此与创造社形成区别，甚至发生过论争。

然而，参与到"革命文学"论争之中以后，面对共同的论争对手鲁迅与茅盾等人，太阳社的文学立场很快向创造社靠近。尽管创造社后期的理论家并没有否定文学要表现生活，但是其所理解的"革命文学"与之前的五四现实主义文学的区别，却是在于它对生活的组织与改造。而当太阳社的钱杏邨等人把"新写实主义"用作批判旧写实主义的理论武器时，他们的立场与理论逻辑与创造社理论家是高度一致的，他们所强调的"新写实主义"的"新"，也是有意识地与五四文学传统的"旧"相对立的。在谈到钱杏邨对日本"新写实主义"的理解时，有学者曾这样评价："钱杏邨对藏原惟人关于无产阶级文艺的意见不是没有全面的了解，但是藏原惟人关于文学的认识作用、关于无产阶级艺术除了有宣传艺术这一类型外，还要有'现代生活之客观的叙事诗'的展开，这些意见都被他有意识地淘汰了。"①

在钱杏邨的理论逻辑中，现实主义文学不仅有了明确的

---

① 艾晓明：《中国左翼文学思潮探源》，湖南文艺出版社1991年版，第153页。

第四章　现实主义文论在中国的"变异"及其原因

"新"与"旧"的区分，而且借助于藏原惟人的理论表达之后，"新"与"旧"的内涵也更加具体明确。因此，钱杏邨对"五四"作家鲁迅、茅盾、叶圣陶、徐志摩等人的批评，也就似乎显得比创造社诸君更有理论深度，更具理论水平。在对叶圣陶的小说进行批评时，钱杏邨虽然承认"他是长于表现城市小资产阶级的作者"，"我们要认识小资产阶级的真面目，我们最好是到他的创作中去寻"，但由于他"创作里所表现的人生""完全是代表了现代怀疑派的青年"，因此也就"只把握得社会黑暗的现象"，"忽略了潜在的黑暗抗斗的力，的生命的力，只是消极的黑暗的暴露与咒诅，没有积极的抗斗与冲决"；① 在关于茅盾小说的评价中，钱杏邨认为《幻灭》"全书把小资产阶级的病态心理写得淋漓尽致，而且叙述得很细致"，但又批评这部小说"意识不是无产阶级的，依旧是小资产阶级的，是革命失败后堕落的青年的心理与生活的表现"，并声称，"一个革命的作家，他不能把握得革命的内在的精神，虽然作品上抹着极深厚的时代色彩，虽然尽了'描写'的能事，可是，这种作品我们是不需要的，是不革命的，无论他的自信为何如"。②

钱杏邨在1928年"革命文学"论争中写下的一些长篇批评文章，就其批评的基调，以及得出的结论而言，与创造社站在"福本主义"立场上进行的批评都保持了高度一致。在这个过程中，日本的"新写实主义理论"与"福本主义"之间的差异，以及相互的对立关系，被有意无意地忽略了。这使得这个时期直到"左联"成立初期，强调意识形态立场，强调文学的功利性，成为中国的现实主义理论的十分重要的特征。

---

① 钱杏邨：《叶绍钧的创作的考察》，载《现代中国文学作家》，泰东图书局1931年版，第5—40页。
② 钱杏邨：《从东京回到武汉》，载《现代中国文学作家》，泰东图书局1931年版，第124、155页。

实际上，"新写实主义"在引入中国时，中国文坛面临着它在日本产生时同样的问题。经过创造社的介绍，"福本主义"的许多文学观念已经对中国的左翼文学产生了很大的影响，1920年代中后期流行的"革命+恋爱"的小说类型，以及许多以描写工农暴动为题材的小说，就与此有直接关系。许多文学史家认为这样的创作已经离开了五四现实主义文学的轨迹。因此，鲁迅等人在接触到日本藏原惟人的"新写实主义"理论时，曾经关注到其中所蕴含的校正左翼文学存在的脱离现实，把人物当成阶级意识的符号，忽视文学的文学性等倾向的潜能。然而，由于在中国提倡"新写实主义"最为起劲的太阳社的理论家们，直接把它解释成了与创造社所宣扬的"福本主义"没有实质性差别的文艺理论，最终，"新写实主义"不仅没有真正成为国内理论界反思过于激进的文艺立场，回归五四现实主义传统的契机，反而被当成了批判五四"旧写实主义"传统的理论武器，进一步助长了原先理论与创作中存在的不良取向。

同一种理论在中日几乎相同的语境中，却出现了两种方向不同的理论指向，这种反差十分引人关注。

四 从"唯物辩证法创作方法"的批判到对"社会主义现实主义"理论的发展

"社会主义现实主义"这种在中国产生了巨大影响的文艺理论，最初是从苏联传入的。鉴于联共（布）领导人认为"拉普"（俄罗斯无产阶级作家联合会）"已经从一种充分动员苏联作家艺术家参加社会主义建设的手段变成培植狭隘小圈子的手段，既脱离了当前的政治任务，也脱离了一大群同情社会主义建设的作家和艺术家"，因此，在1932年4月，联共（布）中央发布了改组文学艺术团体，撤销"拉普"的决定，取而代之的是"把一切拥

第四章　现实主义文论在中国的"变异"及其原因

护苏维埃政权纲领和渴望参加社会主义建设的作家团结起来"，其中有共产党党团的单一组织——苏联作家协会。① 同年10月，苏联作家协会提出把社会主义现实主义作为新的文学口号，替代之前"拉普"的"唯物辩证法的创作方法"这一口号。

"拉普"的"唯物辩证法的创作方法"也与现实主义文学有密切关系。一方面，这一口号确实有后来否定"拉普"时所批评的"把世界观与创作方法混为一谈"的问题，另一方面，"唯物辩证法的创作方法"的提出又建立在文学艺术是对生活的认识这一唯物主义的基础之上，体现着"拉普"反对文学创作中的标语口号化、罗曼蒂克化的不良倾向，探索文学怎样才能接近现实，反映现实，呈现出现实生活的具体性与复杂性的努力。因此，"就其现实针对性来看，它是反对'拉普'内部的左翼少数派，反对他们只要求艺术服务于时事政治，一味歌颂以及艺术表现上对个性的忽视等"。② 而且，虽然这一口号仍然沿袭了国际共产主义文艺运动中将欧洲19世纪现实主义传统与新的现实主义文学传统进行区分的思路，并过分强调了世界观在文学创作中的作用，但在对这一口号讨论的过程中，许多人也十分注重对巴尔扎克等传统作家创作经验的总结。它所涉及的现象与本质的关系、浪漫主义与现实主义的关系、世界观与创作方法的关系等问题，对国际左翼文艺理论的发展也有所推动。

"社会主义现实主义"作为一个替代的口号，在对"唯物辩证法的创作方法"进行否定时，主要提出了以下几条理由。

（1）"唯物辩证法的创作方法"这一口号将现实主义等同于唯物主义，浪漫主义等同于唯心主义，因此对浪漫主义进行了全面的否定，没有看到浪漫主义作家之间的区别以及浪漫主义作为

---

① 联共（布）：《关于改组文学艺术团体的决议》，转引自艾晓明《中国左翼文学思潮探源》，湖南文艺出版社1991年版，第263—264页。
② 艾晓明：《中国左翼文学思潮探源》，湖南文艺出版社1991年版，第284页。

中华传统文化与马克思主义文论中国化

一种创作方法的价值。

（2）"唯物辩证法的创作方法""忽视了艺术的特殊性，把艺术对于政治、对于意识形态的复杂而曲折的依存关系看成直线的、单纯的，换句话说，就是把创作方法的问题直线地还原为全部世界观的问题"。①

（3）把"唯物辩证法的创作方法"当成了宗派主义的武器，用于开展文学批评，脱离了作家的写作实践。

对于"唯物辩证法的创作方法"存在的上述问题，周扬在文章中做了这样的总结：

> 他们对于一个作品的评价并不是根据于那作品的客观的真实性，现实主义和感动力量的多寡，而只根据于作者的主观态度如何，即：作者的世界观（方法）是否和他们的相合。他们提出的艺术的方法简直就是关于创作问题的指令、宪法。结果，为唯物辩证法的创作方法的斗争就变成了唯物辩证法的歪曲，和创作实践的脱离，对于作家的创造性和幻想性的拘束，压迫。②

从1925年年初成立，到1932年被撤销，"拉普"在苏联文坛上存在了7年时间，并产生了很大的国际影响。其间随着苏联国内政治形式的变化，出现了多次转向，其内部在许多理论问题上也存在分歧与论争。总起来看，"拉普"的许多文艺观念，包括他们提出的"唯物辩证法的创作方法"这一口号，有比较积极正确的，也有比较偏激错误的，因此其在苏联国内以及国际上的

---

① 周起应（周扬）：《关于"社会主义的现实主义与革命的浪漫主义"——"唯物辩证法的创作方法"之否定》，《现代》第4卷第1期，1933年11月1日。

② 周起应（周扬）：《关于"社会主义的现实主义与革命的浪漫主义"——"唯物辩证法的创作方法"之否定》，《现代》第4卷第1期，1933年11月1日。

第四章　现实主义文论在中国的"变异"及其原因

影响也就十分复杂。

"拉普"的"唯物辩证法的创作方法"这个口号，是在"左联"成立后才传入中国的。由于在当时苏联的文艺理论对中国左翼文学阵营来讲具有绝对的权威性，这个口号也被当成一个绝对正确的口号接受下来，并被用于"左联"内部以及对外的理论论争。一年之后，当得知苏联已经否定了这个口号，并代之以"社会主义现实主义"这个新的口号时，中国的左翼理论家实际上是相当被动的，在不得不进行的转向中，有许多突兀的地方，也存在许多折中与误读。

在中国，最早把"拉普"的"唯物辩证法的创作方法"介绍到中国的是萧三。中国的"左联"在成立不久，便派代表参加了1930年11月在苏联召开的"国际革命作家联盟"代表大会，并成为该联盟的"支部"，接受该联盟的领导。正是在这次大会上，"国际革命作家联盟"正式认可并开始推行"拉普"的"唯物辩证法的创作方法"。因此，代表中国"左联"参会的萧三很快地向国内传达了这一信息，引起了"左联"理论家的注意。之后，冯雪峰翻译了苏联"拉普"领导人法捷耶夫的《创作方法论》一文，此文对"唯物辩证法的创作方法"进行了比较系统的论述。借此，"左联"的理论家们对"唯物辩证法的创作方法"这一口号有了比较全面的了解。

在"左联"理论家中，对"唯物辩证法的创作方法"的推广贡献最大的是瞿秋白。他不仅继冯雪峰之后继续从苏联译介相关的文章，而且结合中国当时文坛的实际，对"唯物辩证法的创作方法"做出了自己的阐释，并把它运用于自己的文学批评之中。

对瞿秋白来讲，"唯物辩证法的创作方法"最大的价值在于它的反浪漫主义立场。借此，瞿秋白对1920年代后期到"左联"成立初期，以太阳社、创造社为代表的作家中存在的"革命的罗曼蒂克"倾向进行了批判，指出了这股文学创作潮流与现实主义

157

文学精神的背离。因此，尽管"唯物辩证法的创作方法"本身具有"左"与"右"两种倾向，既要反对庸俗唯物论，也强调反对唯心主义，但在瞿秋白对这种创作方法进行解释时，许多时候已经将它与19世纪现实主义文学精神，以及马克思、恩格斯的关于现实主义的许多精辟论述结合了起来，把通过唯物辩证法的方法达到对现实的客观认识，发现隐藏在生活表象下的深层本质，当成这种理论的最核心的内容。

在瞿秋白关于阳翰笙《地泉》的批评、关于鲁迅的评价以及与胡秋原、苏汶等人的论战中，我们都可以看到"唯物辩证法的创作方法"这一口号对他的影响。正是在这一过程中，瞿秋白提出应该放弃"写实主义"，而使用"现实主义"这个概念，以强调"realism"不仅要纯粹客观地描写现实，而且还要显示历史前进的方向。这种认识显然与"唯物辩证法的创作方法"对他的启发有关。

实际上，"唯物辩证法的创作方法"在中国左翼作家与理论家中也得到了较为普遍的认可。正因为如此，在苏联否定"唯物辩证法的创作方法"，提出"社会主义现实主义"的创作方法之后，许多人对发生在苏联的这一转变实际上是颇感突兀的。基于对苏共权威地位的认同，他们不得不对新口号表示拥护，认为"这个新的口号的提出无疑地对于创作方法的发展有着划期的意义"。然而，许多人也担心这一太过突兀的转变"不但会给那些一向虽不明言但心里是反对唯物辩证法的文学者们一个公然反对唯物辩证法的有利的根据，给那些嘲笑我们'今日唱新写实主义，明日又否定……'的自由主义的人们一个再嘲笑的机会，而且会把问题的中心歪曲到不知什么地方去，会不自觉地成为文学上的种种资产阶级影响的俘虏"。①

---

① 周起应（周扬）：《关于"社会主义的现实主义与革命的浪漫主义"——"唯物辩证法的创作方法"之否定》，《现代》第4卷第1期，1933年11月1日。

第四章　现实主义文论在中国的"变异"及其原因

在中国,第一个将社会主义现实主义理论比较系统地介绍进来的是周扬。而且,此后有几十年的时间,社会主义现实主义作为中国马克思主义文艺最具指导性的创作原则,其地位再也没有动摇过。从1930年代起,一直到"文化大革命"开始前不久,周扬也都一直是关于"社会主义现实主义"理论方面的最权威的理论家。

然而,正如有学者已经指出的那样,周扬最初在介绍苏联的社会主义现实主义理论时,对其产生的背景实际上是不太了解的,特别是对其着重于现实主义的真实性的重建这方面的意图理解得不够。因此,周扬的介绍文章"没有正视'写真实'的问题,虽有一小段文字引用了吉尔波丁关于'写真实'的论述,却又往倾向性方面去解释,着重说明社会主义现实主义'动力'的特点,说明它与资产阶级的(Static)现实主义的最大分歧点"。[1]

周扬对"社会主义现实主义"的介绍集中在1933年发表的《关于"社会主义的现实主义与革命的浪漫主义"——"唯物辩证法的创作方法"之否定》这篇文章中。在对来自苏联的社会主义现实主义介绍时,周扬的这篇文章着重于以下几个方面的问题。

(1)新旧现实主义,也即社会主义现实主义与欧洲19世纪现实主义的区别问题。这一问题,实际上是自"无产阶级文化派"产生以来,苏联文艺理论界一直在纠缠的一个问题。在这一问题上,有一种明显的倾向,那就是在强调新现实主义的新的因素的时候,往往会将它与旧现实主义对立起来,因此在理论实践与创作实践中常常导致否定文学传统,过分强调阶级意识的纯粹性,标语口号化乃至于"关门主义"的"左"倾错误。而实际上,不管是"唯物辩证法的创作方法"这一口号的提出,还是

---

[1] 温儒敏:《新文学现实主义的流变》,北京大学出版社2007年版,第123—124页。

"社会主义现实主义"这一口号的提出,最初都有校正在这一问题上认识的偏颇,试图重新认识传统现实主义的价值,借此回归现实主义写真实的精神的背景。如果说之前瞿秋白在介绍"唯物辩证法的创作方法"时,由于它对浪漫主义的明确反对与瞿秋白本人对中国文学自身存在的"革命的罗曼蒂克"倾向的态度有一致之处,因而对这一精神还有比较准确的领会的话,那么在介绍"社会主义现实主义"这一理论时,由于周扬把重心放在了限定词"社会主义"上,因此对这一精神的领会是远远不够的。

(2) 世界观与方法论的关系。苏联理论界对唯物辩证法的创作方法进行批判时,指出这一口号的最大的理论失误,就是将世界观与创作方法混为一谈,从而忽视了文学创作的复杂性。这一认识,与当年公开发表的恩格斯在《致玛·哈克奈斯》的信中,对于巴尔扎克世界观与创作方法的矛盾的论述,以及所提出的"现实主义的胜利"这一命题,在精神上是一致的,表明了现实主义文艺理论发展的一个新的高度。周扬的介绍文章中,虽然对此有所提及,但他对"唯物辩证法的创作方法"的批判,重点落在了文学的"关门主义""宗派主义"上,对这一口号自身所包含的理论逻辑的批判基本上是轻描淡写的。因此,在介绍"社会主义现实主义"时,周扬仍然十分强调世界观对创作方法的重要性。

(3) 对浪漫主义重新评价。鉴于"唯物辩证法的创作方法"把现实主义等同于唯物主义,浪漫主义等同于唯心主义,没有看到浪漫主义文学存在的合理性与潜在的文学价值,因此"社会主义现实主义"这一口号提出的时候,涉及了重新评价浪漫主义的问题。正是在这种重新评价的过程中,高尔基提出了要区分文学史上"积极浪漫主义"与"消极浪漫主义"的主张。周扬在介绍苏联的"社会主义现实主义"理论时,十分看重这一点,并进行了自己的发挥。他的介绍文章题目就叫《关于"社会主义的现实

第四章　现实主义文论在中国的"变异"及其原因

主义与革命的浪漫主义"——"唯物辩证法的创作方法"之否定》。借此,他推出了一个十分响亮的口号:"社会主义现实主义与革命浪漫主义的结合"。这一口号,几乎被后来中国的理论家看成与社会主义现实主义等价的一个命题。这就使得中国的"社会主义现实主义"在周扬等主流的马克思主义文艺理论家那里,有了向"革命浪漫主义"倾斜的趋势。而"革命的罗曼蒂克",却正是瞿秋白在"左联"时期借助于"唯物辩证法的创作方法"这一理论,着力要纠正的一种不良创作风尚。

在介绍苏联"社会主义现实主义"这一口号的文章中,周扬以吉尔波丁的名义,明确提出了"现实主义与浪漫主义的关系"这一问题,批评了那种将二者绝对对立的观点,认为在文学的现实中,没有一般的现实主义,也没有一般的浪漫主义。浪漫主义作家存在种种的差别,现实主义作家也存在种种差别,而且,"在同一个作家的创作之中可以有现实主义的要素和浪漫主义的要素","把浪漫主义和现实主义当作主观的观念论的创作方法和客观的现实主义的创作方法对立起来,显然是错误的"。最后得出了"革命的浪漫主义"不是和"社会主义的现实主义"对立的,也不是并立的,"而是一个可以包括在'社会主义的现实主义'里面的,使'社会主义的现实主义'更加丰富和发展的正当的,必要的要素"。[①]

如果说在这篇文章中,周扬还仅仅是认为"社会主义现实主义"与"革命的浪漫主义"是可以兼容的,革命的浪漫主义可以丰富与发展社会主义现实主义的话,那么在一年后发表在《申报》副刊上的《现实的与浪漫的》这篇文章中,周扬则把浪漫主义对于"社会主义现实主义"的重要性又往前推了一步,实际上已经在讲"社会主义现实主义"就是"现实主义 + 革命的浪漫主

[①] 周起应(周扬):《关于"社会主义的现实主义与革命的浪漫主义"——"唯物辩证法的创作方法"之否定》,《现代》第 4 卷第 1 期,1933 年 11 月 1 日。

义"了。

在后一篇文章中,周扬的论证逻辑仍然是从新旧现实主义的区别这一老问题入手的,他指出,旧现实主义文学"是非英雄的,它以对人生的黑暗的偏爱为特色"。在这里,周扬把是否写出"高尚与美丽的事物",作家笔下的人物是否有"光明的思想与良好的行为"这两条,作为区分社会主义现实主义与旧现实主义的标准,认为进步的作家有能力"深入人生的积极面,从那里找出可歌可泣英勇壮烈的事实来"。因此,进步的作家"必须踏过旧现实主义的界限,把浪漫主义当作它的艺术创作的必然的一面"。① 这样一来,对社会主义现实主义的提倡,就变成了对现实主义与浪漫主义相结合的提倡。

借助于对社会主义现实主义与浪漫主义结合的理论思考,周扬已经触及了几年后毛泽东《在延安文艺座谈会上的讲话》中所涉及的"歌颂与暴露"的问题,甚至中华人民共和国成立后所强调的社会主义现实主义要重点"写英雄人物"这一命题,在这时也已经初露端倪。

在"左联"时期,当周扬从苏联接过"社会主义现实主义"这个口号,并把它解释成"社会主义现实主义与革命浪漫主义相结合"的时候,正是马克思、恩格斯的文艺通信公开发表的时候,也是苏联以马克思、恩格斯的文艺通信为依据,对现实主义的认识产生飞跃的时候。与周扬相比,之前对"唯物辩证法的创作方法"介绍较多的瞿秋白,这时候开始转向对马克思、恩格斯关于现实主义问题的文艺通信的译介。但是,马克思、恩格斯这两位经典作家的现实主义理论,并没有对中国的社会主义现实主义向"革命的浪漫主义"转化产生有效的制衡作用。几年后产生的《在延安文艺座谈会上的讲话》作为中国共产党第一部成熟而

---

① 周扬:《现实的与浪漫的》,《申报》副刊《自由谈》1934年11月27日。

第四章　现实主义文论在中国的"变异"及其原因

系统的关于文艺问题的指导性文献,从其所涉及的"文艺为工农兵服务,表现工农兵的生活""政治标准第一,艺术标准第二""作家小资产阶级思想的改造""歌颂与暴露""普及与提高"等命题看,其政治功利色彩也比较突出。尽管《在延安文艺座谈会上的讲话》也谈到了"社会生活是文艺的唯一源泉"这一创作原则,从而为后来中国马克思主义文论继续在现实主义的道路上进行探索提供了理论上的依据,但是,在1942年的延安,毛泽东讲话的重点显然不在反映论的维度上,而在功利性的维度上,并从追求文艺的政治功能、宣传功能、教化功能出发,对文学的意识形态性进行了强调,突出了正确纯粹的阶级意识对文学的重要意义。

如果说1920年代创造社的冯乃超、李初梨以及太阳社的钱杏邨等人在接受来自苏联、日本的左翼理论时,表现出的还主要是青年人的狂热,影响力也比较有限的话,那么到了1940年代,当毛泽东以中共领袖的身份把文化事业,特别是文学艺术事业提升到争取革命领导权的高度上,甚至是与军事斗争同样重要的地位的时候,其对中国马克思主义文论的影响就是决定性的。

毛泽东的文艺思想,一是直接受到列宁文艺论著一些观点的影响,一是接续了从1920年代末期"革命文学"论争到"左联"时期文学大众化运动等中国左翼文艺的传统。特别是随着毛泽东对周扬的好感的增加,他们的交往逐渐频繁,关系逐渐密切,1940年前后的几年时间里,不仅毛泽东对周扬产生了巨大的影响,毛泽东也多多少少从周扬那里获得一些启发。1944年年初毛泽东在给周扬的信中曾这样讲:"你把文艺理论上几个主要问题作了一个简明的历史叙述,借以证实我们今天的方针是正确的,这一点很有益处。对我也是一课。"[1] 毛泽东所说的"对我也是一

---

[1] 毛泽东:《致周扬》,载《毛泽东书信选集》,人民出版社1983年版,第228页。

课"，恐怕不能完全当成是客套的虚辞，这是理解《在延安文艺座谈会上的讲话》与之前中国的左翼文学传统，尤其是中国版的社会主义现实主义理论在涉及的论题以及理论立场上有很多相似之处的一个很好的切入点。而到了延安文艺座谈会讲话之后，周扬更是成为毛泽东文艺思想的最为权威的阐释者，在这个过程中，周扬文艺观念中与毛泽东文艺思想重合的地方，肯定会被有意无意地放大。而毛泽东与周扬在文艺问题上的一个十分重要的共鸣点，就在关于浪漫主义的评价问题上。

1958年，周扬在新的历史条件下，又重提"左联"时期发表的文章《谈革命现实主义与革命浪漫主义的结合问题》中的观点，并有所发展。在一次讲话中，周扬曾小心翼翼地论证："据我知道，毛泽东同志在延安时，就说过与革命现实主义和革命浪漫主义相结合的意思差不多的话"，"在八大二次会议上，毛泽东同志提到这个问题，但没有作解释，他只说革命精神和求实精神相结合，在文学上是革命的现实主义和革命的浪漫主义相结合"。这样，对浪漫主义的提倡，以及现实主义与浪漫主义的结合问题，就由周扬在1930年代的一个提法，变成了毛泽东本人的文学主张。而周扬对这一口号的解释是：革命的现实主义与革命的浪漫主义相结合乃是我们的理想与现实相结合的反映，因此用革命的现实主义和革命的浪漫主义相结合的方法和倾向，来表现我们的时代和人民的精神状态，更为合适。①

由于周扬有着中共主管文艺的官员与资深理论家相结合的特殊身份，革命现实主义与革命浪漫主义相结合的问题作为"十七年文学"的一个口号，产生了十分广泛的影响。而"两结合"主张的存在，使那些被认为不能表现革命的浪漫主义，也即不能够表现出

---

① 周扬：《谈革命现实主义和革命浪漫主义的结合问题》（1958年11月22日在北京大学的讲演），载《周扬文论选》，中国出版集团人民文学出版社2009年版，第57—60页。

第四章　现实主义文论在中国的"变异"及其原因

生活的光明的一面、理想的一面的现实主义文艺创作，失去了正统性甚至是合法性，难以进入主流，并很容易受到批评乃至于批判。

一方面受苏联1950年代文学上"解冻"思潮的影响，另一方面出于对中国文学自身存在问题的担忧，在"十七年文学"中，有两种声音是曾经出现过的，一种是人道主义的声音，一种是写真实的声音。在"文化大革命"开始前江青组织炮制出笼的《林彪同志委托江青同志召开的部队文艺工作座谈会纪要》中，曾经总结出代表"十七年文艺黑线专政"的"黑八论"，即"写真实"论、"现实主义广阔的道路"论、"现实主义的深化"论、反"题材决定"论、"中间人物"论、反"火药味"论、"时代精神汇合"论和"离经叛道"论。其中，前五论都跟要求文学真实客观地反映生活本来面貌这一现实主义文学的诉求有关，有些观点就是直接针对国内在提倡"社会主义现实主义""两结合"等文学路线时，偏离现实文学的基本立场而提出的。如"现实主义广阔的道路"论的代表性文章《现实主义——广阔的道路》一文中就明确地讲道：

> 只要我们认真地去回忆一下，就可以发现，在最近若干年来，在许多有益的工作的同时，我们新的文学事业里确实也存在着以下的一些不正常的情况：或者是，有关现实主义的新的原则被提出来了，却是不够科学，意义很含混；或者是，对于一些正确的原则作了不恰当的引申和片面的解释，使得真理越过了与实践的生动的关系，而变成了僵硬的套子；或者是，在一定的时候提出了不很确切的口号，而解释它的人们又把它进一步引申到了绝对化的地步上去……总之，在提出这些问题、解释这些问题、做出这些规定之时，本来应该是为了使得对于现实主义的遵循途径更加具体明确，实际上却离开了现实主义的大前提，因而反倒形成了对

于现实主义的束缚和误解,给文学事业造成了很多教条主义的清规戒律,因而妨害了文学的现实主义原则的发挥,妨害了作家的创造性的发挥。①

在这篇文章中,作者反复申明,无论何种现实主义,都必须遵循"严格地忠实于现实,艺术地真实地反映现实"这一基本的大前提。作者也强调在忠实地反映现实的同时,文学也要影响现实,但这是以真实地反映现实为基础的,不能让"血肉生动的客观现实"去服从"作家脑子里的某种固定的抽象的'社会主义精神'和愿望"。

然而,令人遗憾的是,这些被称为"黑八论"的观点,在它们产生之后不久,都受到过批判,甚至遭受过严重的打击:最早提出"写真实"、反对"题材决定论"的胡风在1955年被打成"反革命集团"主犯;"现实主义广阔道路"论的最先提出者秦兆阳在1957年因此被打成右派;1960年代初提出的"中间人物论",则在1964年就作为修正主义文艺主张遭到激烈批判。

因此,可以说苏联的"社会主义现实主义"这一命题在进入中国时,就发生了变异,这一变异,与五四现实主义由"自然主义"的提倡走向"为人生"的道路,以及"新写实主义"由反对"福本主义"走向与创造社深受"福本主义"影响的立场合流,在方向上有惊人的一致之处。其背后的原因,是值得深入追问的。

五 传统文化对中国现实主义文论的影响

实际上,西方的现实主义文艺理论是在西方的文化语境中发

---

① 何直(秦兆阳):《现实主义——广阔的道路》,《人民文学》1956年第9期。

第四章　现实主义文论在中国的"变异"及其原因

展起来的，与中国传统文化包含的哲学观念、文学观念有着很大的差异。正是这些差异，决定了西方的现实主义文学理论在中国"旅行"时不断发生变异。

从哲学基础上讲，在中国传统文化当中成长起来的人，对西方现实主义文艺理论背后的本质主义哲学观念是比较陌生的。如果不把现实主义当成一个具体的文学流派与特定时期内的文学思潮，而把它看成是一种文学精神的话，那么这种文学精神可以追溯到古希腊的哲学传统当中。"现实主义"这个概念中包含的真实性原则，在西方文艺观念中一开始就不是指的现象本身的真实，而是现象背后本质意义上的真实。这种真实观，是从古希腊本质主义哲学观中延伸出来的。在西方的本质主义哲学观念进入中国之前，在中国古代哲学中很难寻觅到它的踪迹，因此，中国也就没有建立起西方意义上的文学真实观念。中国文学有时候也谈论文学的真实性问题，但这一真实性概念来源于史学传统，受史学"实录"原则的影响。近代以前，当汉语文学谈论叙事的"真"与"伪"时，指的大多是所记之人与所叙之事在历史上是否曾经存在过。汉语文献中最初被称为"小说"的文本，其实就是古代文人将道听途说的传闻记录下来而形成的。因此，在相当长时间里，对中国的叙事者而言，小说叙事与历史叙事在"实录"这一点上，并没有实质性的差异。即使到了宋明以后，白话文学兴起，文学叙事逐渐与历史叙事疏离，形成自己的传统之后，中国的叙事理论也始终没有形成西方本质论哲学所讲的真实的历史过程与历史的必然性相区别的观念。而且，"以小说为史"的传统也始终十分顽强地存在着。小说家总是喜欢声称自己作品有历史的根据，而读者则总是希望从小说中读出一些真实的历史信息。正因为如此，中国现代作家与批评家所理解的现实主义理论，实际上大多时候是在"现象真实"与文学功利主义两端进行摇摆的，西方现实主义理论中最深刻、最精彩的内容（即通过对客观对象的观察与分析,穿过现象的表面,直抵世界的本质)始终没有得到很好的理解与阐发。

西方哲学中长期占主导地位的主客二元对立的哲学思维方式,也渗透在西方现实主义文艺理论之中,而这种思维方式与中国传统哲学与艺术的思维方式也存在很大差异。深受自身哲学传统影响的西方文艺理论,不但将形而上的理念世界与形而下的感性世界严格进行了区分,而且也将认识的主体与客体严格地区分了开来。他们认为,在文学表达主体之外,有一个客观的世界——自然环境、社会环境、文化环境、社会历史事件、不同人物的命运与人生经历等,文学表达,可以是关于这个客观世界的知识。与此同时,在表达者的内心,还存在一个主观的世界:他的思想、观念、情感、意识与潜意识等,文学因此也可以是创作主体关于自己的主观世界的倾诉与表达。在西方文论中,总是试图把表现与再现进行区分,把它们看作是文学的两种类型。现实主义文艺理论,是一种典型的再现型文艺理论,与表现型文艺理论是对立的两个理论系统。而在中国古代文论的概念中,"真"不仅常常指事实与现象之真,许多时候还指主观之真——真诚。在汉语表达中,"真"的对立面不仅仅是客观知识层面的"假",还包括主体道德层面的"伪"。中国古典文论总是强调主体与客体的互渗,表现与再现的统一,把用客观外物(景)表达主观精神(情与志)当成文学表达的理想状态,追求物我的交融。在这种理论氛围中,以对客观世界的再现为目标的欧洲现实主义文论背后的客观主义、科学主义的精神内涵,很难被不走样地加以接受。相反,当欧洲现实主义发展到20世纪,试图纠正其内部由于客观主义、科学主义带来的偏颇,强调要发挥作家在认识世界时的主观能动性,强调作家要敢于承担社会责任,为人们指出社会生活发展的方向,体现出人道主义精神时,就很容易与中国传统的文艺观念产生共鸣。

第四章　现实主义文论在中国的"变异"及其原因

中国古典文艺理论中也有"真实"这一概念,不过这一概念不是建立在西方的本质主义哲学概念之上,其背后是中国深厚的史学传统。本质主义哲学的目标在于求真,而中国的史学传统追求的是以史为鉴,在于惩恶扬善,伦理学的角度不仅不可或缺,而且常常成为叙事的旨归。为达到求真的目的,西方文学常常强调作家要像科学家一样去观察、研究自己所要描写叙述的对象,即使涉及人物心理描写,也常常强调要符合人物身份地位、人物性格逻辑,这些知识的获得仍然建立在客观的观察与分析研究之上。他们认为,对真实性的偏离,主要有两个原因:一是作家把自己的主观观念、主观情感过多地加于客观对象之上,导致不真实;二是作家被偶然性的现象所迷惑,看不到事物的本质。因此,西方的现实主义理论强调,一个作家仅有观察与感受事物的能力是不够的,因为凭感官感受到的东西往往只是世界的表面事实。能够透过事物的现象看到事物的本质,是一个作家最重要的能力。丹纳强调,"不论事实属于肉体或属于道德,它们都有它们的原因;野心、勇敢、真理,各有它的原因"。因此,作为一个作家,"在搜集事实之后,还必须找出原因"。[①] 巴尔扎克也认为,对一个作家来讲,只限于严格摹写现实是远远不够的,"为了博得凡是艺术家都渴望得到的赞扬",就应该"进一步研究产生这些社会现象的这种原因或那种原因,寻出隐藏在无数人物、情欲和事件总汇底下的意义",并"对自然里面的根源加以思索,看看各个社会在什么地方离开了永恒的法则,离开了真,离开了美,或者在什么地方同它们接近"。[②]

与此形成明显差异的是,基于"史传传统"形成的中国叙事

[①] [法]丹纳:《英国文学史·序》,载伍蠡甫、胡经之主编《西方文艺理论名著选编》(中卷),北京大学出版社1986年版,第151页。

[②] [法]巴尔扎克:《〈人间喜剧〉前言》,载伍蠡甫、胡经之主编《西方文艺理论名著选编》(中卷),北京大学出版社1986年版,第112页。

中华传统文化与马克思主义文论中国化

理论，很少追问真实的历史事件是否与事物发展的必然性相一致这一西方本质论哲学设定的问题，也很少谈论史家所获得的认识是否与事实真相一致这样的问题。中国的史学理论认为，保证历史叙事真实性的前提，是历史学家真诚的表达，真诚表达的勇气则来自史学家对历史负责的精神与道义上的担当。在中国的史学理论看来，一个承担历史叙事使命的人，要把自己掌握的真相原原本本地表达出来并非易事，因为许多时候，他们会出于各种个人的私心或迫于各种压力掩盖、篡改事实真相。而那些坚持表达事实真相的人，则常常会因为触动权贵者的利益而承受巨大压力，甚至会因为得罪当权者而招来杀身之祸，其情形正如唐代史学家刘知几在《史通》中描述的："齐史之书崔弑，马迁之叙汉非，韦昭仗正于吴朝，崔浩犯讳于魏国，或身膏斧钺，取笑当时；或书填坑窖，无闻后代。"① 在《史通》中，刘知几列出了种种引起史著失实的情况，除"为尊者讳"之外，还包括史家"曲笔阿时""谀言媚主""国自称为我长，家相谓为彼短"，以及权贵们"假手史臣，以复私门之耻"等，认为"史之不直，代有其书"。② 中国的史学理论将历史叙事的真伪问题转换成史家"直书"与"曲笔"问题，实际上是用具有十足中国特色的叙事伦理问题代替了现实主义的认识论问题，用向善代替了求真，因为"直"与"曲"的实质，是史家的表达是否真诚，而不是对史实的把握是否正确。这一来自中国史学的伦理学视角对中国文艺理论的影响是决定性的。正是在这一视角影响下，作家的许多主观因素，如发愤著书的冲动、爱国报君的情结、忧世伤时的情怀、怀才不遇的愤懑，甚至是借他人酒杯浇自己块垒的叙事动机，都不仅不被认为是有可能干扰叙事客观性的因素，而且还被视为作家秉笔直书，抵达历史深处，发现历史真相的前提条件。

---

① 张振珮：《史通笺注》，贵州人民出版社1985年版，第250—251页。
② 张振珮：《史通笺注》，贵州人民出版社1985年版，第258—268页。

第四章　现实主义文论在中国的"变异"及其原因

总之，在西方本质论哲学观念的传统中，文艺的认识功能可以构成最终的目的。因此，对现实主义理论而言，写真实、追求客观性、反映客观的历史规律等诉求，本身也可以构成目的。马克思、恩格斯本人也讲文艺的倾向性问题，因而为后来的现实主义理论对文艺提出阶级意识、政治立场、革命性等方面的要求埋下了伏笔，但他们自己反复强调，这种倾向性不是作家赋予的，而是作家对社会历史进程、时代生活潮流所具有的倾向性的反映。苏联的社会主义现实主义理论在反对过于偏爱写人生的黑暗，提倡写出生活的光明与希望时，也是以此为逻辑前提的。然而，对于深受中国史传传统影响的古代文艺观而言，不仅没有形成本质论的真实观，而且揭示历史真相也不构成最终的、最高的目的。无论中国的史学还是文学，都很少从认识论的层面为自己存在的合法性进行最终的论证，他们认为，对于历史与文学的叙事而言，其合法性的主要来源是政治层面的"讽劝""以史为鉴"，以及伦理学层面的"教化"。《左传》曾经有这样一段话："《春秋》之称，微而显，志而晦，婉而成章，尽而不污，惩恶而劝善，非圣人谁能修之？"[1] 这段话强调了孔子编写历史背后教化的动机。不管这一判断是否真的符合《春秋》的实际，后世的史学家们都把它作为一条十分重要的伦理原则来接受，并不断地对它进行深度阐释。司马迁在《史记·孔子世家》说：《春秋》一书"据鲁，亲周，故殷，运之三代。约其文辞而指博。故吴楚之君自称王，而《春秋》贬之曰'子'；践土之会实召周天子，而《春秋》讳之曰'天王狩于河阳'。推此类以绳当世。贬损之义，后有王者举而开之，《春秋》之义行，则天下乱臣贼子惧焉"。作为中国历史上最伟大的史学家，司马迁毫不隐讳地认定《春秋》一书表达了孔子本人为周天子讳、对吴楚之君的僭越表示反对等

---

[1] 《左传·成公下》，载《十三经》，上海书店出版社1997年版，第1041页。

主观态度与主观立场,而这些主观态度与主观立场的表达,甚至是以伪饰历史的方式实现的。如果说《左传》中那段话突出的是历史叙事背后的教化目的的话,司马迁这段话突出强调的则是《春秋》叙事背后的政治意图。在这里,对史实的呈现要让位于对礼教秩序的维护,让位于使"天下乱臣贼子惧"这一带有强烈政治功利性的目的。沿着这一思路,晋代学者杜预在其《春秋左传集解序》中,依据《左传》对《春秋》的几句评价,提出了"春秋五例",即微而显,志而晦,婉而成章,尽而不污,惩恶而劝善,[①]后人把此称作"春秋笔法"。所谓"春秋笔法",实际上是要在叙事之上,以十分隐晦的方式附加一些道德伦理乃至政治方面的目的。到了刘知几那里,"春秋笔法"已经上升为普遍的历史叙事原则,并为后世的众多史学家所遵循。而且作为一种叙事方法,"春秋笔法"不仅在史学叙事中被广泛使用,在文学叙事中也大量存在,以至于最终生长为中国文学叙事最突出的一个特征,其影响力绝不限于古典文学,对现代文学叙事,包括在现实主义旗帜下形成的各种文学叙事均产生了深刻的影响,同时,也在中国不同时期的现实主义文艺理论中表现出来。

在西方,现实主义作为一种文艺精神,其对客观性、生活本质的追求具有悠久的历史传统,根深蒂固。当文艺理论,尤其是被冠以"现实主义"的文艺理论偏离写客观真实的本义时,文艺传统就会产生一种纠偏的作用。就苏俄而言,一方面,它自身的文艺传统就在欧洲的文艺传统之内,正是在欧洲现实主义传统影响下,19世纪的俄国产生了托尔斯泰、果戈理等成果丰硕的现实主义作家,以及别林斯基、车尔尼雪夫斯基等一批现实主义文艺理论家。作为民族历史的重要组成部分,这些作家与理论家对苏联时期的文学家与理论家有着十分深刻的影

[①]《左传·序》,载《十三经》,上海书店出版社1997年版,第933—934页。

第四章　现实主义文论在中国的"变异"及其原因

响,是一种巨大的存在。然而,在中国,追求客观性、真理性、本质性的文学真实观是移植进来的,即使在中国马克思主义文艺理论内部,也需要一个逐渐被理解与接受的过程。在被理解与接受的过程中,渗进中国自身文化传统的因素,是十分正常的事情。

实际上,中国的现实主义文论在对西方的现实主义文论误读与偏离的过程中,也为现实主义文论在中国的创新与发展提供了契机。中国的马克思主义文论之所以一直执着于文学功利性的维度,强调文学作为一种意识形态的政治功能与教化功能,在国内学者一般性的讨论中,多把它归结为党内错误的"左"倾路线的影响所致,持一种负面的评价。而旅美学者刘康则认为,这一切并不能简单地被看作"历史性的时代错误、不规则的偶发事件、非同步的发展和现代性的畸形",尽管其间充满曲折与失误,但却代表了中国在解决现代性问题上的一种努力,表明中国在现代化过程中所走的是与别国不同的道路。[1] 在刘康看来,这条道路与其他国家比较起来最突出的特点,就表现在对审美与政治的不同理解上,以及对意识形态、文化领导权等因素在社会变革过程中的重要作用的强调上。而这一切,都是在中国共产党的理论家们对国外马克思主义的接受与重新解释过程中发生的:

> 中国步入现代性的路途无疑构成了一种不同选择,在此过程中文化和美学扮演了重要的角色。马克思主义一踏上中国现实斗争的舞台,就把美学从资产阶级的话语转变为一种有力的革命武器。在此之前,美学作为一种资产阶级话语是完全自律的,而且是和社会生活相分离的。因此,美学和政治的关系成为一个亟待解决的问题。美学话语的这种历史性

---

[1] [美]刘康:《马克思主义与美学——中国马克思主义美学家和他们的西方同行》,李辉、杨建刚译,北京大学出版社2012年版,第15页。

中华传统文化与马克思主义文论中国化

转变的意义需要在马克思主义传统的语境中进行评价。在这个传统中，政治（也可以说"文化政治"或"现实政治"）、意识形态、领导权（包括在前革命与后革命社会中的领导权）以及主体性（或者"主体的死亡"）等都成为问题的核心。①

刘康是从审美与中国式现代化的关系这一宏大的视野理解强调功利性、注重意识形态塑造与主体性的中国现代艺术所发挥的巨大作用的。从这个意义上讲，中国现实主义艺术理论在发展中表现的独特性，正是中国审美现代性与中国式现代化的具体表现。沿着这种思路，一个问题必然浮现出来，那就是促使中国形成这样一条独特的审美现代性之路的深层原因是什么。尽管刘康已经声明其原因"不能简单地归结为'文化主义优先'的中国传统独特性"，但是，这一声明本身就证明了"'文化主义优先'的中国传统独特性"肯定在其中起到了重要的作用。而中国在审美现代性上的独特表现，绝对不仅仅局限在现实主义文论的发展历程中，政治与审美的纠结，在时间上贯穿了20世纪初期以来中国马克思主义文论发展的整个历程，在内容上涉及其中的方方面面，是一个理解中国化马克思主义文论的极为重要的视角。这个问题，我们留待下一章集中讨论。

---

① ［美］刘康：《马克思主义与美学——中国马克思主义美学家和他们的西方同行》，李辉、杨建刚译，北京大学出版社2012年版，"序言"第5页。

第五章　中国马克思主义文论中的审美维度与中国古典传统

一　中西方学者理解《巴黎手稿》的不同取向

马克思的《1844年经济学哲学手稿》，又称《巴黎手稿》。青年时期的马克思曾经在这篇文献中，借助于对"异化劳动"的批判，提出了彻底摆脱资本的控制，使人的本质力量得到充分实现的理想社会状态。这种理想社会状态，是与其后来提出的共产主义社会高度一致的，而其实现路径，则建立在人的感性解放的基础之上。从马克思对"异化劳动"及其克服的分析中，我们可以看到，"人的类本质""劳动""创造性活动""自然的人化""人的本质力量对象化""美的创造"这些概念是密切联系在一起的。因此，马克思设想的那样一个社会，同时也被称为"审美的社会"，其对资本主义条件下所存在的"异化劳动"的批判，以及对人的本质力量、社会化感觉的形成等问题的探讨，因此也成为美学问题。

在20世纪马克思主义美学发展过程中，《巴黎手稿》产生了巨大的影响。对于20世纪西方的许多马克思主义理论家来讲，这篇文献中表现出的人本主义立场让他们产生了极大的兴趣，"异化"以及"异化的克服"问题，在许多西方马克思主义者那里占据了美学和艺术理论的核心，进而形成了以审美为切入点去推动社会革命、解决人类生存困境的"审美主义"思潮。而在中国，学者们关注的是美的本质、美感的人类历史性、自然的人化、感觉的社会化等问题。《巴黎手稿》不仅在1950年代到1960年代的美学大讨论当中引起许多学者的关注，而且直接促成了"实践美学"的产生。在新时期的美学热中，以李泽厚为首的美学家结合新的时代特点，把"实践美学"的理论体系进一步丰富完善，使之成为在中国当代美学史上影响最大的美学流派，对中国美学的走向产生了深刻的影响。

李泽厚"实践美学"理论建构的黄金时期，在1970年代末到1980年代中期。在这一时期，国内的思想界对西方马克思主义的了解是十分有限的。1982年，徐崇温出版了一本介绍性的著作《"西方马克思主义"》。在这本书里，作者强调西方马克思主义"所反映的，并不是无产阶级的马克思主义世界观，而是小资产阶级激进派的世界观"。[①] 这种"西马非马"的立场，是当时中国学界主流的立场。因此，以李泽厚为主的"实践美学"理论建构过程，与西方马克思主义的"审美主义"思潮是并行发展的。同样是受《巴黎手稿》的影响，"实践美学"虽然在人本主义立场上，与西方马克思主义的"审美主义"思潮有一致的地方，但其间也存在很多差别。这种差别的具体情形，尤其是产生这种差别的原因，值得关注。

在许多西方马克思主义理论流派那里，人的异化是资本主义社会面对的最大的问题，"异化的克服""人性的复归""感性的解放"因此成为讨论十分热烈的话题。由于马克思的《巴黎手稿》是在1932年才公开的，在此之前，卢卡奇等人只能从马克思的其他著作中找到十分有限的论据支撑自己"人本主义的马克

---

① 徐崇温：《"西方马克思主义"》，天津人民出版社1982年版，第52页。

第五章　中国马克思主义文论中的审美维度与中国古典传统

思主义"的理论建构。《巴黎手稿》公开发表之后,其中的许多精彩的思想便成为西方马克思主义进行人本主义理论建构时最直接、最有力的理论根据。

大体来讲,中国的"实践美学"在1980年代完成理论建构之前,西方具有人本主义倾向的马克思主义研究经历了三个不同的历史阶段,各个阶段都表现出比较明显的"审美主义"的特征。

在1920年代到1930年代,当卢卡奇、葛兰西等西方马克思主义理论家开始对马克思、恩格斯去世后国际共产主义运动进行反思时,人本主义立场就已经显示出来。他们认为,进入20世纪之后,国际共产主义运动在西方所遭遇的挫折与第二国际的理论家们把马克思主义庸俗化有关。在他们看来,第二国际的理论家们将马克思主义改造成了以机械的"经济决定论"、消极无为的"反映论"为内容的,抹杀了人的主体性的"科学",这种改造已经离开了马克思的原有立场。马克思本人对资本的关注,实际上是想透过经济现象去分析主观结构:人的"物化意识"、"商品拜物教"和资产阶级的文化意识。因而,马克思主义不是像第二国际的理论家所理解的那样,是纯粹的经济学或历史学,而是一种以人为本的总体辩证法和社会革命学说。马克思主义的无产阶级解放学说,其理论基础就来自黑格尔的总体辩证法和自我意识的异化学说,因而他们十分强调马克思哲学思想同黑格尔的辩证法的关联。这种从人的意识入手对马克思学说的重新阐释,也使得艺术与审美越过经济学与历史学,成为被关注的核心问题。

在第二次世界大战期间,法兰克福学派兴起,以这一学派为代表的西方马克思主义开始围绕法西斯主义的兴起及其危害这一现实问题展开思考。他们把马克思主义的理论引向了社会心理分析领域,着重于对人的心理倾向和性格结构形成的社会性因素的探索,试图将马克思主义的社会批判立场与"弗洛伊德主义"结合起来，用弗洛伊德的理论来"补充""完善"马克思主义。在探讨传统家庭职能、权威主义的性格结构以及现代"文化事业"等问题时，他们一方面强调，要解决当代资本主义面临的一系列问题，只注重对人的性压抑的排解和心理机制的调整是不足取的，作为客观社会学的马克思主义和微观社会学的"弗洛伊德主义"必须相互补充；另一方面又强调社会的变革最终依赖于社会主体对自身处境的认识，依赖于旧的性格结构和心理倾向的改变。在这个过程中，艺术，尤其是先锋艺术，可以发挥关键性的作用。

第二次世界大战之后，面对一个"后工业化"社会，西方马克思主义的许多理论家开始把自己的注意力放在了对消费行为和"大众文化"模式的分析上。他们认为，第二次世界大战后西方发达工业社会借助文化工业、技术至上和消费主义等意识形态控制，使经济基础和上层建筑相互渗透，社会生活的各个领域已经商品化。官僚社会日益膨胀，工人运动的沉默，都表明"物化意识"抑制了人对自身的发现，完全扼杀了人的主体性。因而，他们认为马克思主义的主体性原则以及人性的全面"复归"的思想，可以构成对当代社会的文化批判。而现代发达工业社会存在的一系列问题的解决，都必须依赖于主体意识的唤起和日常生活的改变。这个过程，被他们看作是借审美实现的"感性革命"过程。

因此，西方"人本主义的马克思主义"与俄苏马克思主义的区别，不在社会革命最终的目标上，而在于对实现这一目标的途径的理解上。俄苏马克思主义者认为，马克思指明的人类解放的道路是一条阶级斗争的道路，而西方"人本主义马克思主义"的理论家则认为，马克思主义实际上是一种文化批判理论，它借助于"异化劳动"的分析，目的在于唤醒人的主体意识。自我意识的觉醒能为"异化劳动"的扬弃提供必要的前提。因此，社会革

第五章　中国马克思主义文论中的审美维度与中国古典传统

命的途径，或者说社会革命的最为重要的第一步，是借助于艺术与审美活动，恢复人的感性能力，唤醒人的主体意识。

《巴黎手稿》全文是1932年才在苏联面世的。中国学者几乎在同时就接触到这篇重要文献。1935年，上海辛垦书店出版的《黑格尔哲学批判》一书摘译了《巴黎手稿》中的部分内容；蔡仪在1948年完成的《新美学》一书，也曾多次引用手稿中的内容。但是，这篇文献真正引起中国美学界的广泛关注，则是在20世纪五六十年代"美学大讨论"中。1956年，人民出版社出版了《巴黎手稿》的全译本（何思敬译，宗白华校），这对于蔡仪、李泽厚、朱光潜等人思考美的本质，形成自己的美学观点有重要的启发。到了新时期，这篇文献再次受到重视。

在新时期美学史上，一方面，20世纪五六十年代"美学大讨论"中的美学家蔡仪、李泽厚、朱光潜在坚持、完善、发展自己原先的美学观时，继续把《巴黎手稿》作为立论的十分重要的理论根据之一；另一方面，新时期的"美学热"在很大程度上也表现为"《手稿》热"，许多年青一代的学者开始关注这篇文献，并把它作为思考美学问题的重要依托。中国当代美学中的许多概念与命题，如人的本质力量、异化、美的规律、自然的人化、社会化的感觉（感官）、劳动创造了美、美的社会性等，都与《巴黎手稿》有直接的关系。正因为《巴黎手稿》对中国当代美学形成与发展发生了巨大影响，一些学者指出在中国当代无论是谈论马克思主义美学问题，还是一般美学问题，都不可能离开这篇文献。[①]

相比较而言，李泽厚的"美是社会性与客观性的统一"这一命题以及"实践美学"的理论建构，与《巴黎手稿》的联系更为密切。

---

① 曾永成：《回归实践论人类学——马克思主义文艺学新解读》，人民出版社2005年版，第351页。

中华传统文化与马克思主义文论中国化

李泽厚在中国当代美学史上产生很大影响的第一篇论文，是1956年在《哲学研究》上发表的《论美感、美和艺术（研究提纲）——兼论朱光潜的唯心主义美学思想》。这篇长文也基本上奠定了李泽厚后面若干年美学思想的基调。而在这篇文章的两个关键环节，即美感的社会本质和美的社会性问题上，《巴黎手稿》的相关论述都是十分重要的论据。

在这篇文章中，李泽厚指出马克思在《巴黎手稿》中已经强调了美感的人类历史性，并直接引用了《巴黎手稿》关于人的五官感觉形成的一段话："五官感觉的形成乃是整个世界历史的产物。作为粗糙的实际的要求的俘虏的感觉，只是有着一种被局限了的意义……"并发挥道："人类灵敏的五官感觉是在这个社会生活的实践斗争中才不断地发展、精细起来，使它们由一种生理的器官发展形成而为人类所独有的'文化器官'"，最终得出了"人类的审美感是世界历史的成果，是人类文化和精神面貌的标志"的结论。①

关于美的本质问题，李泽厚一方面要论证美具有客观性，另一方面又强调美是社会历史的产物，而不是事物的自然属性。在这个至为关键的问题上，他的直接论据就是《巴黎手稿》中关于人的本质力量对象化的一段著名论述："在社会中，对于人来说，既然对象的现实处处都是人的本质力量的现实，都是人的现实，也就是说，都是人的本质力量的现实，那末对于人来说，一切对象都是他本身的对象化，都是确定和实现他的个性的对象，都是他的对象，也就是他本身的对象。"由此，李泽厚得出"美是客观存在，但它不是一种自然属性或自然现象、自然规律，而是一种人类社会生活的属性、现象、规律。它客观地存在于人类社会生活之中，它是人类社会生活的产物。没有人类社会，就没有

---

① 李泽厚：《论美感、美和艺术（研究提纲）——兼论朱光潜的唯心主义美学思想》，《哲学研究》1956年第5期。

第五章　中国马克思主义文论中的审美维度与中国古典传统

美"这一"实践美学"十分关键的结论。接着，依据《巴黎手稿》中的"自然的人化"这一概念，他进一步解释了自然美的问题，认为"自然对象只有成为'人化的自然'，只有在自然对象上'客观地揭开了人的本质的丰富性'的时候，它才成为美"；"自然的社会性是美的根源"。[①]

20世纪五六十年代李泽厚关于美是社会性与客观性相统一的观点，已经构成"实践美学"的雏形。到了新时期，在把"实践美学"最初的思想发展成系统的"实践美学"理论过程中，《巴黎手稿》仍然起到了决定性的作用。一方面，接受"实践美学"观点，并对之进行发挥的许多美学家，仍然把《巴黎手稿》中提出的许多命题作为自己理论建构的十分重要的出发点。如蒋孔阳以实践论为哲学基础，创造论为核心的"实践创造论美学"，就建立在《巴黎手稿》中"自然的人化""人的本质力量对象化"这些命题之上，认为"美离不开人，因而美的本质离不开人的本质"，"人的本质转化为具体的生命力量，在'人化的自然'中实现出来，对象化为自由的形象，这时才美"。[②] 李泽厚本人在对其之前的美学思想进行补充完善时，《巴黎手稿》同样是其重要的理论灵感来源。比如，他把"自然的人化"分作两个方面，"一方面是外在自然的人化，即山河大地、日月星空的人化"，"另一方面是内在自然的人化，即人的感官、感知和情感欲望的人化"，认为"外在自然的人化，人类物质文明的实现，主要靠社会的劳动生产实践。内在自然的人化，人类精神文明的实现，就总体基础说仍然要靠社会的劳动生产实践，就个体成长说，主要靠教育、文化、修养与艺术"。[③] 这里表达的观点，透露出李泽厚

[①] 李泽厚：《论美感、美和艺术（研究提纲）——兼论朱光潜的唯心主义美学思想》，《哲学研究》1956年第5期。
[②] 《蒋孔阳全集》卷三，安徽教育出版社1999年版，第175页。
[③] 李泽厚：《美学四讲》，长江文艺出版社2019年版，第34页。

中华传统文化与马克思主义文论中国化

1980年代的美学思想中,从审美心理结构角度对审美主体,特别是作为个体的审美主体的关注,但是其逻辑起点仍然是"自然的人化"这一命题。

进入新时期后,李泽厚提出"人类学本体论哲学"这一概念,并把它作为自己进行美学理论建构的重要依托。对于这个概念,他强调其与"西方的哲学人类学之类的那种离开具体的历史社会的或生物学的含义"的原则性区别,指出它是"作为社会实践的历史总体的人类发展的具体行程"。而他所讲的"主体性心理结构"也主要不是个体的主观意识、情感、欲望等,而"恰恰首先是指作为人类集体的历史成果的精神文化、智力结构、伦理意识、审美享受"。[1]

李泽厚的《批判哲学的批判——康德述评》一书,十分系统地梳理了自己在"文化大革命"期间阅读康德的体会,使得康德哲学成为其在1980年代建构主体性哲学与美学的又一理论资源。然而,在这本书中,我们仍然可以发现马克思主义哲学与美学的视角,在许多时候,李泽厚以马克思主义的哲学观、美学观在对康德的思想进行着独特的解读。在其中,马克思《巴黎手稿》的影响也十分明显。尤其是这本书的结尾一章,他认为哲学"自然向人生成"这一命题经由席勒、歌德、费尔巴哈这些中间环节,最终在马克思的《巴黎手稿》中得到了实现。他说:

> 康德提出的"自然向人生成"和所谓自然界的最终目的是道德文化的人,实际上乃是通由人类实践,自然服务于人,即自然规律服务于人的目的,亦即是人通由实践掌握自然,使之为人的目的服务。这也就是自然对象主体化(人

---

[1] 李泽厚:《批判哲学的批判——康德述评》,生活·读书·新知三联书店2007年版,第94页。

第五章　中国马克思主义文论中的审美维度与中国古典传统

化），人的目的对象化。①

李泽厚认为，他的康德研究只是建立了一条不同于以往学者的"康德—黑格尔—马克思"这一美学演化路径，强调"康德—席勒—马克思"这条"对感性的重视，不脱离感性的性能的塑形、陶铸和改造来谈感性与理性的统一"的美学演化路径。②并强调"客观的美和主观的审美意识的根本基础，康德把它们统统归结为神秘的'超感性的基体'的，实际上却在于人与自然同一（包括外部自然与内部自然）的胜利"。"美的本质与人的本质就是这样紧密联系着的，人的本质不是自然进化的产物，也不是某种神秘的理性，它是实践的产物。美的本质也是如此。"③

可以看出，虽然同样是以"人本主义"立场为立足点，同样把美学问题放在哲学的最核心位置，但是，中国的"实践美学"与西方马克思主义的"审美主义"思潮之间还是表现出许多明显的差异。这些差异包括以下几点。

其一，西方马克思主义主要是一种批判理论，以对现实的批判与否定为主，其所设定的人性的理想境界、人的潜能等，实际上都带有一种审美乌托邦性质，只是作为批判现实的一个参照而存在。"实践美学"采取的则是一种建构性的理论态度。而且，到了新时期之后，"实践美学"已经与当时思想解放、现代化建设、精神文明建设的时代主题融为一体，不仅在知识分子群体中，而且在民间、官方都获得了广泛的呼应。

其二，西方审美主义思潮强调的是主体意识觉醒的重要性，

---

① 李泽厚：《批判哲学的批判——康德述评》，生活·读书·新知三联书店 2007 年版，第 430 页。
② 李泽厚：《批判哲学的批判——康德述评》，生活·读书·新知三联书店 2007 年版，第 436 页。
③ 李泽厚：《批判哲学的批判——康德述评》，生活·读书·新知三联书店 2007 年版，第 439 页。

中华传统文化与马克思主义文论中国化

过分夸大"感觉革命"的作用,而"实践美学"则始终坚持社会实践对于作为意识形态活动的审美与艺术活动的优先性。李泽厚明确反对在讲"人的本质力量对象化"时,把它变成一个纯粹精神的活动、艺术的实践。他反复强调,他所讲的对象化,"是人类制造和使用工具的劳动生产,即实实在在的改造客观世界的物质活动",并把这作为美的产生的真正的根源。[①]

其三,西方马克思主义中的审美主义思潮,具有一定的非理性色彩,尤其是对张扬人的非理性存在的现代主义艺术情有独钟。他们不仅揭示出了一个处处充斥着矛盾与对立的世界,而且他们所理解的美的状态,也是以现代主义艺术为依托的,形式的不断翻新,内容的反传统是其主要特征。而"实践美学"则始终强调感性与理性的统一,审美与功利的统一。对"实践美学"而言,"审美作为与这自由形式相对应的心理结构,是感性与理性的交融统一","在这里,人类(历史总体)的东西积淀为个体的,理性的东西积淀为感性的,社会的东西积淀为自然的"。[②]

其四,"西方马克思主义"关注的主要是人的主观意识、情感、欲望等,"实践美学"所设定的审美主体则是一种社会性与个体性相统一的主体。李泽厚指出,"'主体性'概念包括有两个双重内容和含义。第一个'双重'是,它具有外在的即工艺——社会的结构面和内在的即文化和心理的结构面。第二个'双重'是,它具有人类群体(又可区分为不同社会、时代、民族、阶级、阶层、集团等等)的性质和个体身心的性质"。[③] 这与倡导"审美主义"的"西方马克思主义"所设定的那种具有很强的精英意识的与大众对立的主体存在很大差异。

这种差异,与中国传统文化的影响有关。

---

① 李泽厚:《美学四讲》,长江文艺出版社2019年版,第67页。
② 《李泽厚哲学文存》下编,安徽文艺出版社1999年版,第630页。
③ 《李泽厚哲学文存》下编,安徽文艺出版社1999年版,第633页。

二 "实践美学"与李泽厚的
中国古代思想史研究

有学者认为"实践美学还不是严格意义的现代美学，它还残留着古典美学的痕迹"。而在超越"实践美学"过程中产生的生命美学、存在论美学、体验美学等，则对许多西方现代主义、后现代主义的理论表现出浓厚的兴趣。① 其实，李泽厚的美学并非不具有"现代性"，只是这种"现代性"与西方马克思主义所表现出来的现代性有很大的区别。这种区别与他的民族文化视野有关。在借鉴马克思、康德等人的理论的同时，他也把中华传统文化精神融入了其美学建构之中。对于李泽厚"实践美学"中的马克思主义的因素、康德美学的因素，人们关注的较多，对于其中的中华传统文化的因素，学者们则比较忽视。而这正是我们关注的重心所在。

就在1970年代末到1980年代中期，《批判哲学的批判——康德述评》这部主要写于"文化大革命"期间的著作在学术思想界引起极大关注②的同时，李泽厚自己已经把学术重心转移到中国哲学与美学史的研究之上，写出了《美的历程》一书，并发表了一系列中国古代思想史研究文章，其中包括：

《孔子再评价》，《中国社会科学》1980年第2期；
《宋明理学片论》，《中国社会科学》1982年第1期；
《秦汉思想简议》，《中国社会科学》1984年第2期；
《孔老韩合说》，《哲学研究》1984年第4期；

---

① 杨春时：《超越实践美学》，《学术交流》1992年第2期。
② 《批判哲学的批判——康德述评》一书写于"文化大革命"期间，1979年初版印刷3万册，三年之内售罄，1984年印刷第二版。

《墨家论稿》,《学习与思考》1984年第5期;
《漫述庄禅》,《中国社会科学》1985年第1期;
《荀易庸记要》,《文史哲》1985年第1期。

这些文章经增订后,被收入了他的《中国古代思想史论》一书中。这方面的研究,不仅是"实践美学"建构的传统文化背景,同时也是"实践美学"的重要组成部分。

对于马克思主义与中国传统之间的关系,李泽厚本人是有十分自觉的意识的。在《中国古代思想史论》一书的结尾部分,他对"为什么马克思列宁主义会这样迅速地和忠挚地首先被中国知识分子而后为广大人民所接受所信仰"进行了解答,认为这一方面是因为马克思列宁主义为处于民族危机中的中国提供了远大的理想与现实的方案,另一方面,也因为中国的民族性格、文化精神和实用理性,重行动而富于历史意识、无宗教信仰却有治平理想、有清醒理智又充满人际热情等"传统精神与文化心理结构",在气质性格、思维习惯和行为方式上,与马克思主义更为接近。①

在评价孔子的思想时,他认为孔子的"仁学"不是去建立某种外在的玄想信仰体系,而是去建立一种现实的伦理—心理模式,把人的情感心理"消融满足在以亲子关系为核心的人与人的世间关系之中",肯定日常世俗生活的合理性和身心需求的正当性,避免了西方那种舍弃或轻视现实人生的悲观主义和宗教出世观念。②

在李泽厚看来,仁学结构的要素包括血缘基础、心理原则、人道主义、个体人格。血缘基础把神的准绳命令变为人的内在追求与自觉意识,由服从神而变为服从人。一方面对个体提出了社

---

① 李泽厚:《中国古代思想史论》,安徽文艺出版社1994年版,第312页。
② 李泽厚:《中国古代思想史论》,安徽文艺出版社1994年版,第25—26页。

第五章　中国马克思主义文论中的审美维度与中国古典传统

会性的义务和要求，另一方面又突出了原始氏族体制中所具有的民主性的人道主义，从而确立了一种建立在现实的伦理—心理模式之上的礼制。而李泽厚"实践美学"所追求的那种感性与理性、思想与行动、社会与个体相统一的主体，与以儒家文化为依托而形成的人格主体具有很多相似之处。

李泽厚认为，仁学结构的整体特征是实践理性。实践理性是康德哲学的一个十分重要的概念，与纯粹理性相对，它指的是超越自然界的必然性，凭借先天的道德律令达到至善。同时，实践理性遵行的是自由的而非强制性的原则，必须诉诸人的道德自觉。当李泽厚用实践理性去指涉儒家，尤其是孔子的仁学时，不仅指出了在建立超自然的伦理原则（礼）方面，以及在通过诗教乐教把伦理原则转化为一种内在的道德追求方面，仁学的原则是符合康德的实践理性的定义的。同时也认为孔子的仁学伦理原则基于现实的血缘关系，而且"更平实地符合日常生活，具有更普遍的可接受性和付诸实践的有效性"，① 这与康德的具有神秘主义色彩的绝对命令是有很大区别的，实际上带有马克思主义实践哲学的色彩。在另外一些地方，李泽厚把儒家思想的这些方面，也称为"实用理性"，认为它作为原始儒家的核心内容，其所具有的乐观的包容性质使它不断吸收融合其他各派的思想，后来发展出"内圣外王""儒道互补"的政治观、人生观，在现实秩序和心灵生活中构成稳定的系统，代表着一种独特的中国智慧。②

李泽厚所阐释的儒家思想，与代表他实践论美学的其他一些著作，比如《批判哲学的批判——康德述评》《美学四讲》，甚至是早期的《论美感、美和艺术（研究提纲）——兼论朱光潜的唯心主义美学思想》等文章中表达的观点，有很多一致的地方，尤其是他所强调的那种作为人类集体的历史成果的精神文化、智力

---

① 李泽厚：《中国古代思想史论》，安徽文艺出版社1994年版，第25页。
② 李泽厚：《中国古代思想史论》，安徽文艺出版社1994年版，第310—312页。

结构、伦理意识、审美享受,不仅有马克思主义实践论的色彩,同时也具有儒家哲学实践理性的色彩。正因为这个原因,有学者说他是在"通过融合儒学、马克思主义和康德美学,创造新的现代文化"。①

三 审美与政治问题在中国马克思主义文论中的呈现

由于马克思主义本身是以社会改造为目的的,强调理论必须来自具体的社会实践活动,并最终服务于社会实践。因此,对于20世纪的文艺理论研究者而言,在涉及文学艺术的功能时,审美与政治的关系,是很难完全绕开的一个问题。面对这一问题,20世纪欧洲的马克思主义文论存在两种相反的倾向,一种是站在现实政治需要的立场上思考审美与艺术活动,这种思路很容易把审美活动与艺术活动简单地看成达到政治目标的手段与工具,因而忽略审美问题,甚至把细腻的审美感觉看成一种对革命事业不利的个人趣味而加以批判;另一种倾向则是站在审美与艺术的立场上,强调异化的克服、人性的复归、感性的解放的重要性,进而把发生在人的意识层面的审美活动、艺术活动作为现实层面的政治、经济革命的先决条件。这种思路,很容易夸大审美与艺术活动的重要性,最终导致以审美与艺术活动代替、取消改造社会现实的行动。前一种倾向在苏联早期文论中表现得比较明显,后一种倾向在20世纪欧洲"人本主义"马克思主义文艺思想当中具有相当的普遍性。

对于中国马克思主义文论而言,如何看待审美与政治的关系,这一问题也始终存在。然而,尽管西方文论中的上述两种倾

---

① [美] 刘康:《马克思主义与美学——中国马克思主义美学家和他们的西方同行》,李辉、杨建刚译,北京大学出版社2012年版,第197页。

第五章　中国马克思主义文论中的审美维度与中国古典传统

向在中国马克思文论发展过程中也有不同程度的存在,但是整体而言,在审美与政治两者之间持其一端的观点很难被人接受。多数时候获得认可的,其实是一种折中的立场,这种折中表现在:强调审美问题时,并不刻意反对政治的介入;强调政治维度时,也并不把审美放在对立的位置上加以排斥。而那种比较极端的立场与观点,则多是直接从国外移植过来的,且往往会遭到比较强烈的抵制。

(一) 20世纪前期中国马克思主义者的立场

在中国马克思主义文论发展史上,"审美"与"革命"之间矛盾的第一次凸显,是在1920年代"革命文学"论争中。创造社从美国"左派"学者那里借来"一切的艺术是宣传"这句话,并把它作为"文学革命"向"革命文学"转向的标志。李初梨在《怎样建设革命文学》一文中,先是提出无产阶级作家到底应该是"为革命而文学",还是"为文学而革命"的问题,把"文学"与"革命"置于对立的位置,然后强调革命的文学应该是"武器的艺术",而不是"艺术的武器",接着便给文学下了这样一个定义:

> 一切的文学,都是宣传。普遍地、而且不可逃避地是宣传;有时是无意识地,然而常时故意地是宣传。[①]

创造社年青一代提出的这一口号,其主要问题不是强调文学是宣传,而是非要以"文学是宣传"作为具有排他性的文学本质规定,把其他人关于文学的一些规定放在对立的位置上加以完全否定。比如,他们把创造社前期秉持的"文学是自我的表现"定

[①] 李初梨:《怎样建设革命文学》,《文化批判》第2号,1928年2月15日。

中华传统文化与马克思主义文论中国化

性为"观念论的幽灵,个人主义者的呓语";把五四现实主义文学的核心理念"文学的任务在描写社会生活"定性为"小有产者意识的把戏,机会主义者的念佛"。这种把某一方面的功能看成是文学唯一的本质,把审美与政治完全对立起来的做法,体现出的是西方二元对立的思维模式,以及本质论的观念,其与从中国文化传统出发看待文学问题的方式有很大的不同,因此一提出来就遭到了各方面的反对。

针对"一切的文学都是宣传"这样的观点,鲁迅写下了《文艺与革命》这篇著名的杂文,强调"一切的文艺固是宣传,而一切宣传却并非全是文艺","革命之所以与口号,标语,布告,教科书……之外,要用文艺者,就因为它是文艺"。[①] 在此前后,茅盾等人在这一问题上也发表过类似的看法,反对在强调文学的阶级性、意识形态性,强调用文学服务于阶级的政治时,抛开文学的艺术性。

认真阅读鲁迅的《文艺与革命》这篇文章,会发现鲁迅其实并不反对文学是宣传这句话本身,他也强调:"一切文艺,是宣传,只要你一给人看。即使个人主义的作品,一写出,就有宣传的可能。"[②] 因此,在这次论争中,左翼文艺内部提出的问题的实质,不是承认不承认文学与政治之间具有关联性,以及要不要用文学去承担政治的功能,而是在把文学用于政治宣传的需要时,应不应当忽视,甚至是牺牲文学的艺术性,即审美性。

其实,类似的争论还有很多,比如文学是否具有阶级性、是否具有功利性等。在面对这些问题时,本质主义的、二元对立的思维同样会受到强烈质疑。

[①] 鲁迅:《文艺与革命》,载《鲁迅全集》第4卷,人民文学出版社1998年版,第84页。

[②] 鲁迅:《文艺与革命》,载《鲁迅全集》第4卷,人民文学出版社1998年版,第84页。

第五章　中国马克思主义文论中的审美维度与中国古典传统

就左翼文学的发展而言,"革命文学"论争期间,创造社与鲁迅等人就上述问题的争论虽然引起了较大的关注,但却没有在内部形成共识。因此,在"左联"时期,以及之后几年的左翼阵营内部,艺术的审美性与政治性的矛盾也就不断地浮现出来。直到《在延安文艺座谈会上的讲话》(以下简称《讲话》)发表,才有了权威的表述。从此,强调文学的意识形态属性与政治功能,在此基础上追求艺术表现形式的完美,体现文学艺术的审美功能,即所谓的"政治标准第一,艺术标准第二",成为中国马克思主义文论在审美与政治关系问题上的基本立场。

联系中国左翼文艺发展的历史,我们会发现,"政治标准第一,艺术标准第二"其实也是一个相对折中的评价标准。尽管毛泽东作为一个政党领袖,更看重文学的政治功能,苏联的文论对他也产生了很大影响,但是在评价艺术作品时,艺术标准始终在他的心目中占据着一定的位置。毛泽东是在延安《讲话》"结论"的第四部分集中谈文艺批评问题时,做出"文艺批评有两个标准,一个是政治标准,一个是艺术标准"这一判断的。对于这两个标准的关系,也的确直言不讳地讲道:"任何阶级社会中的任何阶级,总是以政治标准放在第一位,以艺术标准放在第二位的。"而在谈到这一批评标准的具体落实时,毛泽东则认为要做到"三个统一",即"政治和艺术的统一,内容和形式的统一,革命的政治内容和尽可能完美的艺术形式的统一"。①

从当时《谷雨》《解放日报》等延安出版的一些重要报刊上发表的与学习《讲话》有关的文章看,座谈会之后,甚至是《讲话》全文发表之后的一段时间里,大家关注的重点,主要在《讲话》涉及的"文艺的工农兵方向"、"普及与提高"以及文艺家下乡等方面,对文艺批评标准的讨论很少见。这是因为《讲话》

---

① 毛泽东:《在延安文艺座谈会上的讲话》,载《毛泽东选集》第3卷,人民出版社1991年版,第868—870页。

中华传统文化与马克思主义文论中国化

所提出的文艺的工农兵方向，特别是作家要通过向工农兵学习，进行思想改造，才能真正创造出符合工农兵方向的文艺作品的观点，无论是在中国左翼文学的历史上，还是在整个新文学的历史上，都是一种极具冲击力的新观念。而文艺的政治属性，以及革命文艺应当服务于无产阶级政治这样的观点，则是中国的左翼理论家从"革命文学"论争开始就一直强调的，大家并不陌生。

对于《讲话》所指出的文艺批评的两个标准及对其相互关系的判断，在之后中国马克思主义文艺理论发展过程中，形成一个颇具意味的接受史。延安文艺座谈会之后的一段时间里，在中国共产党领导下的具体的文艺批评活动中，政治的标准的确得到了更多的凸显，但对文艺批评标准问题本身的讨论不多。中华人民共和国成立之后，对《讲话》中批评标准的关注与讨论，却多次成为毛泽东文艺思想研究的热点问题，而且，其观点也随着时代的变化而不断改变。比如，《讲话》发表20周年的时候，学者们对《讲话》中所说的"政治标准第一，艺术标准第二"十分看重，并做出了这样的评价："这个伟大的马克思主义的批评标准的提出，是以对于艺术与政治的关系的正确解决为基础的"；[①] "这是文艺必然的、普遍的规律，是完全符合马克思列宁主义的文艺原理，符合古今中外的文艺批评实际，符合我们发展社会主义文艺的要求的"。[②] 到了1982年，《讲话》发表40周年时，则有学者的文章一方面认为，为了"号召革命文艺工作者投入伟大的抗日战争"，《讲话》强调政治标准第一"是时代的要求，人民的要求"；另一方面，又指出"从长远的历史的角度看，它也不能完全适用于各个历史时代的所有文艺现象。从文艺的特征和内

[①] 刘绶松：《马克思主义的文艺批评准则——纪念毛泽东同志〈在延安文艺座谈会上的讲话〉发表二十周年》，《武汉大学学报》1962年第1期。

[②] 陈则光：《正确地掌握文艺批评武器，促进社会主义文艺事业的进一步繁荣——纪念〈在延安文艺座谈会上的讲话〉发表20周年》，《中山大学学报》1962年第2期。

第五章　中国马克思主义文论中的审美维度与中国古典传统

部规律看，它没有充分考虑到文艺作品在思想内容上的复杂性，在艺术结构上的整体性，在美学欣赏上的多样性"。① 再到后来，涉及《讲话》中文艺批评标准的讨论时，不少学者更重视"三个统一"的论述。比如，有学者指出，"三个统一""是毛泽东同志文艺批评的整体思想，即'统一论'"，"统一论""是毛泽东同志所提倡的文艺批评标准的基本点。我们学习、领会、实践毛泽东同志关于文艺批评的标准和方法，一定要牢牢抓住这一基本点。不然，就很可能发生这样或那样的偏差和误解，以致远离毛泽东文艺思想的真谛"。② 还有学者认为，在处理文艺批评的政治标准和艺术标准关系这一点上，毛泽东所要求的并不是先行罗列出来的包括"政治标准第一，艺术标准第二"在内的四点普遍的原则，"'三统一'的原则才应该是对于延安讲话文艺批评标准最合理的界定"。③

这种对《讲话》所涉及的批评标准问题的"与时俱进"的解读，从理论接受的角度讲，有其合理性。在解释《讲话》时，对"政治标准第一，艺术标准第二"这一批评标准地位的弱化，乃至于批评，都建立在对"文化大革命"时期以政治标准取代艺术标准，给文艺事业带来巨大损失的反思上。但是，认为毛泽东的相关论述是以简单的政治标准取代艺术标准，本身就建立在对《讲话》片面理解的基础之上。这不仅是因为《讲话》在讨论批评标准时，已经强调"既没有抽象的绝对不变的政治标准，也没有抽象的绝对不变的艺术标准"，并强调在"把政治标准放在第一位，把艺术标准放在第二位"的前提下，要做到"三个统一"，而且当我们通读《讲话》之后，就会发现，毛泽东所说的政治，

---

① 梁一儒：《人民批评的锐利武器》，《内蒙古师院学报》1982 年第 2 期。
② 孙豹隐：《"统一论"科学地体现了文艺批评的规律》，《海南大学学报》（人文社科版）1992 年第 2 期。
③ 丁国旗：《对延安文艺讲话中文艺批评思想的重新认识》，《陕西师范大学学报》（哲学社会科学版）2019 年第 1 期。

中华传统文化与马克思主义文论中国化

有着极为丰富的含义。当他在思考"文艺与政治关系"这一问题时，其对政治的许多论述与界定，在很大程度上就是要避免人们把政治问题简单化、片面化，用文艺的普遍的意识形态性取消艺术的特殊性。

实际上，在《讲话》中，当毛泽东提出文艺批评的两个标准及其关系，强调文艺的政治属性时，并不让人感到突兀，而是水到渠成、顺理成章的。因为《讲话》"结论"的第三部分，集中谈论的就是文艺与政治的关系问题。从篇幅上看，第三部分的文字只有1400多字，大约相当于第四部分的三分之一，但"政治"一词出现了29次之多，远比在第四部分（共17次）出现的频率要高。就文艺与政治的关系而言，《讲话》十分明确地反对离开政治谈文艺问题，认为"在现在世界上，一切文化或文学艺术都是属于一定的阶级，属于一定的政治路线的"。[①] 但是，强调文艺的阶级与政治属性，则是为了论证文艺工作在革命事业中的重要地位。正是在这个基础上，《讲话》得出了"革命文艺是整个革命事业的一部分"，"如果连最广义最普通的文学艺术也没有，那革命运动就不能进行，就不能胜利"的结论。这与《讲话》的"引言"一开始就讲我们要战胜敌人，仅仅依靠手里拿枪的军队是不够的，"我们还要有文化的军队，这是团结自己、战胜敌人必不可少的一支军队"[②] 的论述相呼应。

也是在"结论"的第三部分，《讲话》区分了文艺与革命事业关系的两个方面："党内关系"，即"党的文艺工作和党的整个工作的关系"；"党外关系"，即"党的文艺工作和非党的文艺工

[①] 毛泽东：《在延安文艺座谈会上的讲话》，载《毛泽东选集》第3卷，人民出版社1991年版，第865页。

[②] 毛泽东：《在延安文艺座谈会上的讲话》，载《毛泽东选集》第3卷，人民出版社1991年版，第847页。

第五章　中国马克思主义文论中的审美维度与中国古典传统

作的关系问题——文艺界统一战线问题"。① 从后面的论述可知，在毛泽东看来，两者都属于文艺与政治关系的范畴，但其表现形式与具体要求是不同的。当毛泽东强调"革命文艺是整个革命事业的一部分"时，显然是就"党的文艺工作和党的整个工作的关系"来谈的。而对于"文艺界统一战线问题"，他说："今天中国政治的第一个根本问题是抗日，因此党的文艺工作者首先应该在抗日这一点上和党外的一切文学家艺术家（从党的同情分子、小资产阶级的文艺家到一切赞成抗日的资产阶级地主阶级的文艺家）团结起来。"并特别强调，"在文艺界统一战线的各种力量里面，小资产阶级文艺家在中国是一个重要的力量"。而且，在毛泽东看来，文艺的统一战线，不仅是人的统一战线，也包括艺术风格的统一战线，因此，"应该在文艺界的特殊问题——艺术方法艺术作风一点上团结起来"，只不过这种团结应该是有原则的团结，在强调团结的同时，也有批评与斗争。②

在这一部分，最值得注意的是毛泽东在强调文艺服从于政治时，对政治做出了这样的界定："我们所说的文艺服从于政治，这政治是指阶级的政治、群众的政治，不是所谓少数政治家的政治。"对无产阶级而言，作为政治家的领袖，"他们的任务在于把群众政治家的意见集中起来，加以提炼，再使之回到群众中去，为群众所接受，所实践"。并进一步讲道，这里的政治家，"不是闭门造车，自作聪明，只此一家，别无分店的那种贵族式的所谓'政治家'"，明确反对"把无产阶级的政治和政治家庸俗化"。③这就把文艺服从政治与文艺服从政治家与领袖人物的个人的意志

---

① 毛泽东：《在延安文艺座谈会上的讲话》，载《毛泽东选集》第3卷，人民出版社1991年版，第865页。
② 毛泽东：《在延安文艺座谈会上的讲话》，载《毛泽东选集》第3卷，人民出版社1991年版，第867页。
③ 毛泽东：《在延安文艺座谈会上的讲话》，载《毛泽东选集》第3卷，人民出版社1991年版，第866—867页。

区别了开来。对毛泽东而言，文艺服务于政治，从本质上讲是文艺服从于群众的实践、群众的意志，这与《讲话》的核心命题，即文艺的工农兵方向是一致的。

也就是说，《讲话》"结论"的第四部分提出文艺的两个标准，以及对政治标准的强调，是以"结论"的第三部分关于文艺的党内关系与党外关系的讨论，以及阶级的政治、群众的政治与政治家的政治之间关系的讨论为基础的。毛泽东赋予文艺以政治的属性，意在强调文艺对革命事业的重要性，绝无轻视文艺的意思。而在革命事业中，文艺之所以能够发挥重要作用，就是因为它有自己的特殊性，不同于简单的政治宣传，对此，毛泽东在许多地方都曾经给予了强调。而要求文艺服从于政治，在当时的语境下，其实是要文艺服从于抗战的需要，服从于广大人民群众的意志，服从于党的事业。只有将毛泽东所说的文艺批评的两个标准及其关系与上面的语境相联系，才能够对它们进行全面、准确地把握。

（二）1980年代以后审美与政治问题的进一步展开

由于"文化大革命"当中文学被过于政治化，成为政治的附庸，走了很长的弯路，到了新时期，中国的马克思主义文论不得不重新思考文学中审美与政治的关系问题。这首先表现在执政党从文艺政策的层面上对文学与政治的关系进行了重新厘定：1980年1月，邓小平在一次讲话中明确指出，"不继续提文艺从属于政治这样的口号，因为这口号容易成为对文艺横加干涉的理论根据，长期的实践证明它对文艺的发展利少害多"。[①] 在这种政治背景下，文学的独立性与审美性得到了强调。

有学者认为，新时期至1990年代中国文学研究的范式经历了由社会政治范式向审美范式，然后再向文化研究范式的转换。这

---

① 《邓小平文选》第2卷，人民出版社1995年版，第255页。

第五章　中国马克思主义文论中的审美维度与中国古典传统

种宏观的概括大体上符合中国马克思主义文论研究的走向。① 而所谓由社会政治范式向审美范式的转型,是以不同程度的去政治化诉求为指向的。在这个过程中,出现了"为文艺正名"的声音,强调文艺相对于政治的独立性。而所谓正名,开始虽然针对的是"文艺是阶级斗争的工具"等"极左"的口号,但其落脚点却是强调"文学艺术自身的特征"。② 之后,文艺的独立性问题,以及与之相关的文艺批评的独立性问题,都被提了出来。提倡者认为这种独立性不仅包括作家不受政治权力的干涉独立地从事文学创作,还包括评论家从审美的角度,而非政治的角度去判断文学作品的价值。而所谓审美性,一方面指向了文艺的情感性,把文艺活动看成是作家个人的情感的表现,这种观点在1980年代文学主体性思潮中表现得比较明显;另一方面指向文学的语言形式,认为文学的审美效果来自文本的语言结构,而非外在于文本的作家与社会现实。1985年,当刘再复提出文学"内部规律"与"外部规律"之分的观点时,他所说的内部规律,就重点指向了"文学内部各要素的相互关系,文学各种门类自身的结构方式和运动规律"。③

尽管后来不少人已经指出,1980年代中国文论对文学主体性、文学审美性的张扬,本身表达的就是一种政治诉求,但至少从理论形态上看,凸显文学的审美功能,反对把文学当成政治的工具,成为那个时代中国文论的一个重要特征。

但是,单向度地强调文学的审美功能,进而以去政治化的方式,否定文学与政治的关联,显然是不符合马克思主义文论的最基本立场的。正是为了既能够体现马克思主义文论所包含的要求

---

① 参见鲁枢元、刘锋杰等《新时期40年文学理论与批评发展史》第二章,浙江文艺出版社2018年版。
② 参见评论员文章《为文艺正名——驳"文艺是阶级斗争的工具"说》,《上海文学》1979年第4期。
③ 刘再复:《文学研究思维空间的拓展》,《读书》1985年第2期。

中华传统文化与马克思主义文论中国化

用文学反映时代精神，介入现实斗争这一原则立场，又能够把 1980 年代中国文论界关于文学的审美性、主体性等思考体现出来，国内有学者提出了用"审美反映论"代替以往的文学反映论的主张，并在"审美反映论"的基础上，发展出用"审美意识形态"界定文学性质的"审美意识形态论"。

在中国当代文论中，"审美意识形态"是一个内涵十分丰富的概念。这一概念的产生，首先是中国当代理论工作者与马克思主义经典作家、国外马克思主义文论研究者对话的产物。"意识形态"这一哲学概念在马克思主义理论体系中占有举足轻重的地位，带有特定的政治内涵。而新时期人们对"审美"的理解，则与马克思《1844 年经济学哲学手稿》对"人的本质"的表述有关。与此同时，卢卡奇、马尔库塞、阿多诺、伊格尔顿等西方马克思主义理论家的思想也被介绍到国内，并引起了很大反响。另一方面，审美意识形态论的提出，也是中国当代美学在特定的历史语境中，解决中国文艺理论与文艺实践自身面对的具体问题的一种努力。审美意识形态论试图将文艺的意识形态属性与审美属性加以整合，强调文艺作品表达的既是具有普遍意义的知识、思想，同时也是个体的感情评价与感性体验，文学艺术活动是无功利性与功利性、形象性与理性、情感性与认识性的统一。其中，人的主体性应当得到充分的尊重。这些理论内容，与中国当代文论试图走出反映论视角的局限有关，同时也是对 1980 年代"美学热"、文学主体性讨论的一种正面回应。与此同时，审美意识形态论也吸收了中华美学传统与艺术传统中的许多思想与观点，因而其理论本身就是利用中国优秀传统文化对马克思主义文论进行创新性发展的结果。审美意识形态论最重要的代表人物之一童庆炳先生在 1990 年代建构审美意识形态论的同时，发表了大量研究《文心雕龙》的文章，并出版了《中国古代心理诗学与美学》（中华书局 1992 年版）、《中国古代诗学心理透视》（与人合

第五章　中国马克思主义文论中的审美维度与中国古典传统

著，百花文艺出版社1993年版)、《中国古代文论的现代意义》(北京师范大学出版社2001年版)等研究古代文艺理论与美学思想的专著，这些研究对建构审美意识形态论的影响不可低估。

审美意识形态论本身有着十分浓重的将政治与审美加以调和的色彩。但是，在1980年代，"审美反映论"也好，"审美意识形态论"也好，作为在反思文艺过于政治化的弊端过程中提出的命题，至少人们在理解它们的时候，往往是比较偏重于强调其中所包含的"审美"的一面的。

实际上，如果说"审美意识形态"还是一种沿着中国美学与文艺学发展逻辑生成的概念的话，那么1980年代另外一些强调文学艺术的审美性，反对政治过多干预的观点，却大多是借助西方现代主义各种哲学思潮、艺术思潮以及形式主义文艺理论得以表达的。这使得以审美"对抗"文学的政治性的声音一度形成很大声势。然而，人们很快发现，当文艺理论沿着这种思路前行的时候，道路越来越窄，并且将当代文学也带向了远离社会生活、孤芳自赏的歧路。而这与马克思主义文论的基本立场是相冲突的。在意识到这个问题之后，中国的文论界又产生了返回政治的冲动。这个过程，表面上看是借助于英美马克思主义文论家威廉斯、杰姆逊等人的文化研究理论实现的，但其在中国马克思主义文论内部"物极必反"的理论运行逻辑却十分清晰。

在1980年代中期发生的文学研究的"内部研究"与"外部研究"之争，其实涉及的也是政治与审美关系问题。新时期之初，为了摆脱"工具论"文学观，许多学者指出，长期以来我们的文艺理论主要是从文学与社会生活的关系入手去研究的，关注的是文学的外部规律。为了纠正这一偏颇，必须使文学研究回归文学本体。这种观点显然受到20世纪一些国外文艺理论思潮的影响。在俄国形式主义、英美"新批评"、法国结构主义等理论流派看来，无论是传统的文学社会学研究、作家传记研究，还是后来的文学心理学研究,都没有真正将"文学性"问题提出来,因而都属于"外部研究"。

不可否认,马克思主义文论不是无边的,而是有着自身明确的理论特征的。比如,马克思主义文论总是把文学放在一个比它自身更大的框架中,从宏观上进行把握,而俄国形式主义、英美新批评、法国结构主义等文论流派,则倡导对文本进行封闭的研究,把文学效果看成是纯粹的语言修辞效果。俄国形式主义文论家就曾公开宣称"艺术永远是独立于生活的,它的颜色从不反映飘扬在城堡上空的旗帜的颜色",[①] 反对通过研究作家所处的时代去对文学作品的内容进行解读。很明显,这种观点与马克思主义文论的基本立场是对立的。正因为如此,俄国形式主义文论在十月革命之后不久,就作为资产阶级文艺观的代表遭到了苏联马克思主义文论家的严厉批判。

就中国文论而言,俄国形式主义、英美新批评以及结构主义理论的引入,确实给中国的文论研究带来许多新鲜的、富有启发性的东西,对于校正中国马克思主义文论研究中曾经出现的"庸俗社会学"倾向有一定的帮助。但是,其与马克思主义文论立场之间的对立,也很快引起了理论界的警觉,并开始对它进行反思性的批判。

对形式主义文论进行的"马克思主义化"改造,正是在这种背景下发生,这可以看作是1980年代文学研究"内外之争"的一种逻辑延伸。首先,一些学者从西方文论的发展历程入手,对形式主义文论与马克思主义文论之间的关系进行了梳理,强调马克思主义文论虽然与形式主义文论在文学观念、研究方法和价值立场等方面均有所不同,但后来两种文论之间却进行了深度的对话。有学者指出,与1920年代苏联马克思主义者将俄国形式主

[①] [俄] 什克洛夫斯基等著:《俄国形式主义文论选》,方珊等译,生活·读书·新知三联书店1989年版,第11页。

第五章　中国马克思主义文论中的审美维度与中国古典传统

义作为资产阶级的美学遗产而加以批判不同，后来西方重要的马克思主义文论家都在不同的语境中，从不同的角度，对俄国形式主义进行了学理批判和价值重估。① 有学者还具体分析了巴赫金、阿尔都塞、杰姆逊、马尔库塞等人在形式主义文论与西方马克思主义文论之间展开对话时的具体路径。② 这些研究，都在试图改变人们关于形式主义文论与马克思主义文论完全对立的刻板印象，强调形式主义文论对 20 世纪西方马克思主义文论的启发与贡献。另外一些学者则通过对巴赫金、托尼·本内特等人文论思想的介绍与阐发，证明这些具有形式主义倾向的理论家"并非只注重形式，而是有对文本间性和历史变化的不自觉诉求，并对文本形而上学进行了反驳"，从而把他们的形式主义文论建构在了马克思主义文论的基本原则之上。③

　　应该说，无论是强调形式主义文论通过与马克思主义文论的对话参与了了西方马克思主义文论的建构，还是强调后来的一些形式主义文论家已经从对纯文本形式的关注走向了对文本与意识形态、文本与历史之间关系的关注，上述理论研究实际上都多少有着为 1990 年代文化研究兴起之后在中国文论界受到质疑与批判的形式主义文论进行"辩护"的意图。而在此过程中，他们采用的策略，就是通过学术史的研究以证明形式主义文论在自身发展过程中，已经成为整合了文艺的"内部规律"与"外部规律"的理论，既能够通过形式分析切入文本内部，又能够在文本形式中发现历史、文化、意识形态等外部研究关注的内容。在这个过程中，中国当代马克思主义文论研究从 1980 年代以来一直纠结的

---

　　① 杨建刚：《马克思主义视域中的俄国形式主义价值重估》，《首都师范大学学报》（社会科学版）2017 年第 6 期。
　　② 段吉方：《重建"对话"思维——形式主义与马克思主义的理论对话及其意义》，《文学评论》2015 年第 6 期。
　　③ 张朋：《对话语境的建立——论托尔·本内特在马克思主义文论与形式主义之间的探索》，《现代语文》2013 年第 11 期。

内部研究与外部研究的对立，通过这样的思考得到了一定程度的解决。尽管文化研究的重返政治，以及对形式主义的马克思主义化改造，都并非是对1980年代之前文学与政治关系的简单重复，但中国当代文论的确是在短短十多年的时间里，先是试图从政治走向审美，接着又很快从审美返回政治。

中国马克思主义文论发展的历史表明，在审美与政治关系问题上，有时候由于理论家的偏激，或者是矫枉过正式地理论建构，可能会特别强调它们当中的某一个维度，但这种单向度的理论立场很容易让人感到突兀，产生怀疑。而其常态，则是对文学的审美性与政治性进行双重的承认，或者在思考问题时，并不把二者放在相互对立、非此即彼的位置上，而是强调它们之间的联系，强调它们的共生关系，以及审美与政治之间的相互渗透。与此同时，在对审美意识形态进行规定时，强调审美性与意识形态性的统一，实际上也是在强调功利性与无功利性的统一，情感性与知识性的统一，逻辑性与想象性的统一。而"实践美学"所突出的，则是社会性与物质性的统一，个体的感性心理（情感、欲望）与实践理性的统一，超自然的伦理原则与人的道德追求的统一。因此，虽然审美与政治的关系问题、审美意识形态问题、"实践美学"问题属于中国当代马克思主义文论的不同问题，但其背后隐藏的思维方式上的一致性，仍然是值得关注的。

四　审美与政治问题在中国文艺传统中的呈现及其哲学基础

实际上，非要把政治与审美问题对立起来，或者用文学的一种本质否定另一种本质，是一种与中华传统文化十分隔膜的思维方式。在文学本质问题的认识上，中国自身传统可以提供的答案是多元的，仅就儒家的文学观而言，从兴、观、群、怨，到明

第五章　中国马克思主义文论中的审美维度与中国古典传统

道、教化、经世致用、文以自娱，层次十分丰富，因而也就不存在以审美完全否定政治，或者以政治完全否定审美的单向度选择。而孔子之所以倡导诗教、乐教，正是因为诗歌、音乐可以诉诸人的感性，厚人伦，美教化，移风俗。这一点与鲁迅、茅盾乃至于毛泽东的观点是一致的。强调借助文艺的感性功能，实际上也就是依托于文艺作品的艺术性、审美性。

审美与政治的问题，在儒家学者那里是一个被反复讨论的问题。孔子十分重视文学的教化功能。而文学之所以能够发挥教化的功能，就是因为一方面文学可以承载先王之道，传达自己的政治理想；另一方面，文学又是以感性的方式对人产生影响的，使人在潜移默化中接受其背后的意识形态内容。这表明孔子对文学的重视，本来就包含了两个方面，一个是政治的层面，一个是审美的层面，这一态度最凝练的表达，就是要求文艺作品"尽善尽美"。正因为如此，郭绍虞先生把儒家的文学观分为"尚文"与"尚用"两个方面，进而提出：

> 孔门之文学观最重要者有两点，一是尚文，一是尚用。惟其尚文，所以不同于墨家；惟其尚用，所以又不同于道家。这是孔子文学观主要之点。此两点虽似矛盾，而孔子却能善为调剂，绝不见其冲突。①

郭绍虞先生的这一解释是十分精到的。就"尚用"的一面讲，儒家学者在对一些最基础的诗学概念进行解释时，这一特点就十分突出。赋、比、兴是后来儒家学者在对《诗经》进行解读时创造出的最重要的诗学概念。对于"赋、比、兴"较早且比较系统的解释，来自东汉末年的经学大师郑玄。郑玄是这样讲的：

---

① 郭绍虞：《中国文学批评史》上卷，百花文艺出版社1999年版，第16页。

中华传统文化与马克思主义文论中国化

赋之言铺，直铺陈今之政教善恶。比，见今之失，不敢斥言，取比类以言之。兴，见今之美，嫌于媚谀，取善事以劝之。①

在这一解释里，郑玄一方面强调了赋、比、兴背后"陈政教之善恶"的儒家诗学立场，另一方面指出了"赋"是"直铺"，"比"是"取比类以言之"，兴是"取善事以喻劝之"。在这种解释里，"尚用"的色彩十分突出。后世儒家学者沿着这一思路有不少发挥，这集中体现在两个方面：一是对"文以载道"的强调；二是对文学"经世致用"的强调。前者是从与政治有关的形而上层面着眼的，后者是从现实政治的操作层面着眼的。这方面的内容，常常被当成儒家文学观念中标志性的内容，虽然近代以来，受到西方审美主义思潮的批判与质疑，但其对中国马克思主义文论的潜在影响，也为许多研究者所重视。

在"尚文"方面，孔子本人的文学观中就有十分明显的体现。他曾讲："周监于二代，郁郁乎文哉，吾从周。"② 孔子这里所讲的周之"文"，指的首先是由文王、周公等人创立的礼乐制度以及记录礼乐制度的文献。但是，面对这些先王传下来的文献，孔子所关注的不仅是它所承载的内容，同时也包括这些文献在语言表达上的艺术性。因为孔子一方面讲，"言之无文，行之不远"，强调只有经过修饰的言辞，才能达到好的传播效果；另一方面，他在为出自文王、周公的《易经》作传时，还写下了《文言传》这样的美文。后来的学者认为，孔子在《易传·文言传》中所讲的"文言"，正是一种经过艺术加工的"有'文'之'言'"，它"折衷于文与言之间"，其中蕴含着许多可供后人体

---

① 《周礼·春官·宗伯》（下），郑玄注，载《十三经》，上海书店出版社1997年版，第430页。
② 《论语·八佾》，载《十三经》，上海书店出版社1997年版，第1049页。

第五章　中国马克思主义文论中的审美维度与中国古典传统

会的修辞原则与方法,具体讲就是"在语言,则去其方音俚俗,而力求简洁;而于文,则取其韵语偶俪,而不为典重。音韵铿锵以为节,语助吟叹以抒情,流利散朗,蕲于辞达而已"。①

后来的骈文家,在为骈体文章的合法性进行论证时,往往抬出孔子的《文言传》及由孔子编定的经典中的语言状态作为论据。刘勰的《文心雕龙》有《丽辞》一章,在为俪辞存在的合理性提供论证时就这样讲:

> 唐虞之世,辞未极文,而皋陶赞云:"罪疑惟轻,功疑惟重。"益陈谟云:"满招损,谦受益。"岂营丽辞,率然对尔。易之《文》《系》,圣人之妙思也。序《乾》四德,则句句相衔;龙虎类感,则字字相俪;乾坤易简,则宛转相承;日月往来,则隔行悬合。虽句字或殊,而偶意一也。②

后世的诗人在试图为诗歌语言的修辞性进行辩护时,也常常以孔子的《文言传》及其所编定的六经为依据。唐代的皎然在其所著的《诗义》中就以反驳的口气说:"或曰:今人之所以不及古者,病于丽词。予曰不然。先正诗人,时有丽词,'云从龙,风从虎',非丽耶?'昔我往矣,杨柳依依,今我来思,雨雪霏霏',非丽耶?"③

在清代文论家袁枚眼中,"六经皆文"。站在这一立场上,他尖锐地指出了道学家们面对经典只言道不言文的后果,认为"《易》称修词,《诗》称词辑,《论语》称为命至于讨论修饰"

---

① 钱基博:《中国文学史》(上),中华书局1996年版,第23页。
② (南朝梁)刘勰:《文心雕龙·丽辞》,载周振甫《文心雕龙今译》,中华书局2013年版,第314页。
③ 王大鹏等:《中国历代诗话选》,岳麓书社1985年版,第52页。

中华传统文化与马克思主义文论中国化

并非"圣人之溺于词章",而是因为文与道是很难区分开来的:"盖以为无形者道也,形于言谓之文。既已谓之文矣,必使天下人矜尚悦绎,而道始大明。若言之不工,使人听而思卧,则文不足以明道,而适足以蔽道。"因此,"六经以道传,实以文传",假若把"文"与"道"强为区分,最终的结果不仅是圣人的"文心"被遮蔽,而且圣人的"道心"也无法得以彰显。① 显然,袁枚从另外一个方向上,得出了政治与审美相统一的结论。

从更深的层面上,无论是政治与审美的统一,审美性与意识形态性的统一,还是"实践美学"强调的社会性与客观性统一,从其逻辑背后,我们都可以见出属于中国哲学的辩证思维,这种辩证思维可以体现在阴阳和合、天人合一、知白守黑、执两用中、过犹不及、文质彬彬、怨而不怒、哀而不伤等一系列命题之中,而儒家的中庸哲学是其最集中的表达。

《中庸》原是儒家经典中的一篇文献,出自《小戴礼记》,其作者被认为是孔子的后人子思。到了宋代理学家程颐、朱熹那里,这篇文献被从《礼记》中抽出来,与《论语》《孟子》《大学》一起合称"四书",受到了特别的重视。《中庸》一开始就讲"天命之谓性,率性之谓道,修道之谓教"。其通篇也主要是围绕"慎独自修""忠恕宽容""至诚尽性"等性理学命题而展开的,所谈论的问题多属于内在道德修养的范畴。这也是宋儒特别看重这篇文献的原因。《中庸》中有这样一段话:"子曰:'舜其大知也与!舜好问而好察迩言,隐恶而扬善,执其两端,用其中于民。其斯以为舜乎!'"② 这里所讲的"执两用中",是"中庸之道"在方法论上最为核心的内容。《论语》中就多有这样的表

---

① (清)袁枚:《虞东先生文集序》,见《小仓山房诗文集》(三),上海古籍出版社1988年版,第1380页。
② 《礼记·中庸》,载《十三经》,上海书店出版社1997年版,第895页。

第五章　中国马克思主义文论中的审美维度与中国古典传统

述，如"学而不思则罔，思而不学则殆"①；"质胜文则野，文胜质则史"②；"师也过，商也不及"③，里面体现的正是"执两用中"的哲学智慧与处世态度。

李泽厚在谈到先秦儒家学者的实践（用）理性精神时，是这样进行总结的："不是用某种神秘的狂热而是用冷静的、现实的、合理的态度来解说和对待事物和传统；不是禁欲或纵欲式地扼杀或放任情感欲望，而是用理知来引导、满足、节制情欲；不是对人对己的虚无主义或利己主义，而是在人道和人格的追求中取得某种平衡……"④ 这里所说的儒家的实践理性精神，在某种程度上也体现出"中庸"哲学的精髓。

楼宇烈认为，"中庸"所代表的哲学智慧，在中国哲学的三个主要代表流派儒、道、释中都有体现。⑤ 在谈到中国传统的思维方式时，他说："中国的传统思维比较强调事物之间的联系，彼此关系分不开，有时候就纠缠在一起，显得有些模糊"，太极图就是"阴中有阳，阳中有阴，相互消长，阴阳互根、互动，你中有我，我中有你"。他把这种思维的特点总结为"亦此亦彼"。⑥ 庞朴先生则讲，"中庸之道"面对矛盾的事物时，从逻辑上讲可以有四种选择，即 A 而 B（如温而厉），A 而不 A（如威而不猛），不 A 不 B（如不卑不亢），亦 A 亦 B（如能文能武）。

具体到文论方面，中国古典文论认为在文学内部，总是存在着许多对立面，如物与我、形与神、虚与实、阴与阳、动与静、体与用、美与善、情与志、简与繁、境与意、显与隐、诗与文、骈与散、平与仄等，在面对这些矛盾时，古人最常采用的就是

---

① 《论语·为政》，载《十三经》，上海书店出版社1997年版，第1404页。
② 《论语·雍也》，载《十三经》，上海书店出版社1997年版，第1425页。
③ 《论语·先进》，载《十三经》，上海书店出版社1997年版，第1452页。
④ 李泽厚：《中国古代思想史论》，安徽文艺出版社1994年版，第33页。
⑤ 楼宇烈：《中国文化的根本精神》，中华书局2016年版，第21—22页。
⑥ 楼宇烈：《中国文化的根本精神》，中华书局2016年版，第27—28页。

"中庸之道"。"尽善尽美"是如此,"情志一也"也是如此。此外还有"以形写神""虚实结合""阴阳对转""体用合一""文约事丰",以及春秋笔法中的"微而显,志而晦,婉而成章,尽而不污,惩恶而劝善"等,莫不体现着一种中庸的态度。而对于中国马克思主义文论而言,当遇到主观与客观、个性与共性、理性与感性、艺术性与实用性、现实主义与浪漫主义等对立的范畴时,马克思主义的基本原理与基本立场,以及辩证唯物主义的方法,固然会成为其分析与解决问题的直接依据,然而,中国古代中庸哲学所包含的智慧,也会自然而然地对中国学者产生影响。因此,如果不是与马克思主义经典作家关于文艺问题相关论述发生直接的对立,中国的马克思主义学者多倾向于选择一种能够包容矛盾双方,或使矛盾得以调和的解决方案。而他们在政治与审美问题上的折中态度,完全可以拿到这一传统哲学背景中加以理解。

第六章　文学主体性问题及其历史渊源

一　胡风及其文艺观

在讨论20世纪中国马克思主义文论发展史时，胡风是一个无论如何也无法绕开的人物。胡风的文论思想，不仅是一个巨大的存在，而且独具特色。但是，作为党外人士的胡风，他本人及其文艺思想在形成的过程中越来越远离中国左翼文艺主流，在1940年代就受到批判。中华人民共和国成立后，对胡风的批判一次又一次升级，最后他本人被错误地打成"反革命集团"的首犯蒙受了冤狱，其文艺理论也作为反动文艺思想被彻底否定。"文化大革命"结束后，虽然胡风本人被平反，其文艺理论也不再成为禁区，甚至在有些时期还成为学术研究的热点，但仍然有较大的争议。①

---

① 1979年年初，在"拨乱反正"中，胡风被四川省公安厅释放出狱；1980年获得"平反"并被安排工作（文化部顾问），开始公开参加活动；1988年，中共中央办公厅下发文件，对1980年为胡风第一次平反时所留下的"尾巴"进一步平反，否定了第一次平反时保留的"胡风的文艺思想的主张有许多是错误的，是资产阶级、小资产阶级的个人主义和唯心主义世界观的表现"这一说法，认为"对于胡风同志的文艺思想和主张，应按照宪法关于学术自由、批评自由的规定和党的'百花齐放，百家争鸣'的方针，由文艺界和广大读者通过科学的正常的文艺批评和讨论，求得正确的解决，不必在中央文件中作出决断"。

中华传统文化与马克思主义文论中国化

胡风出生于1902年,与同时代许多倾向进步的人士一样,其青少年时期的履历基本上是在求学与参与各种政治活动之间不断转换的。家境比较贫寒的胡风入蒙学时已经10岁,接受了6年的旧式教育,1918年考上官立高等小学,离开家乡。之后,胡风开始受到当时各种新潮思想的巨大影响,在辗转求学的过程中,一方面尝试新文学与时评的写作,一方面开始主动介入一些政治活动,是五卅运动、北伐战争等历史事件的直接参与者与亲历者。这个时期,胡风不仅倾向进步,而且与中国共产党的一些人物与组织有过密切的接触,并于1923年加入中国社会主义青年团。1925年,胡风考入北京大学预科,并于同年转入清华大学英文系,但不等完成学业,便回家乡参加了革命。"大革命"失败后,1929年胡风赴日本留学,其间与日本左翼文艺组织、日本共产党多有接触,并加入日本共产党,同时成为中国左翼作家联盟东京支部成员。1933年6月,胡风因参与政治活动被日本当局驱逐回国,落脚上海,受周扬和鲁迅的邀请,担任"左联"宣传部部长,并于同年接替茅盾担任"左联"书记,从而成为中国左翼文艺战线的一位领导人和十分活跃的理论家。

胡风回到上海后,被中共中央"特科"指定为党与鲁迅之间的联络人,同鲁迅的交往逐渐加深,并得到鲁迅的高度信任。由于"左联"后期以周扬为首的"左联"党组织与鲁迅之间的联系出现困难,以至于出现罅隙与误会,周扬等人怀疑胡风从中作梗,从而对胡风产生了不满。"左联"时期,胡风与周扬之间曾就文学典型问题以及"国防文学"与"民族革命战争的大众文学"两个口号的问题发生过论争。如果说典型问题的论争尚属学术论争的范畴的话,那么之后发生的"两个口号"的论争,参加的各方则有许多政治的考量,其间还夹杂着人身的攻击,从而导致了中国左翼文学内部的分裂。特别是胡风与周扬两人之间,从此不仅在文艺主张上差异越来越大,而且个人之间的关系也越来

第六章　文学主体性问题及其历史渊源

越紧张。

"左联"解散后,周扬到达延安,逐渐成为延安文艺工作的组织者与领导者,并在《在延安文艺座谈会上的讲话》发表之后,成为毛泽东文艺思想的最为权威的阐释者。胡风则在上海沦陷之后,辗转武汉,最后到达重庆。全面抗战爆发后,胡风主持创办了进步文学期刊《七月》,之后几年时间里,以这个期刊为轴心,形成了一个类似于文学社团的团体"七月派",作为在中国共产党领导下的左翼文艺阵营中一支重要的理论与创作力量,活跃在国民党统治区文坛上。以胡风为核心的"七月派"群体,与延安文艺群体虽然在认同中共的政治路线,与国民党势力进行斗争方面,立场高度一致,但在文艺观念方面却存在着明显的分歧。

虽然从1930年代中期以后,胡风与以延安为中心的左翼文艺主流之间的分歧逐渐加大,期间也有人批评胡风是"自命为'马列主义者',可是无论在理论观点和态度上,都远离乃至背叛了马列主义和毛泽东文艺思想的原则",把以"主观论"为代表的胡风的文艺观定性为"小资产阶级的文艺理论",[1] 但这只是左翼内部一些理论家以个人身份发表的观点。在更多人看来,这种分歧只是左翼文艺思想内部的分歧。胡风马克思主义文论家的身份,实际上是在1950年代对胡风文艺思想的批判逐渐升级之后,才被正式剥夺。而随着1988年胡风的"彻底平反",其马克思主义文论家的身份又得以恢复。胡风的以"主观战斗精神"为标志的文艺理论,遂被看作是中国现代革命文学现实主义两个流派中的一派,或者是马克思主义文艺思想在中国发展的两个流派中的一派,是"和延安文艺所代表的革命现实主义相区别的另一种革命现实主义理论"。[2] 有人甚至认为,"胡风的现实主义文学理论

---

[1] 邵荃麟:《论批评·编后》,《大众文艺丛刊》第4辑,文艺出版社1948年版。
[2] 支克坚:《胡风与中国现代文艺主潮》,《文学评论》1988年第5期。

中华传统文化与马克思主义文论中国化

就其理论实质而言,达到了中国的马克思主义现实主义所能达到的最高水平"。①

1990年代以来,在有了较为合适的"时间距离"之后,许多学者得以比较客观地看待胡风的文艺思想及其与中国20世纪马克思主义文艺理论发展之间的关联。有人认识到,"胡风等人的'主观论',是在马克思主义的立场与框架内提出自己的主张的,是立足于中国左翼文艺传统的,这种马克思主义的'中国化'和毛泽东1939年以来提倡的马克思主义的'中国化'并不完全一致,这也说明中国的马克思主义(也就是马克思主义的中国化)在走向'毛泽东思想'的过程中是有很多支流的,这是一个不断探索的过程"。②

在中国20世纪马克思主义文论家中,胡风的文艺思想自成体系,特色鲜明,而且一以贯之。其最重要的一个标志,就是对文学主体性的张扬。从1930年代到1950年代,胡风一直都把文学上的"主观公式主义"和"客观主义"作为自己反对的目标。而在胡风看来,"主观公式主义"和"客观主义"产生的原因,正是主体精神的萎靡不振以及外在力量对主体精神的压抑。

1934年,刚进入国内文坛不久的胡风,发表了《张天翼论》这篇评论文章。在这篇文章中,胡风反对客观主义的立场已经基本成型。他认为,"素朴的唯物主义",是张天翼创作的最大特色。在肯定张天翼的创作成绩的同时,胡风也提出了善意的批评,认为作家因为站得离生活太远,因而无法表达出对生活的切身感受。这导致在他的作品里,人物形象十分模糊,"没有个别的面貌,不能使读者得到个别的实感",影响了其作品的艺术效

---

① 陈思和:《胡风对现实主义理论建设的贡献》,《海南师范学院学报》1997年第2期。
② 黄晓武:《马克思主义与主体性——抗战时期胡风的〈主观论〉研究》,中央编译出版社2012年版,第3页。

第六章 文学主体性问题及其历史渊源

果。与此同时，读者感受到的也只是作者对生活的冷漠："似乎他把一个作者对于他的人物应有的情绪的感应也完全否认了，就是描写作者应该用自己的情绪去温暖的场面，他也是漠然不动的。"①

在这篇文章的结尾，胡风也从正面提出了自己的主张，认为"艺术家不仅是使人看到那些东西，他还得使人怎样的去感受那些东西。他不能仅仅靠着一个固定的观念，须要在流动的生活里面找出温暖，发现出新的萌芽，由这来孕育他肯定生活的心，用这样的心来体认世界"。②

1936年，胡风在《M. 高尔基断片》一文中，借对高尔基文艺思想的阐释，提出了他对"社会主义现实主义"的理解。在他看来，"社会主义现实主义"的实现首先需要摆脱文学创作上的"公式主义"与"客观主义"："如果我们的文学多多少少离开了公式主义（标语口号主义）和自然主义（客观主义）的圈子，在萌芽的状态上现出了社会主义现实主义的胜利，那么，我们就不能不在极少数的伟大的教师里面特别的记起敬爱的高尔基来。"③

到了全面抗战时期，对"主观公式主义"和"客观主义"的批判，已经成为胡风表达自己文学立场的主要依托之一。胡风认为，受爱国精神的鼓舞，全面抗战初期的中国文学，尤其是诗坛，曾经呈现出热情奔放的气氛，表现出蓬勃的生气。但是，随着抗战进入胶着状态，人们最初的热情已经逐渐消失，尤其是在大后方的知识分子，越来越沉溺于平庸的日常生活之中，随波逐流，失去了生活的理想与抗战的斗志。知识分子的这种精神状态，体现在文学中，便导致了创作中很严重的主观公式主义倾向与客观主义倾向。在主观公式主义的作品中，诗人的语言看似热

---

① 《胡风全集》第2卷，湖北人民出版社1999年版，第38页。
② 《胡风全集》第2卷，湖北人民出版社1999年版，第56—57页。
③ 《胡风全集》第2卷，湖北人民出版社1999年版，第356页。

烈悲壮，但实际上却是空洞的字眼的堆砌，是"依据一种理念去造出内容或主题"，① 人们根本无法在作品中体会到作者的真实的情感，无法被这样的诗句温暖与打动。而客观主义的表现，则是在作品中对琐碎的生活本身进行自然主义的描写，在这样的作品中仍然无法感受到作者的热情的存在。②

在接下来的十多年里，胡风不断地重复反对"公式主义"和"客观主义"的态度，而且不断地根据形势的发展，对这两种文学偏向进行新的阐释，其基本的文学立场是一贯的，但针对的问题却有所变化。在《民族战争与文艺性格》这篇文章中，胡风认为"主观公式主义"不仅包括那些空有一些看似激昂的字眼，却缺乏真正的生活体验的创作，还包括那种"架空地去迎接政治任务"，让文学作品成为政治观念与政策的图解的倾向。③ 在《置身在为民主的斗争里面》这篇文章中，他对把真理、理性、理论当成外在于创作主体的教条，而不能够把它们融进作家生命的倾向进行批判，这种倾向有许多地方也被胡风视为主观公式主义的重要表现。而对于客观主义倾向，他最初在《张天翼论》这篇文章中是把它与自然主义相提并论的，或者说他所说的客观主义主要指涉的是五四以来的自然主义文学主张。然而，到了1940年代，他却明确地把自然主义与客观主义进行了区分，指出虽然在创作方法上客观主义和自然主义有相似之处，但由于客观主义自以为是站在历史唯物主义的立场上面，肯定而且反映历史现实的必然规律，因此更容易迷惑人。实际上，客观主义缺乏自然主义（旧现实主义）那种"抱着强烈的思想要求，通过那要求向现实对象艰苦搏斗的创作实践的斗争"。④ 这样一来，胡风便使自己的反客

---

① 《胡风全集》第3卷，湖北人民出版社1999年版，第11页。
② 《胡风全集》第2卷，湖北人民出版社1999年版，第348页。
③ 《胡风全集》第2卷，湖北人民出版社1999年版，第576页。
④ 《胡风全集》第3卷，湖北人民出版社1999年版，第505页。

第六章 文学主体性问题及其历史渊源

观主义主张具有了更强的现实针对性。

在写于1948年，有很强的自我总结、自我辩护意味的《论现实主义的路》这篇长文中，他说："'公式主义'与'客观主义'可能同时存在于同一个作家的同一部作品之中，"有时主观公式主义完全通过'客观的'描写，用'技巧'和'材料'去演绎'思想'，有时客观主义在人物身上贴上一些思想标志在后面栽上一条光明的尾巴，靠它表明'思想'立场等等。"① 他明确地把"公式主义"与"客观主义"界定为反现实主义的文学思潮，从而强调了自己的文艺理论是以现实主义为诉求，同时也以现实主义为理论框架。

到了1940年代中期，胡风的文艺思想中哲学思辨的成分更为浓厚，强调主体性的色彩也更加突出。他在自己的文艺理论中引入了"感性对象"这一概念，指出文艺创作是"从对于血肉的现实人生的搏斗开始的"，这血肉的现实人生，就是"感性的对象"。而在文艺创作过程中，创作主体与感性对象是相互作用的，从反映的角度看，它是体现这一感性对象的"摄取过程"；从主体的角度看，它是克服对象的"批判过程"。它"一方面要求主观力量的坚强，坚强到能够和血肉的对象搏斗，能够对血肉的对象进行批判"，"另一方面要求作家向感性的对象深入，深入到和对象的感性表现结为一体，不致自得其乐地离开对象飞去或不关痛痒地站在对象身旁"。②

胡风这里描述的主体与感性对象之间相互搏斗，主体在"突入"对象的过程中克服对象，同时也摄取对象，改变自身的创作过程，其实与马克思主义经典作家对实践主体的生成、自然的人化与人化的自然、主客体的辩证法等理论命题的阐述之间，是有内在联系的。而其不断重复的"血肉""搏斗""精神创伤""奴

---

① 《胡风全集》第3卷，湖北人民出版社1999年版，第502页。
② 《胡风全集》第3卷，湖北人民出版社1999年版，第187页。

役"等隐喻性表达,则显然具有强烈的鲁迅语言的风格,而且与鲁迅主张的"韧的战斗""国民性批判"等在精神指向上也是一致的。

在胡风的文艺思想中,对主体性的强调这一特征十分明显。在后人对胡风的文艺理论进行总结时,"主观战斗精神"则成为一个专属的标签。胡风文艺理论所强调的主体性包含两个方面,一方面是对作品中的人物主体性的强调,即把人作为有血有肉,有感情有追求,能爱能恨的活生生的生命进行表现。有人因此称胡风的文艺理论为人道主义的现实主义。一方面是对作家主体性的强调,强调在创作过程中作家的主导性与能动性,强调作家必须以极大的热情与勇气去面对感性对象,在与对象的斗争中把握对象,也完成自身。文学表现对象的主体性与作家的主体性两者之间尽管有区别,但也具有很强的关联性。

作为一个在现实主义传统中思考问题的理论家,胡风反对文学创作中的客观主义倾向,却并不因此让作家完全回到自己的主观世界当中,而是强调作家所描写的对象是感性的对象,作家应当进入感性对象的精神世界,才能够真实地对它加以呈现。在谈到抗战文艺时,胡风强调,战争中的人们都是一种有血有肉的存在,"虽然要被'科学'武装他们的精神,但决不会被'科学'杀死他们的精神,而且要被'民众革命战争的感情'所培养,所充实,提高到更高的境界"。因此,作为作家,就应该"在'个人的'情绪里面感受他们的感受,和他们一道苦恼、仇恨、兴奋、希望、感激、高歌、流泪"。① 在另一个地方,胡风强调现实主义作家的文学世界不应该是历史事变的表面的记录,而是应当揭示"历史事变下面的精神世界的汹涌的波澜和它们的来根去向","那些火辣辣的心灵在历史运命这个无情的审判者面前的搏

---

① 《胡风全集》第2卷,湖北人民出版社1999年版,第616页。

第六章　文学主体性问题及其历史渊源

斗的经验"。①

　　精神奴役的创伤,是胡风在其创作论中经常使用的一个概念,它用以指涉长达几千年的封建社会及其文化在每个当代中华民族个体心灵深处留下的阴影。而且,这种阴影在底层民众心灵深处有更多的表现。因此,胡风特别强调,知识分子作家在表现中国广大的底层民众时,不仅要看到他们善良、优美、坚强、健康的一面,同时也要看到他们精神深处"潜伏着、扩展着几千年的精神奴役的创伤"。作为一个作家,要能够在表面的生活之下,看到这精神奴役的创伤"当'潜在着'的时候,是怎样一种禁锢、玩弄、麻痹、甚至闷死千千万万的生灵的力量,当'拓展'着,特别是在进入了实践过程的成员身上拓展着的时候,会成为一种怎样的虐杀千万生灵的可怕的力量"。他批评一些知识分子"大都在'优美的'主观憧憬里面去设定人民的面貌以及自己和人民的关系","不愿甚至没有想到在带着精神奴役的创伤的人民里面去担受那带着血痕和泪痕的人生"。② 胡风所倡导的现实主义的深度,在很大程度上就是通过这些论述表现出来的。

　　另一方面,也是更加重要的方面,是胡风对作家主体性的强调。

　　在20世纪三四十年代,中国马克思主义文论视域中的现实主义文艺理论对现实与理想的关系、文学与生活的关系、理论与创作的关系等问题都十分关注。社会主义现实主义理论的引进,使得现实主义与革命浪漫主义结合,成为在理想与现实关系问题上的主导性立场。在文学与现实生活之间的关系问题上,《在延安文艺座谈会上的讲话》指出,社会生活是文学艺术的唯一源泉,从而为现实主义作家走向现实生活,向生活学习提供了理论依据。与此同时,在中国左翼文艺的历史上,一直都强调正确的世

---

① 《胡风全集》第2卷,湖北人民出版社1999年版,第677页。
② 《胡风全集》第3卷,湖北人民出版社1999年版,第555—557页。

界观对于文学创作的指导作用，强调文学作品透过生活表象对规律与真理的揭示。

作为一个中国的马克思主义文艺理论家，在理想与现实的关系问题上，胡风的立场与周扬等人实际上并没有大的差异，对于"现实主义与革命浪漫主义相结合"这一创作原则，胡风是认同的。只是胡风很少把它当成一种文学风格看待，而是把它纳入了自己的主体性文艺理论框架之中。他说："我认为一个取得了艺术力与思想力的高度的统一的人物，有现实的一面，也有非现实的一面。"他在谈论这一问题时，强调作家的主观能动性的发挥，是文学中的理想得以表达的前提。他说："为什么又含有非现实的一面呢？因为它是通过作家的主观能动作用的、现实的反映。""为什么作家能够走在时代前面，成为时代的预言者，从这里也可以取得理解。为什么我们所要求的现实主义必得把革命的浪漫主义作为它的本质的内容之一，从这里也可以取得理解。"①

在后两个问题上，胡风既不可能否定现实生活是文学创作的唯一源泉这一原则，也没有否定世界观、文学观对于文学创作的指导作用。但是，他却认为中国的左翼文学在对这两个现实主义的原则不加分析地机械运用时，出现了很大的问题：对第一个原则的庸俗的理解，导致了客观主义的偏颇，而对第二个原则的不恰当的运用，则导致了公式主义（教条主义）的泛滥。究其原因，正是在对这两个现实主义的原则进行领会时，忽视了作家的主体性。因此，在谈论文学与社会生活的关系、文学与意识形态的关系时，引入创作主体，强调创作主体的中介作用，是胡风文艺理论的基本思路。

1944年，在自己主编的《希望》杂志上，胡风发表《置身在为民主的斗争里面》一文，对这些问题进行了集中的思考。谈

---

① 《胡风全集》第3卷，湖北人民出版社1999年版，第633页。

第六章　文学主体性问题及其历史渊源

到作家与生活的关系，胡风有这样一段的表述：

> 在对于血肉的现实人生的搏斗里面，被体现者被克服者既然是活的感性的存在，那体现者克服者的作家本人的思维活动就不能够超脱感性的机能。从这里看，对于对象的体现过程或克服过程，在作为主体的作家这一面同时也就是不断的自我扩张过程，不断的自我斗争过程。在体现过程或克服过程里面，对象的生命被作家的精神世界所拥入，使作家扩张了自己；但这"拥入"的当中，作家的主观一定要主动地表现出或迎合或选择或抵抗的作用，而对象也要主动地用它的真实性来促成、修改、甚至推翻作家的或迎合或选择或抵抗的作用，这就引起了深刻的自我斗争。经过了这样的自我斗争，作家才能够在历史的要求的真实性上得到自我扩张，这才是艺术创造的源泉。①

在这里，胡风强调既然被反映的生活本身是活的感性的存在，那么反映者本人也必须是活的感性的存在。对于对象的认识、反映的过程，必须同时也是主体自我扩张、自我斗争的过程，一个对外在世界主动地迎合、选择、抵抗的过程，而不是一种静观的过程，一个不动声色地再现的过程。在其中，主体的主观能动性、内在的感性力量应该发挥着至关重要的作用。

在谈到创作与理论之间的关系时，胡风讲了这样一段话：

> 对于作家，思想立场不能停止在逻辑上面，非得化合为实践的生活意志不可。如果说，真理是活的现实内容的反映，如果说，把握真理要通过能动的主观作用，那么，只有

---

① 《胡风全集》第3卷，湖北人民出版社1999年版，第188—189页。

从对于血肉的现实人生的搏斗开始，在文艺创作里面才有可能得到创造力的充沛和思想力的坚强。①

实际上，在论述到这一问题时，胡风并没有否定理论的指导作用，但是却强调理论必须化作作家的要求与愿望，变成作家自己的血肉的欲求，与作家的感性生命融为一体，而不能够外在于作家的感性生命。只有这样，理论才能够成为创造的力量。他认为，作家如果真正"懂得"了理论，那他在创造过程中就会完全忘记了理论，或者说，在创造过程中，理论已经失去了作为理论的形态，变成了作家的思想要求，"思想愿望，他用着要求这愿望的力量向赤裸裸的现实人生搏斗"。②

严家炎在后来对胡风的文艺理论进行评价时，曾经把胡风的文艺理论称为"体验的现实主义"，并指出，"在历来的文学理论家中，还没有哪一个人像胡风这样把作家主观作用强调到如此突出的程度"。③

在中国马克思主义文论发展史上，胡风是中国化的一个突出代表，其文学理论产生的原因，是值得深究的。

二　胡风现实主义文艺理论中的传统因素

"现实主义"理论，包括"Realism"这个概念，都是近代以来从国外传进来的。不少学者在使用这一概念时，往往不加分析地把中国文学"史传传统"所倡导的"实录"精神与西方文学写实传统所追求的"真实性"相比附，以"现实主义"命名中国古典文学中的作家与作品。实际上，中国的"史传传统"与西方文

---

① 《胡风全集》第3卷，湖北人民出版社1999年版，第187页。
② 《胡风全集》第3卷，湖北人民出版社1999年版，第207页。
③ 严家炎：《教训：学术领域应该"费厄波赖"》，《文学评论》1988年第5期。

第六章　文学主体性问题及其历史渊源

学的写实传统在起源语境与理论旨趣上存在很大差异。这种差异不仅表现在受史学"实录"原则影响，中国古代文论所谈论的真实，指的往往是所记之人与所叙之事在历史上曾经存在，而西方文学追求的真实性，则是历史现象背后的本质与必然。而且，在如何才能达到各自所设定的真实性这一目标的路径上，双方的认识也存在很大差异：如何透过事物的表象去发现隐藏在背后的本质，并通过文学形象加以再现，是西方写实传统关注的重点，而深受史学理论影响的中国叙事传统，则把保障文学真实的重点放在了对作家的伦理道德与人格要求上。中国的史学理论一直强调，保证历史书写真实性的关键，是史家的表达是否真诚，以及在面对外在的压力时，史家有没有通过自己的作品说出历史真相的勇气，这一伦理学视角与从认识论出发形成的西方现实主义理论大异其趣。①

在五四新文学发端的时候，从西方引进的文学观念包含两种，一种是现实主义文学观，一种是个性主义文学观。在西方的文学观念体系中，这两种文学观一强调文学的客观性，其哲学基础是西方的本质论哲学观以及近代以来的科学实证主义哲学观；一强调文学的主观性，其哲学基础是康德的主体性哲学以及19世纪后期形成的现代主义哲学。胡风以主体性为核心建构起来的文艺理论，却与这两种思潮都存在差异。

首先，虽然都强调文学的主体性，但五四文学对主体性的强调，是以个体自由、个性解放为目的的，着眼的是作为个体自我实现、自我发展的权利，而胡风在强调文学主体性时，就创作主体一方面而言，谈论最多的却是作家应该对社会承担的义务。胡风之所以反对文学上的客观主义，不是因为这种文学主张借外在

---

① 参见泓峻《文学叙事通向历史的两条不同路径——论中国文学"史传传统"与西方写实传统起源语境与理论旨趣的差异》，《烟台大学学报》（哲学社会科学版）2014年第1期。

的客观规律压抑了人的个性，限制了人的自由，而是因为这种文学主张把作家变成了对生活冷漠的旁观者，使作家失去了对生活的体验能力，进而也失去了对生活爱憎的态度，表现在其作品中的现实生活也是干瘪的、缺乏生气的，因而也就是不真实的。他所说的主观战斗精神，就是要调动起创作主体的全部感性能力，通过艰苦的精神斗争，与感性对象融为一体，进而把现实生活的丰富性、鲜活性表现出来。实际上，胡风是认同作家应当走进人民，深入生活的。在他那里，作为创作主体的"我"并非是只关注个人内心感觉的"小我"，而是与民族的命运、与人民的利益融为一体的"大我"，只不过他认为作家要深入生活，与人民结合，应当有一个"伦理学上（战斗道德上）的反客观主义，才能够杜绝艺术创造上的客观主义的根源"。① 这使得胡风文艺理论中的创作主体，与中国史传文学传统中的伦理学意义上的主体有很多接近的地方。

而胡风所倡导的"体验的现实主义"，与西方的现实主义精神之间，更是存在着巨大的差异。他把"客观主义"作为现实主义文学的对立面，就其在纠正左翼文学的不良创作倾向上所起的作用而言，有一定的积极意义。但是，追求客观性，即要求作家在反映现实时抱持一种客观的态度，不让自己的主观好恶、道德立场过多地介入文学叙事当中，尽量展现生活的原貌，的确是西方现实主义文艺理论，包括马克思、恩格斯的现实主义文艺理论中最核心的内容，同时也是其他各种现实主义理论都不会去明确反对的立场。"不动声色"地客观展示，甚至被西方的现实主义文艺理论设定为一种很高的艺术境界。就西方19世纪批判现实主义文学而言，许多作品也会体现出人本主义的立场，甚至有鲜明的道德判断、深厚的人情味，但很少有人在提出这些主张时，

---

① 《胡风全集》第3卷，湖北人民出版社1999年版，第189页。

第六章　文学主体性问题及其历史渊源

把它与客观性原则对立起来。五四现实主义，无论是在"自然主义"名义下谈论的现实主义，还是在"为人生"的名义下谈论的现实主义，也都没有把客观性当成自己的对立面。

胡风对"客观主义"的批判，实际上是担心作家以过于冷静、过于理智的态度对待生活时，失去对生活的热情，失去对生活进行道德判断的能力，同时也失去融入生活、改造生活的动力，变成生活的冷漠的旁观者。这种创作主体，与中国"史传传统"中设定的创作主体更为接近。

胡风坚决反对作家以超然的、静观的态度去面对生活。在他看来，"作者的心灵，恬静安泰"，"能够处处调和冲突，使人们的心灵到安稳的境界"，"完全是客观的描写，丝毫不夹杂作者自己的感情"等说法，"看起来好像是超凡入圣之极，但其实不过是使文学脱离现实的战斗任务和活人的战斗要求，表面上虽然把作家高举到超然于万物之上，骨子里却只是为了使作家留声机似地做个观念的奴才"。① 以这种静观的、超然的态度面对生活，"诗人或艺术家就成了没有一点人性的存在，人间的'美丑悲欢'，在他的'巨眼'里面不过是可以'同供玩赏'的刍狗"。"'万物皆自得'的万物推衍到现实的人生，诗人或艺术家不但不必参加为民族解放、人类幸福的战斗，不必为理想而生活，而献身，而且也不应该感同身受地经验万人的也就是时代的烦恼、痛苦、愤怒、希望和喜欢。他只应'风帆自动而此心不为之动'地坐在他的方舟甲板上面，'冷静超脱'地'玩赏'众生的死灰和世界的沉沦。"②

而当胡风从正面论述他理想的文学创作主体时，他对创作主体的道德、意志、真诚等方面提出了许许多多的要求，把这些主观条件作为实现他设定的现实主义文学的前提，无论就其思路而

---

① 《胡风全集》第3卷，湖北人民出版社1999年版，第34页。
② 《胡风全集》第3卷，湖北人民出版社1999年版，第27页。

言，还是就其具体内容而言，与中国史传文学传统之间的确有更多的共同之处。

1944年元旦，胡风应《时事新报》之邀写下《现实主义在今天》这篇文章，借题鲁迅"我的题材，多采自病态社会的不幸的人们，意思是在揭出病苦，引起疗救的注意"这句话，发挥道：

> "为人生"，一方面须得有"为"人生的真诚的心愿，另一方面须得有对于被"为"的人生的深刻的认识。所"采"者，所"揭发"者，须得是人生的真实，那"采"者"揭发"者本人就要有痛痒相关地感受得到"病态"社会的"病态"和"不幸的人们"的"不幸"的胸怀。这种主观精神和客观精神的结合或融合，就产生了新文艺的战斗的生命，我们把那叫做现实主义。①

这是胡风少有的一次直接对现实主义做出的明确的定义。很明显，胡风的"现实主义"像中国的文学传统一样，着眼于主体的真诚去追求真实性的目标，认为作家对社会的病态与人们的不幸感同身受的主观情怀，是抵达人生真实的前提条件。这一方面使胡风的文艺理论与五四时期的浪漫主义与后来的"革命浪漫主义"区别了开来，具有现实主义文艺理论的内在精神；另一方面，也把他的现实主义与后来的"新写实主义""社会主义现实主义"区别了开来，深深地打上了"主观战斗精神"的印记。

在另外一些地方，胡风也不断地对创作主体提出要求。他认为文艺家的人格力量与战斗要求是"和文艺发展生死攸关"的主要问题，强调"文艺作品要反映一代的心理动态，创作活动是一

---

① 《胡风全集》第3卷，湖北人民出版社1999年版，第27页。

第六章　文学主体性问题及其历史渊源

个艰苦的精神过程；要达到这个境地，文艺家就非有不但能够发现、分析，而且还能够拥抱、保卫这一代的精神要求的人格力量或战斗要求不可"。在这里，他除了之前一直都在讲的"战斗要求"外，还提出了作家的人格力量的问题，这也是中国古代文艺理论关注的一个核心问题。而且，接下来，胡风不但提出"在这个混乱的时期，就文艺家自己说，要克服人格力量或战斗要求的脆弱或衰败"，另一方面，还呼吁整个社会"要抵抗对于文艺家人格力量或战斗要求的蔑视或摧残"。①

中国古典文艺理论不仅要求作家知言养气，成为一个高尚的道德主体，而且特别强调作家在逆境中对信念的坚守，以及"虽九死而不悔"的韧性，认为逆境能够促使伟大作品的产生。司马迁所说的"文王拘而演《周易》；仲尼厄而作《春秋》；屈原放逐，乃赋《离骚》；左丘失明，厥有《国语》"，以及俗语所说的"文章憎命达，魑魅喜人过"，都在强调这个观点。而胡风关于作家人格与主观精神的一个重要规定，就是对苦难的承受能力，以及在艰难困苦中坚持理想的信念。他说："就文艺家个人说，无论怎样困苦，都不应把责任推给艰难的处境，不少伟大的作家正是在贫困里面，在被磨折被非难里面屹立、追求、奋斗、胜利的，今天的中国文艺家也有不少正在贫困、昏暗的生活里面用纯真而坚韧的热情开辟着道路。"②

理解了中国古典文艺思想中从作家主体人格要求出发追求历史真相的呈现的传统，也就更容易理解为什么中国的作家与理论家们在接受马克思、恩格斯的文艺通信时，特别容易对恩格斯《致玛·哈克奈斯》的信中提出的"真正艺术家的勇气""现实主义的胜利"这些命题产生共鸣。在中国的理论家看来，前者赞扬了艺术家为了真实而敢于同世俗偏见对抗的态度；后者则强调

---

① 《胡风全集》第3卷，湖北人民出版社1999年版，第81页。
② 《胡风全集》第3卷，湖北人民出版社1999年版，第183页。

了作家为贯彻现实主义的真实性原则而必须同自己的阶级偏见作战，这与中国传统文艺理论的兴趣点十分接近。因此，这种思想一进入中国，就引起了包括瞿秋白、冯雪峰、周扬等人的极大关注，并被大量用于文艺批评实践当中，内化为许多理论家的文论立场。

胡风是对这一思想接受最快、谈论最多、阐释最为深入的中国马克思主义文艺理论家之一。这也是胡风的以强调主观战斗精神为特征的现实主义文艺理论在1940年代产生深远影响的深层原因。胡风强调，社会事物的表现是错综复杂的，要清楚认识其本质十分困难，"那昨天性的诸因素是既成势力，精明老练，善于逃匿，善于反扑，善于作态，善于化装，明天性的诸因素是初生的，或者藏头遮面，或者东躲西逃"，因此，对真相的发现，需要"作家在实践中间死命地追寻并发动自身里面那个向往明天的诸因素的主观精神要求（同时也是抵抗并压下昨天性的诸因素的要求）去把握对象，征服对象，在对象里面猎人似地去追索那昨天性的诸因素，爱人似地去热恋那明天性的诸因素"。"对于昨天的因素，他痛恨、他鞭打、他痛哭，他甚至不惜用流血手段；对于明天性的因素，他热爱、他赞颂、他歌唱，他甚至沉醉地愿意为他去死。"① 在这里，强调认识对象的复杂性与认识过程的艰难，是符合马克思、恩格斯倡导的现实主义文学精神的，而把认识论问题的重点转向认识主体，强调以"主观战斗精神"去达到对于对象的认识，尤其是强调创作主体的人格力量的重要性，强调创作主体对苦难的承受能力，对新事物狂热拥抱的态度，则属于胡风的现实主义理论特有的东西。这些内容与中国传统文艺理论从创作主体着眼这一角度相合，但却超出了恩格斯关于"真正艺术家的勇气"的论述的范围。对于恩格斯而言，作家的勇气指

---

① 《胡风全集》第3卷，湖北人民出版社1999年版，第561页。

的是放弃自己的主观偏见,承认客观事实与社会发展规律的勇气,最终是一种认识论的态度问题,而不是一个伦理学的问题。胡风实际上把中国传统文论中对创作主体道德人格的强调,对文学家道义担当精神的强调全都融入了其马克思主义文论当中。

总起来讲,胡风文艺理论中那以"主观战斗精神"切入存在深层的认识主体,既有着鲁迅那样孤独的五四启蒙者的影子,也有着司马迁那样忧愤的古代士大夫的影子,而"昨天性""今天性"这些概念的使用,则表明了他的现实主义概念试图与强调新旧现实主义区别的"社会主义现实主义"这一概念相调和。因此,对于胡风的现实主义文艺理论,你可以说它是对建立在历史唯物论基础上的经典马克思主义文论的偏离,同时也可以说它是将马克思主义文艺理论"中国化"的一次可贵的尝试,这取决于评论者把维护马克思主义文艺理论的纯洁性作为目标,还是把马克思主义文论在传播过程中对中国自身传统文化的借鉴与吸收也视为一种发展。但胡风文艺理论与中国传统文学观念在精神层面的关联性,则是一个值得重视的事实。

三 胡风对 1980 年代文学主体性理论建构的影响

1980 年代围绕文学主体性问题进行的理论建构,与新时期反思"文化大革命"、提倡思想解放的时代大背景有关。它与以"朦胧诗""意识流小说"为代表的文学创作实践一起,成为当代文学对中国改革开放初期时代精神的一种积极回应。

就 20 世纪中国文论发展史而言,新时期对文学主体性问题的关注,以及围绕文学主体性问题进行的理论建构,是一个极其重要的事件:它在 1980 年前后发动,在 1985 年开始的文学主体性论争中达到高潮,至 1987 年文学主体性论争渐趋沉寂,前后持续了七八年时间。文学主体性理论建构对中国当代文论的影响十分深远。尽管接下来兴起的形式主义思潮使得文论界对文学主体性的浪漫想象有所降温，但在之后提出的"审美意识形态论"里，以及20世纪末发生的"人文精神大讨论"中，人们都能感受到其余响。

从文艺理论的发展逻辑来看，文学主体性问题的提出与人们对"文化大革命"中出现的一些错误文学观念的反思有关。在当时的学者看来，"文化大革命"时期流行的一些文学观念在反"人性论"的口号下，使得"所有对象主体（人），都被规定为阶级的人"，"一切个性消融于阶级和阶级斗争之中"，"人在对象中丧失了自身，丧失了主体性地位"。[①] 而帮助人们进行反思并进行文学主体性建构的显在话语资源主要有以下三种。

其一，对1950年代中国文论界思考文学问题时曾经涉及的"人情""人性"等问题，特别是"文学是人学"这一命题的重提。1980年，曾经因为《论"文学是人学"》一文遭受严厉批判的钱谷融发表《〈论"文学是人学"〉一文的自我批判提纲》，该文重申：文学"离开了人性，不但很难引起人的兴趣，而且也是人所无法理解的"。[②] 1981年，《论"文学是人学"》由人民文学出版社重印，使得这篇24年前的文章成为改革开放后新时期文论思潮的一个重要组成部分。该文所强调的人是文学的目的，文学创作应当尊重人物的性格发展逻辑，是否具有"人道主义"情怀是判定文学作品价值的首要标准等观点，把中国现实主义文艺理论关注的重心由外在的社会历史层面引向了人本身。

其二，对马克思《1844年经济学哲学手稿》中"人道主义"

[①] 刘再复：《文学研究应以人为思维中心》，《文汇报·文艺百家》1985年第27期。

[②] 钱谷融：《〈论"文学是人学"〉一文的自我批判提纲》，《文艺研究》1980年第3期。

第六章 文学主体性问题及其历史渊源

思想的发掘。中国学者在 1930 年代就译介了《1844 年经济学哲学手稿》，1950 年代中国美学界关于美的本质大讨论中一些学者也援引了这篇文献。到了新时期，这篇文献再次受到重视：1979 年人民出版社出版了刘丕坤的新译本；随后，中共中央马克思恩格斯列宁斯大林著作编译局重译并将其收入《马克思恩格斯全集》第 42 卷，成为通用本；1980 年，朱光潜又根据德文原文摘译了其中部分章节发表在《美学》第 2 期上。1980 年代建构文学主体性理论时，这篇文献成为引用率极高的单篇文献，刘再复《论文学的主体性》一文对其原文段落的直接引用达到 4 次，另外还有一些化用其思路、借用其概念之处。

其三，李泽厚从哲学的层面对主体性问题的深入探讨。中国 1980 年代关于文学主体性的讨论以及围绕文学主体性进行的理论建构，深受新时期"美学热"的影响，而李泽厚的著作在"美学热"中占据了中心位置。1979 年李泽厚出版《批判哲学的批判——康德述评》一书，对"主体""主体性"等概念进行了讨论；1981 年发表的《康德哲学与建立主体性论纲》一文，更是专门讨论了主体性问题。在 1980 年代初"新启蒙"逐渐展开的背景下，这篇文章为当时的思想界重新思考人的价值问题提供了理论上的支撑，反响很大。1985 年，李泽厚又发表《关于主体性的补充说明》一文，进一步阐释了他关于主体性的理论见解。刘再复在后来的一篇文章中坦承，中国主体性问题是李泽厚首先提出来的，《康德哲学与建立主体性论纲》是他思考文学主体性问题的起点。[①]

然而，上述三个方面只是 1980 年代文学主体性理论建构的显性话语资源。除此之外，作为一些潜在话语资源，胡风的文艺理论也深深地介入其中，发挥了很大的作用。但是，由于胡风的文

---

① 刘再复：《用理性的眼光看世界》，《华文文学》2010 年第 5 期。

中华传统文化与马克思主义文论中国化

艺理论在1980年代前期中国学界还存在很大的合法性争议，如果仅从当时的文本出发，当今的学者很难感受到它们的存在。

1955年，胡风被定性为"胡风反革命集团案"首犯，投进监狱。从此以后，在相当长一段时间内，胡风文艺思想中一些标志性的概念与命题成为文艺界的禁区，人们对之讳莫如深，这种情况直至1988年胡风文艺思想正式平反前都没有彻底改观。然而在此期间，胡风文艺思想的潜在影响并没有完全消失。钱谷融在晚年的一篇回忆文章中曾经透露，1957年上海召开的一次针对《论"文学是人学"》的批判会上，有人曾直指其某些观点与胡风很相似，为了保护他，当时身为上海作协副主席的叶以群特意叮嘱各报记者不要将此话写进报道中。[①] 钱谷融的《论"文学是人学"》一文不可能把胡风引为同道，但说其中某些观点与胡风很相似，却并非没有道理。比如，该文对那些只着眼于所谓"整体的现实""生活的本质""生活发展的规律"，而把人仅仅当作借以反映上述内容的一种工具的观点提出了批评，让人很难不想起胡风反"客观主义"的立场，而其强调文学作品中的人应该成为"活生生的、有血有肉的、有着自己的真正的个性"的人，主张作者在描写人物时不能把他们当作图解现实的符号等，也容易让人联想到胡风对"主观公式主义"的批判。当1980年代初重印钱谷融的《论"文学是人学"》时，这些立场也被带到了新的历史语境中。

而刘再复在《文学评论》1985年第6期、1986年第1期连载的长文《论文学的主体性》，较之钱谷融的《论"文学是人学"》一文，与胡风的文艺思想相似、重合的地方更多。1948年，胡风曾写下一篇长文《论现实主义的路》，系统总结了自己的文艺理论，其核心部分从"感性对象的人"和"感性活动的

---

① 参见钱谷融《〈论"文学是人学"〉发表的前前后后》，载《论"文学是人学"——钱谷融文艺论文选》，山东文艺出版社2021年版，第71页。

第六章 文学主体性问题及其历史渊源

人"这两个概念入手,强调"人不单是客观的'感性对象',而且同时是主观的'感性的活动'"①,接着又讨论了创作的人(作家)和作为创作对象的人(形象)的问题。刘再复的《论文学的主体性》一文则开宗明义地讲"人既是主体,又是客体,人作为存在是客体,而人在实践中,在行动时则为主体"。② 以此为逻辑起点,刘再复讨论了文学主体性的三个重要方面:作为创作主体的作家、作为文学对象主体的人物形象、作为接受主体的读者和批评家。可以看出,尽管刘再复刻意回避了"主观"这个概念,但是除了受西方接受美学的影响提出接受主体的问题,以及在谈论作家的主体性时引入与"实践主体性"相对的"精神主体性"这一概念之外,其与胡风文艺理论的整体思路是一致的。

从细节来看,刘再复与胡风的许多文艺观点在理论旨趣上也具有一致性。比如,刘再复认为,文学艺术对生活的反映不应是直观的、机械的,而应当是充分能动的,并把这种反映称为"主体感应",强调作家在面对现实时,要有巨大的历史透视力和预见性:"他们尊重现实,但又不受现实的束缚,他们能充分地发现那些与现实不一致,但预示着将来的理想因素,发现各种美的萌芽。"③ 胡风则强调,社会事物的表现是错综复杂的,要认识清楚其本质同样需要一种历史的洞见:"那昨天性的诸因素是既成势力,精明老练,善于逃匿,善于反扑,善于作态,善于化装,而明天性的诸因素是初生的,或者藏头遮面,或者东躲西逃。"因此,对真相的发现,需要"作家在实践过程中间死命地追寻并发动自身里面那个向往明天性的诸因素的主观精神要求(同时也

---

① 胡风:《论现实主义的路》,载《胡风全集》第3卷,湖北人民出版社1999年版,第521页。
② 刘再复:《论文学的主体性》,载红旗杂志编辑部文艺组编《文学主体性论争集》,红旗出版社1986年版,第3页。
③ 刘再复:《论文学的主体性》,载红旗杂志编辑部文艺组编《文学主体性论争集》,红旗出版社1986年版,第27页。

是抵抗并压下昨天性的诸因素的要求）去把握对象，征服对象，在对象里面猎人似地去追索那昨天性的诸因素，爱人似地去热恋那明天性的诸因素"。①

再如，刘再复认为，"一个作家仅仅意识到自己必须反映现实，像一面镜子似地反映现实还是不够的，还应当以自己的精神主体为中介去感受现实，参与现实中各种人的情感经历，与笔下的人物共悲欢，共爱憎，去对客体进行审美的再创造"。② 他在归结文学对象主体性失落的原因时，把"用肤浅的外在冲突掩盖人物深邃的灵魂搏斗"③ 作为一个重要方面。胡风则把创作主体与感性对象之间的关系描述为主体在"突入"对象的过程中克服对象，同时也摄取对象并改变自身的过程，强调"作家不应只是空洞地狂叫，也不应作淡漠的细描，他得用坚实的爱憎真切地反映出蠢动着的生活形象"④。

又如，刘再复强调，"文学作为一种精神现象，是所有社会现象中最活泼的，带有极大的主体能动性，是作家艺术家的一种精神实践活动，也是充满着创造性的感情活动。因此，它又是作家艺术家精神和人格的表现。所有成功的文学作品，都渗透着作家主动的生命，热泪和血"。⑤ 他把作家描写为一个受难者的形象，认为"他的心灵必须与人民的心灵相通，他必须承担人间一切大苦恼，承担人类的一切罪恶"，"像蜗牛似地带着沉重的负担

---

① 胡风：《论现实主义的路》，载《胡风全集》第3卷，湖北人民出版社1999年版，第560—561页。
② 刘再复：《论文学的主体性》，载红旗杂志编辑部文艺组编《文学主体性论争集》，红旗出版社1986年版，第28—29页。
③ 刘再复：《论文学的主体性》，载红旗杂志编辑部文艺组编《文学主体性论争集》，红旗出版社1986年版，第14页。
④ 胡风：《论现实主义的路》，载《胡风全集》第3卷，湖北人民出版社1999年版，第480页。
⑤ 刘再复：《文学研究应该以人为思维中心》，《文汇报·文艺百家》1985年第27期。

第六章　文学主体性问题及其历史渊源

前行"。① 这与胡风所说的作家"从对于血肉的现实人生的搏斗开始的","在'个人的'情绪里面感受他们的感受,和他们一道苦恼、仇恨、兴奋、希望、感激、高歌、流泪"② 的"主观战斗精神"有许多一致之处。

在从否定方面进行论述时,刘再复对知识分子"进行残酷的自我抑制,无情地窒息精神上的自由意识和创新意识"③,秉持一种中庸哲学进行了批判。而胡风则认为,主体精神的萎靡不振以及外在力量对主体精神的压抑是全面抗战中期以后文学界存在的最大问题:受爱国精神的鼓舞,全面抗战初期的中国文学界尤其是诗坛,曾经呈现出热情奔放的气氛,表现出蓬勃的生气。但是,随着抗战进入胶着状态,人们最初的热情已经逐渐消失,尤其是在大后方的知识分子,越来越沉溺于平庸的日常生活之中,随波逐流,失去了生活的理想与抗战的斗志。

其实,二人上述理论思路与表述细节上的相近并非偶然。且不说他们都曾经深受鲁迅文学精神的影响因而有着共同的精神导师,即使在现实生活中他们也有着若隐若现的潜在联系。首先,刘再复在许多文章中声称,他上大学时的文学启蒙老师是厦门大学教授写作课的彭柏山,而彭柏山曾是中华人民共和国成立后中共上海市委首任宣传部部长,后受胡风案的牵连被发配青海,之后转至厦门大学任教;④ "文化大革命"结束后,刘再复与被释放的"胡风集团"核心成员之一聂绀弩成为邻居且交往颇深,直到

---

① 刘再复:《论文学的主体性》,载红旗杂志编辑部文艺组编《文学主体性论争集》,红旗出版社1986年版,第30—31页。
② 胡风:《今天,我们的中心问题是什么?》,载《胡风全集》第2卷,湖北人民出版社1999年版,第616页。
③ 刘再复:《论文学的主体性》,载红旗杂志编辑部文艺组编《文学主体性论争集》,红旗出版社1986年版,第26页。
④ 参见刘再复《从炼狱中升华了的灵魂——彭柏山同志和〈战争与人民〉》,《读书》1982年第12期;刘再复《从热爱文学到信仰文学》,《华文文学》2013年第4期。

中华传统文化与马克思主义文论中国化

其1986年去世。① 这些际遇都使得刘再复不可能不关注胡风及其理论。1985年6月，胡风去世，家属因为对文化部拟定的悼词有异议，与相关部门协商了很长时间，导致胡风的追悼会直到1986年1月才召开。此事在当时闹得沸沸扬扬，而这个时间正是刘再复《论文学的主体性》一文写作与发表的时间。

刘再复受胡风文艺思想影响的一个更为直接的证据是，他本人在一篇文章中曾谈道："我个人在八十年代与周扬关系较为密切，与胡风毫无瓜葛，私下里倒是认真阅读《胡风文学评论集》等书，非常钦佩胡风的文学见识，认定他是五四启蒙精神和写实主义文学新传统的真正继承者，也是鲁迅精神薪火的真正接力者。他所倡导的作家'主观战斗精神'，乃是激发作家拥抱客观现实社会时所必须持有的启蒙态度与能动态度。"② 经笔者查证，胡风著作从没有以《胡风文学评论集》为名出版过，刘再复提及的应该是1984年人民文学出版社出版的三卷本《胡风评论集》，其出版时间恰好在《论文学的主体性》一文写作之前。

在1980年代文学主体性论争中，其他一些倡导文学主体性的学者也有观点与胡风十分接近。比如，何西来批评"极左"思潮在哲学上篡改并最终背离了马克思主义的反映论，认为其表现"一是从认识的客体方面作极端的、片面的、绝对化的强调，完全忽略了人在认识过程中的主观能动性，从而把生动的、辩证的反映过程，完全变成了消极和被动的摹写和接收"，"二是从认识的主体方面的篡改"，"在这种倾向的支配下，人只是神的意志或权力意志的驯服工具"。③ 他所指出的这两种错误倾向，与胡风在提倡"主观战斗精神"时所反对的在现实面前放弃主观能动性的

---

① 刘再复：《聂绀弩五章》，《中华活页文选》（教师版）2014年第5期。
② 刘再复：《近著七序》，《华文文学》2017年第4期。
③ 何西来：《主体意识的觉醒——刘再复〈文学研究应以人为思维中心〉之我见》，《文汇报·文艺百家》1985年第46期。

第六章　文学主体性问题及其历史渊源

"客观主义"和从思想观念出发的"主观公式主义"两种倾向,在实质上是一样的。

然而,刘再复在1990年代以前的学术著作中,极少提到胡风的名字。笔者在中国知网检索发现,至2022年8月,署名刘再复的文章有308篇,1990年代以前的文章有91篇。308篇文章中出现胡风名字的共23篇,1990年代以前只有3篇,且评论的分别是彭柏山、张天翼、何其芳,胡风只是作为历史事件中相关的人物而一笔带过。其1980年代中期影响最大的《性格组合论》一书,以及《论文学的主体性》一文,都完全没有出现胡风的名字。而且,参与当年文学主体性论争的学者,也极少有人提到胡风的名字。究其原因,是当时刘再复以及主张文学主体性的其他学者,不但在人事上不愿与胡风有什么瓜葛,而且理论上也不愿被人认为受到胡风的影响,以免给论争对手留下把柄。据刘再复回忆,当年胡绳就曾当面质问:"你的主体论与胡风的主观论有什么区别?我看没什么太大区别",而刘再复则辩称,"主体论确实强调作家的内心和内在主观宇宙,但不等于就是主观论"。① 过了若干年后,刘再复才坦率地承认,"我的'主体论'强调作家'超越',胡风的'主观论'则强调'拥抱',其实,殊途同归,都是希望作家不要陷入苍白的'客观主义'泥潭,要敢于反思我们正在进行的'现实生活',我们的生活在何处迷失了?我们的精神在何处麻木了?我们的精神出路在哪里?"②

胡风的文论思路、立场通过"文学是人学"这一话题的重提和刘再复等人的文章进入1980年代的文论话语中,既表明1980年代文学主体性建构时理论话语资源的丰富性,也表明到了1980年代中国当代文论的确已经形成一种自身的理论传统,任何新的

---

① 刘再复:《爱怨交织的往事——胡绳纪事》,《读书》2012年第12期。
② 刘再复:《近著七序》,《华文文学》2017年第4期。

理论建构都很难完全摆脱这一传统的影响。

但是，通过认真分析我们也可以看出，1940年代胡风的以"主观战斗精神"为标志的主体论文学观，1950年代以"文学是人学"为标志的主体论文学观，与1980年代刘再复《论文学的主体性》一文所表达的观点，虽然在强调文学应当面对活生生的人而不是物，尤其是要充分调动创作主体的能动性等问题上有一致的地方，但差异也是很明显的。最重要的差异在于，胡风的文学主体性理论和1950年代围绕人性、人情等问题的讨论，以及"文学是人学"这一命题的提出，都是在现实主义的框架中展开的。但是，到了1980年代，对主体性问题的关注，却突破了现实主义文艺理论的框架。1980年代基本上延续的是五四以来以启蒙为核心的文化传统，《1844年经济学哲学手稿》中关于人的自由与解放等思想在其中起到了很大的作用。当时大部分的文艺理论和美学话语都是激情式的、理想化的。以刘再复为代表的理论家虽然侧重于从理性的层面展开自己的理论建构，但在精神上，与1980年代中国文论界、美学界，甚至是整个社会的激情化与浪漫化氛围是一致的。

从另一个角度看，虽然刘再复受到李泽厚哲学美学思想很大的影响，但是与李泽厚的主体性实践哲学不同，他的文学主体性理论更侧重于强调文学主体的精神性和个体性。李泽厚以人类的物质生产实践为逻辑起点对主体性实践哲学进行了阐述，他强调个体主体性受制于群体的主体性，个体存在的意义和价值只有在群体中才得以显现。不管是"人的本质力量对象化"还是"自然的人化"，这两个命题中的"人"指的都是人类群体，这与刘再复强调的主体具有明显的不同。刘再复强调的是精神主体和个体主体，关注的是精神世界和个体的主体性。对于此种区别，刘再复曾在与李泽厚的对谈中坦承："你讲的主体性首先是讲人类主体性，就是讲人类本体论……我讲文学本体论则只顾强调个体主体性。"① 不仅如此，刘再复在对文学主体性进行具体论述时，还始终强调文学的超越性特征，并提出了创作实践包括"超常性""超前性""超我性"等特征。这种对个性、超越、自由的强调，与偏重理性认知和群体优先于个体的反映论文艺学和"实践美学"之间的差异，在很大程度上，也体现为刘再复的文学主体性理论与胡风的理论、钱谷融的理论之间的差异。

四 主体性问题与中华传统文化的关系

在钱谷融的《论"文学是人学"》一文中，当谈到作家与作品的人道主义立场时，他做了这样的归纳："所谓的人道主义，从积极的方面讲，就是要争取自由，争取平等，争取民主；从消极方面说，就是要反对一切人压迫人、人剥削人的不合理现象，就是要反对不把劳动人民当作人的专制与奴役制度。"② 这里钱谷融沿用的基本上是五四以来中国新文学对"人道主义"这一概念的理解，其含义包括两个方面：一是在五四时期形成的建立在人人平等观念之上的对人的价值、尊严、权利的承认与尊重；二是左翼作家进一步发展的人道主义观念，其以阶级分析为依托，对底层民众怀有悲悯与同情，力图用文学去唤醒他们的精神，用阶级斗争去改变他们的处境。

而刘再复在《论文学的主体性》一文中，则将"人道主义"解释成一种"博爱"的人生境界，一种借助于"由我及人"的路径获得精神满足的"爱的哲学"，具体地讲就是"把自我的情感推向社会，推向人类，在爱他人、爱人类中实现个体的主体价

---

① 李泽厚：《与刘再复的对谈》，载《世纪新梦》，安徽文艺出版社1998年版，第367页。
② 钱谷融：《论"文学是人学"》，载《论"文学是人学"——钱谷融文艺论文选》，山东文艺出版社2021年版，第20页。

值","只要是人,他们的人性深处就必定潜藏着人类文明的因子,他们的灵魂就可以升华,就可以拯救,就可以再造与重建"。① 刘再复在人性问题上的乐观主义态度与许多法兰克福学派理论家具有一致性,但其相信人性本善并把爱由己及人的哲学理路,则与中国儒家学者有更多共通之处。而且在文中论证这一立场时,刘再复采用的正是理学家朱熹的语录:"仁通上下,一事之仁,也是仁;仁及一家也是仁;仁及一国也是仁;仁及天下也是仁。"② 据笔者所见,尽管刘再复在《论文学的主体性》中引用了不少中国古典作家作品作为论据,但把中国古代思想家的哲学观念作为正面论据使用,这是唯一的一次。实际上,刘再复并不打算给人留下这样一种印象:他关于文学主体性的见解与中国传统思想观念存在某种联系;相反,他曾多次指责中国的封建社会是一个"人的一切思想和行为被全部纳入'礼'的固定模式中,因此,人的个体性也被消灭了"③的社会,首要针对的就是宋明理学家。这与 1980 年代作为社会思潮而存在的"新启蒙""反封建"等文化立场是一致的,刘再复后来也讲:"80 年代,出于启蒙的需要,我继承'五四'对传统文化的态度,其基本点是批判的。"④

笔者认为,刘再复之所以十分突兀地对朱熹的语录加以正面引用,明显是受到李泽厚的影响。在对孔子以及宋明理学家的思想进行阐释时,李泽厚都十分重视其中所包含的"仁学"内容。深受李泽厚影响的刘再复,不可能不知道李泽厚的这些观点。于

---

① 刘再复:《论文学的主体性》,载红旗杂志编辑部文艺组编《文学主体性论争集》,红旗出版社 1986 年版,第 25 页。

② 转引自刘再复《论文学的主体性》,载红旗杂志编辑部文艺组编《文学主体性论争集》,红旗出版社 1986 年版,第 25 页。

③ 刘再复:《论文学的主体性》,载红旗杂志编辑部文艺组编《文学主体性论争集》,红旗出版社 1986 年版,第 13 页。

④ 刘再复、古大勇:《中西"大观"视野下的文学批评和文化批判——刘再复先生访谈录》,《甘肃社会科学》2015 年第 6 期。

第六章　文学主体性问题及其历史渊源

是，中国传统的哲学观念、美学观念与文艺观念，通过李泽厚这一渠道，成为刘再复建构文学主体性的一种潜在背景。

此外，从胡风以"主观战斗精神"为口号对作家提出要求，到钱谷融以人道主义精神要求作家，再到刘再复把传统的人道主义思想进一步阐释为一种基于儒家"仁爱"思想的"爱的哲学"，表面上看，内容之间的差异十分明显。但是，其将文学作品的艺术感染力、思想的深度，以及社会影响力寄托于作家内在的人格力量、内在的伦理原则这一大的思路，则是基本一致的。如果说将三个人的理论贯穿起来可以构成中国20世纪文艺理论的一条重要发展线索的话，那么在这一线索中，导致上述一致性的原因是值得思考的。它们与中国古代文艺理论在相关问题上理路的一致性，十分引人注目。

在钱谷融写下《论"文学是人学"》一文的前一年，即1956年，中国当代学术史上著名的"美学大讨论"已经展开。在这场美学大讨论中，青年美学家李泽厚正式亮相，写下了《论美感、美和艺术（研究提纲）——兼论朱光潜的唯心主义美学思想》一文，在"客观论""主观论""主客观关系论"之外，提出了美是社会实践的产物，具有社会性，是"客观性与社会性的统一"这一主张，成为当时"美学大讨论"中产生的四种主要观点之一。在接下来的十多年间，李泽厚的美学思考基本上是沿着这种美学思路延伸的，并在新时期被发展成对中国当代美学影响巨大的"实践美学"，形成了"实践美学"学派，由此主导了1980年代全社会蔚为壮观的"美学热"。进入1990年代之后，李泽厚又沿着这条思路建构起"情本体"的美学观。在晚年总结回顾自己的学术历程时，李泽厚把自己的美学称为"有人的美学"。

李泽厚不仅强调美学要"有人"，而且强调哲学也是研究人的。实际上，李泽厚一直主张美学问题，即情感的问题，是哲学的第一问题。因此，我们在面对李泽厚的学术思想时，很难将他的美学思考与哲学思考割裂开来。他说："美学当然不能离开人，而哲学离开了人，也就没有哲学。"[1] 他将自己的哲学称为"人生哲学"，强调自己的哲学思考的出发点就是与"人活着"有关的三个问题，即"如何活""为什么活""活得怎样"。在他看来，只有"现实人生（即日常生活，衣食住行，亦即人与内外自然的历史结构及前景）"才是具有"最终价值"的"本体"，才是哲学所要探讨的最实在的问题。[2] 他指出："所谓'历史本体论'或'人类学历史本体论'并不是某种抽象物体，不是历史、观念、绝对精神、意识形态等等，它只是每个活生生的人（个体）的日常生活本身。"[3] 李泽厚先后提出过"工具本体""度本体""心理本体""人类学本体""历史本体""实践本体"等哲学本体论问题，最后，他将自己的思考落实在了"情本体"上。

"文学是人学"这一命题所关心的问题，与李泽厚"有人的美学""人生哲学"所关心的问题，以及关于"情本体"的思考，实际上存在着一种隐隐约约的呼应关系。

"文学是人学"这一主张的提出，针对的是把人仅仅当作呈现外在的、客观的历史规律、生活本质的工具的文学。而李泽厚在承认"美是一种客观存在，美感是对美的反映"这一唯物主义的基本前提的基础上，又强调美是人类社会生活的产物，即美的社会性，反对离开人类社会的实践活动去谈论美的客观性。在李泽厚的美学体系中，人类社会实践创造的"社会美"是第一位的，这种"社会美"包括"人们的斗争、生活过程、形态、个体人物的行为事业，以及各种物质成果、产品等等"[4]。美的创造的

---

[1] 李泽厚：《世纪新梦》，安徽文艺出版社1998年版，第302页。
[2] 李泽厚：《历史本体论》，生活·读书·新知三联书店2002年版，第18页。
[3] 李泽厚：《历史本体论》，生活·读书·新知三联书店2002年版，第20页。
[4] 李泽厚：《美学三书·美学四讲》，安徽文艺出版社1999年版，第487页。

第六章 文学主体性问题及其历史渊源

过程被称为"自然人化"的过程,外在自然只有在这个过程中才能成为审美对象。"自然的人化"还被李泽厚分为"外在自然的人化"和"内在自然的人化"两个方面,前者指的是人类通过劳动改造自然的历史成果,后者指人自身的情感、欲望以至器官的人化,亦即人性的塑造,这个过程也是自然的人成为社会的人,进而成为具有审美能力的人的过程。而审美,实质上就是人在审美对象中看到了自己的"本质力量"。李泽厚美学观念与当时以蔡仪为代表的"客观论"美学的最大分歧在于,他坚持美是与人的社会实践相关的,离开了作为社会实践主体的人,客观的美既不可能产生,也不可能被感知。

如果说在20世纪五六十年代,文学界关于"文学是人学",以及人情、人性、人道主义的思考,与李泽厚一派的关于美与人类社会的实践活动的思考还基本上处于两个不同的领域的话,那么到了新时期,以"主体性"问题为桥梁,两种思考最终会合在一起。

当李泽厚在美是社会实践的产物这一命题的基础上去建构他的"实践论美学"的时候,"人的主体性"问题便被凸显了出来。在1979年出版的《批判哲学的批判——康德述评》中,李泽厚就对"主体""主体性"等概念进行了讨论;1981年发表的《康德哲学与建立主体性论纲》一文,更是专门讨论了主体性问题。在这篇文章中,他对主体性进行了这样的阐释:

> 相对于整个对象世界,人类给自己建立起了一套既感性具体拥有现实物质基础(自然)又超生物族类、具有普遍必然性质(社会)的主体力量结构(能量和信息)。马克思说得好,动物与自然是没有什么主体与客体的区别的。它们为同一个自然法则支配着。人类则不同,他通过漫长的历史实践终于全面地建立了一整套区别于自然界而又可以作用于它

们的超生物族类的主体性，这才是我们所理解的人性。①

在1980年代初"新启蒙"逐渐展开的背景下，这篇文章为当时的思想界重新思考人的价值问题提供了理论上的支撑，反响很大。1985年，李泽厚又发表《关于主体性的补充说明》一文，进一步阐释了他关于主体性的理论见解，对当时也在中国社会科学院工作、十分熟悉李泽厚的学术思路的刘再复提出文学主体性问题有直接的启发。中国1980年代的关于文学主体性的讨论以及围绕文学主体性进行的理论建构，深受1980年代的"美学热"影响。其中，李泽厚的美学思想对文学主体性思潮的形成以及发展，更是影响巨大。张扬文学主体性的理论家之所以能够从李泽厚那里获得许多灵感，与他此一时期的哲学、美学论著中对主体性的问题的关注直接相关，甚至当时"文学主体性论争"中使用的主体、主体性这些概念，在很大程度上也是从李泽厚的哲学、美学论著中"跨界旅行"过来的。

因此，我们可以说中国当代马克思主义文论发展过程中，从"文学是人学"的提出，到文学主体性的张扬，构成一条线索。几乎同时，中国当代马克思主义美学理论发展过程中，从对美的社会性的强调，到"实践美学"对主体性问题的关注，构成了另外一条线索。两者之间指向一致，构成一种相互呼应的关系，在历经中国20世纪十分复杂的学术史汰选之后，在1980年代中期汇合，成为影响十分深远的主流社会思潮。由"文学是人学"展开的命题，和以"美的社会性"为起点展开的美学命题，都把在社会生活中存在的具体的人（人与人组成的社会、人的生活状态、人的心理与情感），而不是物，不是自然，不是形而上的上帝或理念，不是离开具体的人类历史而存在的抽象的本质，作为

---

① 李泽厚：《康德哲学与建立主体性论纲》，载中国社会科学院哲学研究所编《论康德黑格尔哲学》，上海人民出版社1981年版，第3页。

第六章 文学主体性问题及其历史渊源

作家关注的重心,表现的对象或者是理论家思考的起点,美学理论所要抵达的美本身,其原因是很值得追索的。而其思考的重心与中国古代哲学思想,特别是儒家思想之间的重合,尤其引人关注。

李泽厚的哲学美学思想有三个重要理论根源:一是马克思主义理论;二是康德哲学;三是儒家思想。其早年提出美是社会性与客观性的统一的观点,以及后来"实践美学"的建立,受到马克思《1844年经济学哲学手稿》十分深刻的影响,而当他在1980年代建构其主体性理论的时候,除了马克思主义这一理论资源外,康德的哲学与美学思想、中国古代哲学思想也是他进行思考时十分重要的依托。到了1990年代,李泽厚的美学思想又开始向一个新的阶段发展,提出了"情本体"的哲学观,并借助"情本体"进一步发展了他的美学思想。在这一过程中,儒家思想对他的启发是决定性的因素。将"中""西""马"加以融会贯通,一直是李泽厚学术思想的最重要的特色,只是在此之前,人们更多关注的是其理论到底是以马克思解释康德,还是在用康德阐释马克思。"情本体"的提出,以及借对"情本体"问题的阐发回到先秦儒家的努力,把李泽厚作为一个中国的马克思主义哲学家、美学家,其学术活动所包含的文化视界的另外一个很重要的方面,十分突出地呈现了出来。而能够让马克思主义哲学的实践论、康德哲学的启蒙立场,与儒家的实践理性精神发生关联,并可以相互阐发的,正是对人的具体而真实的社会存在的关注。

在1994年的《哲学探寻录》一文中,李泽厚正式提出了建立哲学上的"情本体"的主张。他结合自己对儒家发展的不同历史阶段的评价说:"不是'性'('理'),而是'情';不是'性('理')本体',而是'情本体';不是道德的形而上学而是审美形而上学,才是今日改弦更张的方向。"这一思考涉及他对新儒学发展方向的理解，也涉及他对儒学对当今世界可能做出的贡献的理解。他对西方本质主义的、神秘主义的哲学传统都持一种批判态度，强调哲学问题与人的具体生存的相关性，进而认为以孔子为代表的先秦儒家基于现实的人伦关系与人之常情所做的许多思考，对当代人具有更多的启发意义。

在许多不同的场合，李泽厚从不同角度对"情本体"问题进行了阐发，并对包括西方理性主义哲学，以及背离了孔子开创的早期儒家的宋明理学都进行了批评。在谈到"历史本体论"或"人类学历史本体论"时，他强调他所说的本体论"并不是某种抽象物体，不是历史、观念、绝对精神、意识形态等等"。[①] 对于"情本体"，他也说其实并没有过多的玄妙之处，它就存在于"伦常日用之中"。与西方的形而上学本体论传统中所说的"本体"不同，"这个'情本体'即无本体，它不再是传统意义上的'本体'，这个形而上学即没有形而上学，它的'形而上学'即在'形而下'之中"。[②]

李泽厚认为，他所说的"情本体"与中国古代哲学的宇宙观之间是相通的，因此他经常用中国古代哲学家所使用的概念与命题去阐发他所说的"情本体"。他说："'天地有生之德'的'生生不已'正是靠秩序而维持，'日月行焉'，'万物生焉'，'天地有大美而不言，四时有明法而不议'，这'生'这'法'这'美'便是秩序，却又充满千变万化的偶然，所以也才有'以美储善'、'以美启真'。'情本体'哲学指向的是这个神秘的宇宙存在及其秩序和偶然性。"[③]

李泽厚在阐释他的"情本体"这一概念时，比之前的哲学思考包含着更加明显的中西比较的视野，是在对中国哲学传统进行

---

① 李泽厚：《历史本体论》，生活·读书·新知三联书店2002年版，第18页。
② 李泽厚：《该中国哲学登场了?》，上海译文出版社2011年版，第75页。
③ 李泽厚：《该中国哲学登场了?》，上海译文出版社2011年版，第24页。

长时间深入研究与体悟的基础上提出来的。他认为,中国包括儒、道、释在内的哲学传统,与西方的基督教传统比较起来,一向重视个体的肉体生存,反对肉体与心灵、生命与拯救处在不断甚至永恒的残酷对立和冲突中痛苦不堪,进而形成一种独特的"乐感文化",情本体的要义即在于此:

> 从古到今,从上层精英到下层百姓,从春宫图到老寿星,从敬酒礼仪到行拳猜令("酒文化"),从促膝谈心到"摆龙门阵"(茶文化),从食衣住行到性、健、寿、娱,都展示出中国文化庆生、乐生、肯定生命和日常生存中去追寻幸福的情本体特性。尽管深知人死神灭,有如烟火,人生短促,人世无常,却仍然不畏空无而艰难生活。①

在对情本体进行阐释时,李泽厚对以孔子为代表的先秦儒家思想给予了极高的评价。在他看来,孔子没有像西方古希腊的哲人那样把人的情感心理引向外在的崇拜对象或神秘境界,"而是把它消溶满足在以亲子关系为核心的人与人的世间关系之中,使构成宗教三要素的观念、情感和仪式统统环绕和沉浸在这一世俗伦理和日常心理的综合统一体中,而不必去建立另外的神学信仰大厦"。② 他认为,以孔子为代表的原始儒家精神的基本特征便是以心理的情感原则作为伦理学、世界观、宇宙论的基石,"把以亲子之爱为基础的人际情感塑造、扩充为'民吾同胞'的人性本体"。③ 这种强调以亲子关系为主轴,重人伦、重实质、重感情、重社会关系、灵活性很强的文化传统,形塑了中国人的文化心理与人生态度,是一种十分独特的哲学智慧,这种哲学智慧能够使

---

① 李泽厚:《情本体在今日》,《中国美学研究》2007 年第 1 期。
② 李泽厚:《中国古代思想史论》,人民出版社 1985 年版,第 21 页。
③ 李泽厚:《中国古代思想史论》,人民出版社 1985 年版,第 310 页。

中华传统文化与马克思主义文论中国化

中国人"在感情世界、日常生活和人际关系中去寻求道德本体、理性把握和精神的超越",从而构成一种审美型的文化,而"情感"正是这审美型文化的核心。①

认为哲学是与人的生存直接相关的,应该围绕着人生的基本问题,即"如何活""为什么活""活得怎样"来展开,是李泽厚哲学的一个基本立场。"人性"问题是他的哲学思考关注的核心,贯穿在他一生的学术思想中。而人的主体性,尤其是人的感性存在,使得他的哲学思考总是与美学问题、艺术问题联系在一起。对于李泽厚现象出现的原因,可以有多种多样的理解,其中时代的、个人的痕迹都十分明显,而民族文化心理的原因,更应该引起重视。当李泽厚把自己一生的思考最后落实在"情本体"问题上时,我们发现李泽厚追求的"人的哲学","有人的美学",无论是借助于马克思还是康德,或者是其他理论,实际上都没有离开中国古代哲学与美学的根基,因而也就能够与中国人长期以来积淀下来的民族文化心理求得共鸣。"文学是人学"的命题,1980年代的围绕文学主体性进行的理论建构,以及主体性的维度在中国20世纪文艺理论中不断地呈现,民族文化心理的作用,也应该是十分重要的一个方面。

当李泽厚自己定义他所说的情本体时,反复强调"情本体"不能简单地看作是"情感问题"。他认为"情本体"不是从单纯的个人情感出发的,它超越了人的生物性欲望,是一种群体性的"情—理—礼—情"结构,包含外在的"情境",以及内在的"情感"两个方面。但他同时也强调外在的"情境"是离不开个人情感的,"因为人的情境与个人的情感欲望是联系在一起的,情感欲望是个体的,情境又是由个体组成的"。②

---

① 李泽厚:《中国古代思想史论》,人民出版社1985年版,第311页。
② 李泽厚、刘悦笛:《关于"情本体"的中国哲学对话录》,《文史哲》2014年第3期。

第六章　文学主体性问题及其历史渊源

也正是基于这一原因，李泽厚关于"情本体"的思考仍然坚持"美学是第一哲学"的一贯立场，最终形成了"情本体论"的美学，人的感性存在仍然是其关注的重心所在。而且，在李泽厚的"情本体"美学视野中，不仅有人的日常生活的情境，以及在日常伦理中存在的情感，而且还有艺术世界中的情境，以及艺术作品中表达的情感。他说：不同于基督教与佛教，中国哲学的儒、道与祖宗哲学其实都是"空而有"的哲学，"这种'空而有'便表达和宣泄在各种形态和各有偏重的'人生无常'的感伤情怀和人生意义（无意义）的执著探求中"，"尽管人生空幻，由于仍需活着，从而入世成长、卷进种种悲欢离合和因果环链中，其中又各有时代、社会的特定印痕在"。由此，他联想到曹雪芹的《红楼梦》对人生空幻主题的表达，联想到中国诗歌对怀旧、惜别、乡土、景物不断地一唱三叹的吟唱，认为在这些艺术作品中，"情本体的多元展开也就更为充分"。①

李泽厚的上述思考，让人联想到20世纪中国文学研究中另外一个影响很大的命题，那就是"中国抒情传统"。为什么中国的抒情文学传统一直在中国文学中占据着核心地位，由诗、词、曲扩展到戏剧、散文、小说；为什么中国的其他艺术形式，也弥漫着文学中同样的抒情因素，"伤春""悲秋""怀乡""惜别"等，由艺术蔓延到生活之中，成为中国人内心世界很容易激发起的情愫？类似这些问题，在1970年代引起北美汉学界的华人学者陈世骧、高友工等的关注，他们从文化哲学的层面提出了"中国抒情传统"这一命题。这一命题提出之后，迅速成为波及台、港中国古典文学研究界的重要的"比较诗学"话题，并在近二十年来的大陆学界引起了广泛的反响。后来，学者们通过对1993年在湖北荆门郭店楚墓出土的竹简的研究发现，在孔子与孟子之间，

---

① 李泽厚：《情本体在今日》，《中国美学研究》2007年第1期。

中华传统文化与马克思主义文论中国化

儒家仁学思想的演变还存在一个中间环节,那就是由孔子对一般人性的推定,到对人的自然性情的重视。《性自命出》篇云:"性自命出,命自天降,道始于情,情生于性。"汤一介先生据此认为"道始于情"是先秦儒家思想中一个十分重要的命题,儒家倡导的"礼义"和"情"息息相关,它们都离不开人所具有的感情的表现。[①] 这种重视人的自然性情的观念在后来的《礼记·乐记》所说的"凡音者,生人心者也。情动于中,故形于声。声成文,谓之音"这句话中得到进一步发挥。这一切,为提出"中国抒情传统""情本体论"的学者提供了十分有利的证据,也成为中国马克思主义文论从人的主观性、主体性出发去思考文学艺术问题的理论线索始终没有中断的内在原因之一。

---

① 汤一介:《儒学十论及外五篇》,北京大学出版社2009年版,第92页。

结　　语

一　在马克思主义与传统文化关系问题上的错误态度及其危害

在马克思主义进入中国并不断传播发展的过程中，其与中华传统文化的关系一直就是一个颇具争议的问题。其间，曾经有人认为马克思主义与中国自身的文化传统是异质的，因而是不能够兼容的。持这种观点的人，既有来自马克思主义阵营之外，也有来自马克思主义阵营之内。来自马克思主义阵营之外的人，往往以马克思主义与中国文化传统对立为理由，认为其缺乏在中国存在与发展的根基，或者是站在中国文化本位立场上，以保护中国自身的文化传统为理由，反对马克思主义在中国的传播与发展。来自马克思主义阵营内部的人，则往往以马克思主义与中华传统文化的异质性为理由，认为马克思主义在中国存在与发展的过程中，中华传统文化的影响主要是负面的、应该尽力剔除的因素，为了保持马克思主义的真理性与纯洁性，其在中国应该"原汁原味"地被理解与接受。在马克思主义与中华传统文化关系这一问题上，只能取用马克思主义批判、改造、转化传统文化的立场，而不存在用传统文化融通马克思主义的问题。

实际上，马克思主义与中华传统文化的关系问题，最初是与一百多年来不断争论的"中西""体用"问题联系在一起的。鸦

中华传统文化与马克思主义文论中国化

片战争之后,在中国为了自身的生存与发展而不得不借鉴西方文明成果的时候,文化上的"中西""体用"问题便浮出水面,其间最有影响力也最具代表性的就是"中学为体,西学为用"的主张。持这一观点的学者一方面承认"今欲强中国,存中学,则不得不讲西学",然而同时又强调在引进西学的时候如果"不先以中学固其根柢,端其识趣,则强者为乱首,弱者为人奴,其祸更烈于不通西学者矣"。因此,他们认为"今日学者,必先通经以明我中国先圣先师立教之旨,考史以识我中国历代之治乱、九州之风土,涉猎子、集以通我中国之学术文章,然后择西学之可以补吾阙者用之,西政之可以去吾疾者取之,斯有其益而无其害"。[①]

在中西文化的选择上采取"中体西用"这一立场的人,虽然承认借鉴外来文明成果的可能性与必要性,但实际上也暗含了两种文明在深层,即在文化观念的层面无法真正融通,外来文化会对中国文化的内在精神造成侵蚀与破坏,因而必须加以拒斥这一文化保守主义立场。

同样是基于文化保守主义立场,如果说张之洞等晚清洋务派官僚强调"中体西用",主要意图还在于为西方文明成果的借鉴设定一个界限的话,那么到了20世纪初期,在章太炎、陈寅恪等人那里,对中华民族固有文化传统的强调,已经与"反清排满""保国保种""救亡图存"等更具民族主义色彩,因而也更有号召力的口号联系在了一起,并发展成为明确的"中国文化本位"立场。1935年1月10日,由王新命、何炳松、武堉干、孙寒冰、黄文山、陶希圣、章益、陈高佣、萨孟武、樊仲云等十位教授联名在《文化建设》月刊上发表《中国本位的文化建设宣言》,把"中国文化本位"的立场以十分激烈的方式呈现了出来,并引发一场关于中西文化关系的大论争。尽管发表《中国文化本

[①] 张之洞:《劝学篇·循序第七》,载《张之洞全集》第12册,河北人民出版社1998年版,第9724页。

结 语

位宣言》的十位教授，主要针对的是以胡适为代表的"英美派知识分子"全盘西化的主张，但其也同时强调："除却主张模仿英美的以外，还有两派：一派主张模仿苏俄，一派主张模仿意、德。但其错误和主张模仿英美的人完全相同，都是轻视了中国空间时间的特殊性。"这场论争，也迫使一些中国的马克思主义者开始认真地思考马克思主义与中华传统文化的关系这一问题。之后马克思主义中国化问题的提出，以及文艺上民族形式的提出，都与这一历史背景有一定的关系。

持中国文化本位立场的人，很容易得出马克思主义的引进对于中国文化是一种伤害这样的结论，只不过有人明确讲了出来，有人出于政治的考量或种种原因，没有明说而已。而从中国文化本位立场出发，否定马克思主义与中国文化传统可能具有的联系，一直是试图否定马克思主义在中国存在与发展的合理性的人采取的一种策略。有些时候，这种意图是以学术化的方式体现出来的。比如，由中国自由主义知识分子举办的同人期刊《现代评论》在1926年就曾经出现过一篇名为《墨学与社会主义》的文章。文章认为，"根据几句零碎的话语"把儒家思想与近世的社会主义相比附是"穿凿附会"。这等于否定了马克思主义与儒家文化相通的可能性。文章还指出，"倘若我们要在中国的思想史上找出一种很类似近世社会主义的思想，而发之远在二千年以前的，那我们一定推举墨家的学说了"。但接下来便出现了这样的断语："墨子的思想，只是与圣西蒙、克鲁泡金、托尔斯泰诸人的社会主义相似，与马克思的主义，在手段上，是完全相反的。他是不相信以一阶级压迫另一阶级的。"[①] 因此，这篇看似通过中国古代思想史的研究为社会主义思想在中国的存在寻找证据的文章，最终却排除了马克思主义与中国古代思想相通的可能性，其

[①] 朱偰：《墨学与社会主义》，《现代评论》第4卷第84期，1926年7月17日。

中华传统文化与马克思主义文论中国化

否定马克思主义在中国存在合理性的意图十分明显。

在国共两党走向对立的时候,把马克思主义与中华传统文化的立场对立起来,否定马克思主义与中华传统文化具有相通性的观点,顺理成章地被国民党中的右派分子所利用,成为他们攻击马克思主义的一条重要论据。

正如有学者所言:"国民党的兴起和民族革命的过程是与反清排满相关联的。因此,革命一开始,便有十分明确的和强烈的民族主义倾向。与激进的暴力革命相伴的是文化——文学观念上的极端保守。"[①] 而国民党中的反共分子经常以中华传统文化的继承者与维护者自居,指责马克思主义不符合中国的国情,破坏中国自身的文化传统。这方面最典型的案例,便是在1943年抗日战争进入关键的转折点时,为了宣示"抗战的最高指导原则唯有三民主义,抗战的最高指导组织,唯有中国国民党"这一独裁立场,由国民党的理论家陶希圣捉刀,以蒋介石的名义出版的《中国之命运》一书。该书认为,共产主义与自由主义一样,"对于中国文化,都是只求其变而不知其常","他们的思想和主张,在客观上是与我民族的心理和性情,根本不能相应的","这些学说和政论,不仅不切于中国的国计民生,违反了中国固有的文化精神,而且根本上忘记了他是一个中国人,失去了要为中国而学亦要为中国而用的立场。其结果他们的效用,不过使中国的文化陷溺于支离破碎的风气"。即便退守台湾之后,像陈立夫这样的国民党内的理论家,仍然以中国文化的继承者与代言人自居,在研究、宣扬中华传统文化时,不忘声称马克思主义不适宜中国,不适宜中国的传统文化。

而在中国的马克思主义阵营内部,有人则认为马列主义既然是科学,是放之四海而皆准的普遍真理,那么就可以原封不动地

---

① 沈卫威:《"学衡派"谱系——历史与叙事》,江西教育出版社2007年版,第173页。

结　语

拿来解决中国的问题。从中国自身特殊的社会历史条件与文化传统出发去理解运用马列主义，只能导致对马列主义的偏离。因此，他们对马克思主义理论在进入中国的过程中，为适应中国特殊的国情与特殊的文化传统而进行的任何创新与发展都持否定的态度。这种理论立场所暗含的，仍然是马克思主义与包括中华传统文化在内的中国本土经验相互隔膜，无法融通这一前提。

正是从这样的理论立场与理论前提出发，在中国共产党的历史上，有苏联留学经历，自称掌握了纯正的马列主义理论的博古、李立三、王明等领导人，就把机械地照抄照搬苏联的经验，毫不走样地贯彻远在莫斯科的共产国际的指示，教条地套用马列著作中的词句，当成领导中国革命的法宝。对于毛泽东等人将马克思主义的基本原理与中国革命实际相结合的努力，他们不仅不认同，而且想方设法进行阻挠与打击。毛泽东关于农村工作的许多有益探索，被他们称为"狭隘的经验论""富农路线""右倾主义"。在他们看来，毛泽东关于中国农民中蕴含着积极的、革命的力量，农民应该成为中国革命最重要的一支生力军的论述，关于建立农村根据地，走农村包围城市的道路的设想，都因为在马列的著作中找不到直接的根据而受到质疑与批判。而毛泽东受中国古代战争理论启发总结出来的，极具唯物辩证法智慧的关于游击战争的军事理论，也因为在苏联的军事教科书中找不到根据，不断遭到他们的嘲讽与反对。他们断定，基于中国本土经验，在中国的"山沟沟里"，不可能产生马列主义。当时共产国际的领导人，在向远东各国"输出"马列主义，指导各国共产党的工作时，也往往不考虑各国特殊的文化背景，把在欧洲形成的马克思主义理论当成抽象的教条，让各国共产党不折不扣地加以接受，把苏联经验当成模板，让各国共产党原原本本地遵照执行。这种对待马列主义的理论态度，曾给中国的革命造成了无法估量的损失。

中华传统文化与马克思主义文论中国化

正因为如此，从1930年代开始，毛泽东与党内的教条主义者进行了十分坚决也十分艰难的斗争。面对土地革命初期以"立三路线"为代表的将共产国际和苏联经验神圣化、模式化，施行"消灭富农""集体农场""土地国有"等激进政策，以及这种政策给革命造成的重大损失，毛泽东在1930年写下了《反对本本主义》这篇文章，强调"中国革命的斗争的胜利要靠中国同志了解中国情况"，号召革命工作者注重调查研究，理论联系实际。到了延安时期，面对王明等从苏联回来的理论家们以马克思主义权威自居，不了解中国革命的具体情况又颐指气使的行为在党内造成的严重不良影响，毛泽东提出了"马克思主义中国化"的主张，并告诫全党，"离开中国特点来谈马克思主义，只是空洞的抽象的马克思主义"。[1] 中国共产党的理论家们也为此撰写了大量文章，通过对中国古代哲学史的研究，在马克思主义与中国自身的思想文化传统之间寻找共通的东西，以证明"共产主义者必须而且已经在继承着和发扬着中华民族的优秀的传统"。[2]

然而，即使在经历了这一过程之后，在实践层面，马克思主义中国化已经深入人心，在具体的理论研究中，有些学者在马克思主义与中华传统文化的关系这一问题的认识上，仍然存在误区。比如，有些学者认为，马克思主义是一种具有科学性的理论体系，建立在科学的方法论基础上的学说，无论其理论观点还是所采用的理论方法，都与中华传统文化十分隔膜，因为包括儒家学者在内的中国古代思想家所表达的只是人生态度、道德理想，许多问题都没有上升到哲学的高度。以"阴阳五行""天人合一"为代表的一些概念充满"玄学"色彩，是反科学的。也有一些学者认为，中华传统文化是建立在农业文明基础上的封建文化，马

---

[1] 毛泽东：《中国共产党在民族战争中的地位》，载《毛泽东选集》第2卷，人民出版社1991年版，第534页。

[2] 马汉儒：《艾思奇哲学研究》，云南人民出版社2016年版，第60页。

结　语

克思主义是随现代工业文明而产生的现代文化，两种不同性质的文化之间，是根本无法融通的。在讨论中国古代民本思想的价值时，就有相当一部分学者坚持认为，民本思想从根本上讲，是从维护统治者的地位出发的，因而不承认其中包含的一些进步思想，在现代社会还可以发挥积极的作用，更不愿承认古代民本思想的许多观念，与中国马克思主义者所奉行的人民观之间可以相通，不愿意承认毛泽东等中国马克思主义者人民观的形成，曾经深受中国古代民本思想的启发与影响这一事实。

马克思主义是伴随着五四前后在中国展开的新文化运动传入中国的，中共早期的领导人与理论家，不少人曾经是新文化运动的发起者与积极参与者。受新文化运动的影响，他们往往对传统文化持一种比较激烈的批判态度。针对胡适等人"整理国故"的主张，陈独秀就认为这是"要在粪秽里寻找香水，即令费尽牛力寻出少量香水，其质量最好也不过和别的香水一样，并不特别神奇，而且出力寻找时自身多少恐要染点臭气"。[①] 茅盾也认为"要到中国古书——尤其是'经'里面去找求文学的意义"的人是"一等反动家，头脑陈腐，思想固陋"，其观点"实在不值一驳"。[②] 瞿秋白则就中国传统文化的整体下过这样的判断："中国的旧社会，旧文化是什么？是宗法社会的文化，装满着一大堆礼教伦常，固守着无数的文章词赋；礼教伦常其实是束缚人性的利器，文章词赋也其实是贵族淫昏的粉饰。"[③]

抗战时期，一方面，中共领导人与理论家在积极探索、积极提倡马克思主义中国化的道路，对中华传统文化进行了深入的研究与发掘；另一方面，为了揭露国民党以中国文化的正统继承人自居倡导尊孔复古的行径，中国的马克思主义者也不断地提醒人

[①] 陈独秀：《寸铁·国学》，《前锋》第1期，1923年7月1日。
[②] 《茅盾全集》第18卷，人民文学出版社1989年版，第405页。
[③] 《瞿秋白文集》（政治理论编）第2卷，人民出版社1988年版，第12页。

们，对传统文化要采取一分为二的态度，在继承传统文化的时候，要剔除其中的封建主义糟粕。这也导致后来许多中国的马克思主义者，在面对中华传统文化时，往往采取了简单的批判与否定的态度，而对于中国文化自身的丰富内涵很少有深入的了解。对此，有学者深表忧虑，十分痛心地指出：

> 早在1941年的延安，毛泽东在批评教条主义时就说过："许多马克思列宁主义的学者也是言必称希腊，对于自己的祖宗，则对不住，忘记了。"对于毛泽东的这一段话，我们很少提起。其实，它十分重要。这里毛泽东明确提出中国自己的"祖宗"，而且问题提得如此尖锐：忘记了中国自己的"祖宗"，就不是真正的马克思主义者，而是一个教条主义者。现今的马克思主义理论家、哲学家们可以扪心自问，自己读过几本中国经典？对中国哲学、文化、历史懂得多少？可以认为，现今绝大多数的马克思主义理论家、哲学家对中国的哲学、文化、历史知之甚少。他们对中国的历史文化无发言权，只能听凭某些专家们去论说，人家说"和"、"和合"，他们也跟着说"和"、"和合"；人家说"盛世"，他们也跟着说"盛世"，而无自己独立的见解。不重视中国历史文化的学习与研究，是当今中国马克思主义者一个明显不足。①

作为马克思主义理论的一个组成部分，上述种种情况在20世纪中国的马克思主义文论发展史上都有所体现。因此，与站在中国文化本位立场上否定马克思主义文论价值的文化保守主义者的论争，以及与左翼阵线内否定传统文化与文学价值的激进理论主

---

① 许全兴：《马克思主义哲学自我革命》，中国社会科学出版社2009年版，第102—103页。

张的论争，一直存在着。经历了这样的历史过程之后，在面对中国自身的文化传统与文论传统时，中国的马克思主义者要有清醒的认识，一方面应该看到在中国20世纪文论发展过程中，中国自身的文化传统与文论传统已经深深地介入了马克思主义文论的传播与发展，成为形成马克思主义文论中国化的一个重要因素这一事实；另一方面，应当更加积极地探索马克思主义文论与中国自身优秀文化传统融通的新的可能性，把马克思主义文论中国化推向更高的层次与境界。尤其是在中华民族伟大复兴的梦想正在一步步实现，民族优秀传统文化的价值进一步得到彰显这一新的历史条件下，这个问题就显得尤为重要。

二 传统文化对马克思主义文论产生影响的规律

随着中国20世纪文论的展开，中国自身的文化传统与文论传统已经深深地介入马克思主义文论的传播与发展过程当中，成为马克思主义文论中国化的一个重要推动因素，这是一个很难否定的事实。但是传统文化介入中国马克思主义文论时，其表现形式又是极其复杂的。通过本书前面各章的分析论证，我们发现，透过复杂的表现形式，这一过程体现出如下一些规律。

其一，因为中国自身传统文化当中的一些内容与马克思主义文论之间有明显的共通之处，因而这些传统因素构成了马克思主义文论的一些思想观点得以在中国顺利传播与接受的潜在的理论背景。

马克思主义文论首先是在国外形成与发展起来的，国外马克思主义文论的一些基本概念，比如现实主义、典型性格、人民性、阶级性、功利主义、个性、共性、意识形态、本质等，都是近代以来从国外译介过来的，作为马克思主义文论哲学基础的历

中华传统文化与马克思主义文论中国化

史唯物主义、唯物辩证法、实践唯物论、阶级斗争学说，也自成体系，很难机械地拿中国古代文论中的概念或者是中国古代的哲学观念与它们进行比附。而且，由于五四新文化运动在后来中国思想文化界一直有着巨大影响，与新文化运动以来新型知识分子的文化立场一样，中国的马克思主义者许多人是希望与中华传统文化保持一定距离的，因此也就更愿意强调马克思主义文论的理论体系、理论立场与理论方法同中华传统文化与文学观念之间的差异。

但是，这并没有阻碍中华传统文化作为一种隐性的力量，影响到中国的一些知识分子对马克思主义文论的理解与阐释。我们在第四章谈到了从新文学发生的初期西方的自然主义、现实主义文学观念进入中国开始，一直到后来日本的"新写实主义"、苏联的"社会主义现实主义"等理论的引入，中国传统的"文以载道""经世致用"文学观念在其中都产生了很大的影响，并认为这是各种现实主义理论在中国"旅行"过程中，总是会向同一个方向发生偏离的重要原因之一。但实际上，在茅盾、钱杏邨、李初梨、冯乃超、周扬等人的文章中，很难找到"文以载道""经世致用"这些儒家色彩十分浓厚的文论概念被正面使用的例子。中华传统文化与文论中的另外一些很重要的概念，如"民本""教化""兴观群怨""诗言志"等，也很少出现在中国马克思主义者的文章著作当中。然而，这些传统观念作为一种文化背景，在潜意识里对中国马克思主义文论家的影响不可低估。马克思主义文论与中华传统文化与文论之间的暗合，以及由此产生的潜在影响，成为马克思主义文论与中华传统文化特别是文论产生联系时的一种相当普遍的现象，也是我们观察中国化马克思主义文论与中华传统文化之间关系时的一个重要视角。

这种情况发生的原因，首先与中国的马克思主义文论家通过自己早年的教育以及后来的阅读，对中华传统文化的熟悉有关。

尽管后来他们有些人有意识地要与中国传统观念拉开距离，甚至对中华传统文化持激烈批判的态度，但是，在他们对马克思主义文论当中的一些观念进行理解、接受、阐释时，很容易在不知不觉中将两种理论体系打通理解，让它们相互阐释。

其二，由于受到某些传统观念的影响，中国学者对外来的马克思主义文论接受、理解与阐释时，往往具有选择性。

20世纪的解释学与文学接受理论强调，接受活动总是具有选择性的，而接受主体自身的"前见"在其中发挥着十分重要的作用。由于"前见"的存在，无论是两个主体之间，还是两种文化之间，信息无衰减与变异的传播都是不可能的，最终被接受与理解的信息必然是"视界融合"的结果。在马克思主义文论向中国传播及其在中国发展的过程中，其所遇到的"前见"就包括中国自身的文化与文学传统。

中国传统的文艺理论，十分强调创作主体的人格修养，也十分注重从伦理道德、政治教化的角度去要求作家、评价作品。类似这些文学观念，以及其背后的哲学观念，与马克思主义文论追求文学的社会改造效应，利用文学启发、灌输阶级意识，强调文学服务于革命事业，注重无产阶级作家的思想改造等理念之间，是有共通之处的。因此，马克思主义文论中这方面的理论，以及从这些方面建构马克思主义的理论家与理论流派，就很容易被中国的马克思主义文论所吸收。俄苏的文艺理论家，从19世纪的别林斯基、车尔尼雪夫斯基、杜勃罗留波夫等人，到对20世纪马克思主义文论有着重要贡献的理论家列宁、高尔基等人，他们的一些文艺理论命题，如"美是生活""文学是人学""社会主义现实主义"等，之所以能够顺利进入中国20世纪马克思主义文论当中，并在相当长时间内产生巨大的影响，这至少是其中的重要原因之一。

另外，中国古代文论在面对诸如文与质、形与神、心与物、

中华传统文化与马克思主义文论中国化

情与理诸种对立因素时，多强调其相互渗透、相互转化的一面，这与马克思主义哲学的辩证法思想，以及由此形成的形式与内容相统一、一般性与普遍性相统一、理想性与现实性相统一、个体性与社会性相统一等文艺理念之间，在思想方法上，具有相当多的一致之处。正是因为这个原因，与上述内容有关的理论命题，比如文学典型理论、形式与内容相互渗透与转化的理论、现实主义与浪漫主义相结合的理论、审美性与功利性相统一的理论等，就很容易被中国的马克思主义文论家所理解与接受。相反，那种试图将文学的感性与理性、思想性与艺术性、阶级性与人性、社会历史性与个人性对立起来，只强调其中的某一方面，或者把复杂的文学现象简单化，为文学确定一个唯一的、不变的本质的观点，往往会遭到很多质疑，很难得到普遍的认同。

由于某些传统文化与文学观念的存在，使得中国学者对外来的马克思主义文论进行了选择性吸收，一方面体现在面对国外马克思主义文论当中不同的理论家、不同的理论流派进行选择的过程中；另一方面也体现在对国外马克思主义文论中某一个理论家或理论流派文论思想的不同方面进行选择的过程中。中国的马克思主义文论家中，许多人对恩格斯在论述玛·哈克奈斯的艺术创作时所讲的"艺术家的勇气"这一命题的接受，显然与中国古代文论对艺术创作主体的关注，特别是强调艺术家的道德力量对于文艺创作的重要性这一文论传统有关；马克思主义经典作家以及其他国外马克思主义文论家具有浪漫主义倾向的理论观点更容易在包括毛泽东在内的中国的马克思主义文论家那里产生共鸣，则与中国文学自身深厚的抒情传统有着一定的联系。中国学者在接受马克思的《1844年经济学哲学手稿》时，对于"自然的人化""感觉的社会化"等命题更加重视，并以《1844年经济学哲学手稿》为基础建构起"实践美学"体系，也与中华传统文化中类似"天人合一""实践理性"这样的观念影响下形成的独特接受视角

结　语

有关。

其三，马克思主义文论在中国的创新性发展，往往与传统观念同外来马克思主义文论思想之间的嫁接有关。

如果说因为中国自身传统文化与文学观念当中的一些内容与马克思主义文论之间有明显的共通之处，因而成为马克思主义文论的一些思想观点得以在中国顺利传播与接受的潜在理论背景，以及由于某些传统文化与文学观念的存在，使得中国学者对外来的马克思主义文论进行了选择性吸收这两种马克思主义文论中国化的路径所产生的作用，还主要是使国外的理论观点与文论思路能够顺利进入中国马克思主义文论体系的话，那么当中国的马克思主义文论家把中国传统的文化与文论思想嫁接到国外的马克思主义文论上的时候，便为马克思主义文论在中国的创新发展提供了契机。

正如我们在前面所提到的那样，胡风的以"主观战斗精神"为特征的现实主义文论，与欧洲19世纪的批判现实主义文论，马克思和恩格斯所提倡的以"典型环境中的典型性格""莎士比亚化"等命题为核心的现实主义文论，以及20世纪产生的各种"新现实主义"理论都有明显的区别。尽管胡风可能对上述这些现实主义理论都有所了解，并受过它们的影响，我们却很难说胡风的现实主义文论是这些理论的综合。在他的理论中，有很多上述各种理论都不具备的新质，这种新质产生的原因，只能从中国自身的文学实践、胡风本人的文化人格以及中国传统文论的影响这些"本土"因素中去寻找。

胡风的以"主观战斗精神"为标志的现实主义文论，首先是与国内文坛，尤其是中国马克思主义文论内部一些理论观点进行碰撞的过程中被激发出来的，因而具有极强的现实感。另一方面，胡风自己的文化人格也深深地融入了他的现实主义理论当中，而这一人格是左翼知识分子、五四知识分子与传统士大夫精神结合而成的。而从理论自身看，虽然胡风操持的是一套西化色彩很浓的新文学话语，但中国传统文论中对创作主体道德人格的强调，对文学家道义担当精神的强调，以及把对文学的真实性寄托于作家面对各种压力"秉笔直书"的勇气等内容，都被胡风融入了其马克思主义文论建构的过程中。这使得胡风的现实主义理论中始终活跃着一个充满血性的主体，这个主体在冰冷的现实面前的左冲右突被胡风当成走向文学真实性的主要动力；反对"客观主义"的冷漠态度，成为胡风文艺理论的一个贯穿始终的立场。与此同时，对于种种在反对"客观主义"的旗号下，沉溺于主观观念当中，逃避现实、图解现实、粉饰现实的"主观主义""公式主义"倾向，胡风则以维护现实主义文学的真实性原则为依据，对其进行了激烈的批判。这使得胡风的现实主义理论表现出极强的理论自主性与理论创造性，体现了马克思主义文论与中国自身的文化传统嫁接之后极强的理论生成能力。

实际上，正如我们在有关章节中曾经分析的那样，在李泽厚的美学思想形成与发展的过程中，无论是其早年对"实践美学"理论体系的建构，还是晚年关于"有人的美学"的理论阐释，也都有将中国自身的思想文化传统与马克思主义的实践论哲学观以及人本主义思想进行嫁接的痕迹。只不过"实践美学"的理论表达，主要依托于马克思主义的话语体系，而在对"有人的美学"的观点进行阐释时，融入了更多中国古典哲学与美学思想所特有的概念，对中国自身的文化传统更加借重而已。李泽厚美学思想的独特性及其创新性，仍然得益于马克思主义文论与中国自身文化传统的嫁接。

其四，某些传统观念与外来的马克思主义文论的思想与观点发生共鸣与共振，是形成马克思主义文论中国特色的另一个重要原因。

虽然中华传统文化与文学观念是在中国古代社会环境中生成

结　语

与发展的，与马克思主义文论的生成与发展，在时间与空间上都有很大的差异。但是两个体系间某些理论命题、概念范畴在价值取向与理论旨趣上仍然可以找到一致之处。在这种情况下，相通的理论命题或概念范畴就会产生类似物理学中所说的那种共鸣与共振效应，其共同的价值取向与理论旨趣因此会被成倍放大。

正如本书前面有关章节所说，中国古代民本思想中的许多观念，如"天命靡常"说，"民为神主"说，"民惟邦本"说，"养民""利民"说，"革命"说，等等，与中国马克思主义者所奉行的人民观，如以人民为中心、相信人民群众是历史的创造者、主张人民利益高于一切、坚持走群众路线，以及把领导干部定位为人民公仆等，都存在许多相通之处。中国古代民本思想与马克思主义人民观之间的相通，使得中国古代文艺观与马克思主义文论的人民性立场之间具有了一定的"亲和性"。因此，在讨论文学的人民性问题时，本书是从中国古代民本思想对马克思主义文艺人民性立场产生的影响这一角度切入的，并认为中国古代民本思想与马克思主义人民观之间在价值立场与理论旨趣上的"共振"，是人民文艺观在中国马克思主义文论中不断得到发扬光大的很重要的一个原因。

中华传统文化及文学观念与中国马克思主义文论之间的共鸣与共振，不仅存在于古代民本思想与人民性文艺观之间，具有中国特色的现实主义理论、审美意识形态理论、文学主体性理论，在其建构的过程中，都存在这种现象。就具体的理论家而言，在毛泽东、鲁迅、瞿秋白、胡风、周扬等一些重要的马克思主义文论家形成自己的文论立场与文论观点的时候，这种现象也经常发生，这是中华传统文化介入中国化马克思主义文论建构时一种十分普遍的状态。

其五，在马克思主义中国化过程中，在一些关键的时间节点上，一些重要理论命题的提出，都伴随着面向中国传统的学术研究，而且产生了很大的推动作用。

　　1930年代中期以后，在将马克思主义中国化的过程中，一些马克思主义者早年的传统教育背景在延安被迅速激活，在毛泽东倡导下，陈伯达等人写作了一批中国古代哲学研究文章，这些研究成果通过某种形式，影响了关于文艺民族形式的讨论也成为毛泽东《在延安文艺座谈会上的讲话》形成时的一种传统学术语境；毛泽东文艺人民性立场的形成，不仅与马克思主义经典作家的相关观点以及中国古代民本思想的影响有关，与此同时，也是他的"只有人民才是创造世界历史的动力"这一历史观的体现。而毛泽东这一历史观的成熟与充分展开，与中共党内的历史学家郭沫若、范文澜以马克思主义唯物史观对中国历史的研究是相互呼应的。在1970年代末到1980年代中期，李泽厚把学术重心转移到中国哲学与美学形态史的研究上，这对于其"实践美学"思想的完善有极大的促进作用。"审美意识形态论"建构过程中，童庆炳发表了大量研究《文心雕龙》的文章，并出版了《中国古代心理诗学与美学》《中国古代诗学心理透视》《中国古代文论的现代意义》等研究古代文艺理论与美学思想的专著，这些研究对其审美意识形态论的理论建构的影响不可低估。对于以上问题，我们都曾在有关章节中有所触及。

　　另外，我们还注意到，中国学者关于"生态美学""中国阐释学"的理论建构过程中，这种现象同样存在。

　　中国的"生态文艺学""生态美学"与西方学者的环境美学、自然美学、生态批评理论最大的不同在于，除了借助西方现代主义、后现代主义话语资源外，同时还借用了马克思的著作以及中国传统文化这一话语资源。中国生态文艺学领域的重要学者鲁枢元先生在进行相关学术思考时，深入研究了陶渊明的文学思想与自然哲学思想，近年来又在从生态批评的角度对《聊斋志异》进行解读；生态美学的代表性人物曾繁仁先生近年来更加重视中国

结　语

古代哲学智慧与美学思想的研究,其对中国古代"生生"这一哲学范畴的重新阐释,在国内外美学研究中产生了广泛的影响。在从事阐释学一般理论建构的同时,张江于 2017 年年底推出了《"阐""诠"辨——阐释的公共性讨论之一》一文,把理论探索的触角伸向了中国阐释学思想发生的起点,运用中国传统学术方法,对以"诠"和"阐"为代表的中国传统阐释学的两条路线进行了清理,并提出了"以中国话语为主干,以古典阐释学为资源,以当代西方阐释学为借鉴",建立彰显中国概念、中国思维、中国理论的当代中国阐释学的构想。[①] 之后,沿着这种思路,张江又写出了《"理""性"辨》《"解""释"辨》等文章,把他对中国阐释学思想的发掘工作进一步展开,从而形成了其阐释学研究的一个相对独立、别具特色的板块。在这组文章中,作者运用训诂学的方法,令人信服地说明了中国古代阐释学的不同路径、内在精神、哲学智慧怎样包含在几组汉字的字义之中,并由这几组汉字的本义生发开去,形成了层次丰富、内容深刻,对当代阐释学极具启发性的阐释学思想。

当然,传统文化对马克思主义文论中国化过程的影响,并不完全是正面的。一方面,某些传统文化因素或文学观念曾经对中国马克思主义文论产生过一些负面的影响,本书前面在谈到古代文人结社中形成的一些风气在通过现代文学社团进入中国马克思主义文论传播与发展过程中时,就曾涉及这个内容。在分析国外的现实主义文论在中国不断发生偏离时,也涉及这个方面的内容。另一方面,基于传统文化与文学观念的"前见"而对马克思主义文论的选择性吸收,也会把一些国外马克思主义文论中一些十分精彩、十分深刻的内容过滤掉,从而影响中国马克思主义文论家的理论视野。

[①] 张江:《"阐""诠"辨——阐释的公共性讨论之一》,《哲学研究》2017 年第 12 期。

因此，能否在马克思主义文论建构过程中，既保持对传统文化的开放性心态，避免历史虚无主义的误区，又坚持以马克思主义文论为主体，力求全面、深入地理解与把握马克思主义文论的理论内涵与精神实质，对中国的马克思主义文论研究而言，就成为一个十分关键的问题。

三　中国化马克思主义文论中的传统文化观

一百多年来，无论对于国际共产主义运动的实践而言，还是马克思主义文论的发展而言，如何对待传统文化的问题，都是绕不开的一个重大理论问题。对此，不同的马克思主义理论家有不同的理解。而且，在不同的历史时期，面对不同的现实语境，不同国家的马克思主义理论家也会对传统文化采取不同的态度。实际上，对传统文化价值的认识，构成马克思主义文论的一个重要内容。而中国马克思主义文论在这一问题上采取的态度，以及在把马克思主义文论与中国传统文化进行结合时取得的理论成就，本身就是马克思主义文论中国化的具体体现。

五四以来的中国现代文学，被称作"新文学"。五四新文学是在批判与否定中国传统的"旧文学"，学习与借鉴西方文学的基础上建立起来的。中国共产党领导下建立的左翼文艺运动一方面受到五四新文学精神的直接影响，另一方面也试图以"革命文学"的口号为引导，超越五四文学传统。在"革命文学"时期以及"左联"时期，文艺的"阶级性""人民性"，以及"文艺的大众化""文艺的宣传功能"等问题，是左翼文艺家们关注的重点。无产阶级文艺与传统文化的关系问题，基本上还没有进入这一时期中国马克思主义文论家的视野。

然而，就在同一时期，这一问题，却在国外左翼文艺家那里，特别是在苏共领导的文艺运动中，得到了十分认真的讨论。

结　语

包括列宁、斯大林在内的苏联理论家对传统文化与无产阶级文艺关系的思考与论述，主要是在文艺的"民族性"这一概念下展开的。而在俄语中，"民族性"本来就是一个与"人民性"密切相关的概念。俄语在表达"民族的"这一概念时，有两个词语，一个是同时具有"人民的"这一含义的"народный"，一个是与"人民的"一词没有关系的"национализм"。实际上，当我们面对普希金、别林斯基等俄国19世纪具有民主主义思想的作家与文论家的文章时，要区分他们谈论的是文学的"人民性"，还是文学的"民族性"，是比较困难的，因为他们所使用的都是"народный"，这个词应该译作"人民的"，还是译成"民族的"，需要通过上下文的语境来具体分析：当它指涉的对象是与贵族文艺相对的面向普通民众的文艺时，倾向于"人民的"这一语义，而当它所指涉的是与国外的文艺形式相对的本土文艺时，则倾向于"民族的"这一语义。而且，"民族的"与"人民的"两个词相关，或者干脆就是同一个词的现象，在法语、德语以及俄语以外的其他斯拉夫语中同样存在。葛兰西就曾注意到这一颇有意味的语言现象，并把它引入了自己对民族性与人民性关系的思考之中。

在19世纪初期，民族独立的诉求与民族意识的培养，是俄国进步思想家十分关注的问题，因此，普希金、别林斯基等在这一时期使用"народный"一词时，实际上是比较倾向于其"民族性"的语义的。[①] 后来，随着俄国民粹思想与资产阶级民主革命思想的传播，在别林斯基、车尔尼雪夫斯基等人的文论中，"народный"一词的词义逐渐向强调关注普通民众的人民性倾斜。但是，即便如此，文艺与民族文化传统的关系问题，在俄国文论家那里也并没有完全被遮蔽，到了苏联时期，在列宁、斯大

---

① 陈训明：《普希金关于文学民族性与人民性的论述》，《国外文学》2002年第2期。

中华传统文化与马克思主义文论中国化

林等人那里,甚至又进一步得到了凸显。正是在思考这一问题的时候,列宁提出了著名的"两种民族文化"的论断。而斯大林在面对这一问题时,则更为明确地指出:"全人类的无产阶级文化不是排斥各民族的民族文化,而是以民族文化为前提并且滋养民族文化。"①

中国左翼理论家开始认真思考文艺与传统文化的关系问题时,也是在文艺的民族性这一概念下展开的,其时间大概是在1930年代中期。有意思的是,虽然汉语中"人民性"与"民族性"两个概念并不像它们在俄语中那样具有语言学上的关联,但左翼理论家在此时对文艺的"民族性"问题进行思考,仍然与强调文艺的底层取向的"人民性"问题纠缠在了一起。因为就在同一时期,大众语的问题、文艺大众化的问题,也成为包括左翼文艺家在内的整个中国文化界十分关注的热点问题。

民族性的问题与文艺大众化问题的提出,一个最为现实的诱因,就是日本侵华以及全面抗战的到来。具体地讲,在抗战爆发前后,中国国内的民族意识上升,中国共产党的政策与任务也因此发生了重大的改变。一方面,在建立抗日民族统一战线的口号之下,对民族认同感的强调暂时超越了对阶级斗争、党派利益的强调。而共同的民族文化之根,被视为国共双方能够走到一起、建立统一战线的重要基础之一;另一方面,出于抗战动员的需要,又必须要让宣传民族认同感与抗战主张的文艺,能够以通俗的形式深入最下层的民众中。而且,国难当头之时,许多上层人士与知识精英也意识到,下层民众才是抗日战场上的主力军,是抗战成功的希望所在,民粹主义的思想因此也开始抬头。因此,从抵抗外侮,建立中华民族的认同感与民族自信心的角度,许多人强调中华传统文化的正面价值,强调文艺应当具有自己民族的

---

① [苏]斯大林:《论东方民族大学的政治任务》,载《斯大林全集》第7卷,人民出版社1958年版,第117—119页。

结　语

形式与民族的气派。这里所说的民族形式与民族气派，应当包括传统艺术中的诗、词、文、赋、乐、舞、书、画等古典形式，以及其中所包含的士大夫文人的审美趣味，而从让文艺起到动员发动民众的作用，并用文艺作品歌颂人民群众抗战的英勇事迹与发掘民众中抗战的力量这一目的出发，许多人又强调抗战文艺应该采取大众化的形式，并把文艺关注的重点投向民间，投向那些在战场上浴血奋战的最普通的士兵，以及支持抗战的最普通的人民群众，从社会的最基层发现抗战所需要的义勇精神与爱国热情。这两种同样基于抗战需要形成的文艺立场的分歧，正是俄文中"народный"一词所表达的"民族性"与"人民性"两个义项之间的分歧所在。在这里，民族性与人民性的分歧固然存在，但其逻辑起点却是共同的，在逻辑展开中的相互纠结也是必然的。

1930年代与1940年代之交，在中国共产党领导下的左翼文艺阵线内部就文艺的民族形式问题展开热烈讨论时，强调利用与改造旧的民族形式，以创造不同于五四文艺的新文艺的声音，最终成为主流的声音。这显然是一种与五四时期差异很大的文艺观念。在这里，新文艺与旧文艺之间，不再是断裂的、相互取代的、"你死我活"的关系，而是一种继承、改造、转化的关系。这种态度，意在保证民族文化传统的一脉相承，并使文艺的受众以文艺作品为中介获得民族身份的认同感。

但是，在提倡民族形式的左翼理论家看来，五四新文艺存在的问题，不仅包括其所采用的文艺形式是外来的，缺少中国自己的特色，同时还包括它过于文人化，脱离了大众的审美趣味与欣赏水平。而且，从后一种观点看，欧化的形式正是其文人化、脱离大众的重要表现。因此，在试图纠正五四新文艺存在的问题时，民族化与大众化两个视野也是叠加在一起的，这种叠加，或者说是左翼文艺家在文艺的民族性与文艺的人民性之间进行选择时的纠结，使得他们不可能赞同同样具有文人化特征，脱离大众审美趣味与欣赏水平的古典文艺形式。在这种情况下，既具有民族自身的审美特征，又较为通俗易懂的传统民间文艺形式，便被推举成为文艺民族性的最理想的形态。这使得对文艺民族形式的提倡，最后基本上落实在了对传统民间文艺形式的改造与利用之上。

毛泽东的文艺思想，也是在这一时期开始形成的。然而，与当时许多参与文艺民族形式讨论的左翼理论家相比，毛泽东的深刻之处在于，他并不仅仅把文艺的民族形式的提倡，当成是为建立抗日民族统一战线、动员民众抗战而采取的临时性的文化策略，而是一开始就把它上升到了在中国要建立什么样的"新文化"这一高度上进行思考的。在《新民主主义论》中，他强调新民主主义的文化应该是"带有我们这个民族的特性"的文化；《在延安文艺座谈会上的讲话》又进一步明确地提出要利用过去时代的文艺形式，并对旧形式加以改造，加进新的内容，使之"变成革命的为人民服务的东西"。之后，毛泽东又提出以"人民性"为标准，对传统文化进行鉴别分析，以便"去其糟粕，取其精华"，批判性地加以利用。

但是，在文艺问题上，毛泽东仍然比较多地强调民间文艺形式的利用，在文化问题上，仍然强调对传统文化糟粕的批判。在中华人民共和国成立之后，随着国家认同的增强与民族自豪感的逐渐提升，对中华民族传统文化的认识也逐渐发生改变。特别是当人类历史进入21世纪之后，中国的经济社会发展已经进入了与过去百年全然不同的新的阶段，综合国力显著增强，这时候，如何提升文化自信的问题逐渐凸显出来。而且，人们也逐渐认识到，在国际社会中，国家与民族之间的竞争，不仅体现在经济实力与科学技术水平的竞争上，同时也体现在文化软实力的竞争上。而一个国家的文化软实力的建构，是需要有民族文化之根作为支撑的。

结 语

在这一新的历史条件下,中国的马克思主义者对中华传统文化的认识开始上升到一个新的水平,与此同时,对包括中国古代文艺作品在内的传统文化的评价也发生了根本性的改变。在2001年召开的中国文联第七次全国代表大会、中国作协第六次全国代表大会上发表讲话时,江泽民强调:"中华民族的精神,不仅体现在中国人民的奋斗历程和奋斗业绩中,体现在中国人民的精神生活和精神世界里,也反映在几千年来我们民族产生的一切优秀文艺作品中,反映在我国一切杰出文学家、艺术家的精神创造活动中。"胡锦涛在2006年召开的中国文联第八次全国代表大会、中国作协第七次全国代表大会上发表讲话时,也强调:"中华民族的优秀文化,生生不息,绵延不绝,是我国人民几千年来克服艰难险阻、战胜内忧外患、创造幸福生活的强大精神力量。每一个中华儿女都为我们伟大的民族拥有这样源远流长、博大精深的文化而感到自豪。"党的十八大之后,习近平总书记更是对于中华传统文化与文论的价值,以及当代文艺创作与优秀传统文化继承之间的关系,进行了十分深入的论述。一方面,这些论述与之前中国马克思主义文艺理论家对于这一问题的思考是一脉相承的,与此同时,这些论述也是结合新的国内、国际形势,在中华民族发展的新的历史阶段,对中国马克思主义文论的创造性发展。

"中国精神"是习近平系列讲话中经常使用的一个概念。习近平所讲的"中国精神",既包含当代中国人的外在精神风貌、内在心灵境界,以及能够凝聚社会共识的核心价值观念等时代内涵,也包括中华民族几千年来积淀下来的具有鲜明民族特色的道德理想、人生信念、哲学智慧、美学精神、艺术传统等历史内涵。书写时代精神与体现文化传承一直是习近平思考文艺问题时两个不可分割的向度。在2014年10月召开的文艺工作座谈会上,习近平就指出,"文艺创作不仅要有当代生活的底蕴,而且要有

中华传统文化与马克思主义文论中国化

文化传统的血脉"。① 在 2016 年 11 月召开的中国文联第十次全国代表大会、中国作协第九次全国代表大会开幕式上发表讲话时,习近平总书记又十分辩证地把继承中华优秀传统文化与当代文艺创新问题联系起来,强调优秀传统文化是文艺创新的重要资源,要求文艺工作者"加强对中华优秀传统文化的挖掘和阐发,使中华民族最基本的文化基因同当代中国文化相适应、同现代社会相协调,把跨越时空、超越国界、富有永恒魅力、具有当代价值的文化精神弘扬起来,激活其内在的强大生命力"。②

习近平总书记在谈到用文艺作品传承与弘扬中华优秀传统文化的同时,还涉及了文艺活动中如何体现中华美学精神这一更为具体的问题。对于中华优秀传统文化与中华美学精神这两个概念,习近平总书记在他的系列讲话中的许多地方都有论述。他对中华优秀传统文化的总结,涉及中华民族在长期发展过程中形成的包括生活方式、行为规范、道德伦理、思维方式、理想信念等在内的许多内容,并认为这些文化传统是基于本民族的自然条件与社会状况,融会了多种文化、思想和智慧形成的,曾经在过去几千年的时间里,维持着中华民族文化的独特性、丰富性及内在统一性,为持续推进中华民族的发展发挥了积极的作用。而中华美学精神,则被习近平总书记概括为"讲求托物言志、寓理于情,讲求言简意赅、凝练节制,讲求形神兼备、意境深远"③,它不仅是中华民族优秀传统文化的重要组成部分,而且也是中华优秀传统文化被艺术性地表达时的表现方式。

习近平总书记系列讲话中有关文艺问题的观点,特别是《在文艺工作座谈会上的讲话》以及在两次中国文联、中国作协代表

---

① 习近平:《在文艺工作座谈会上的讲话》,人民出版社 2015 年版,第 25 页。
② 习近平:《在中国文联十大、中国作协九大开幕式上的讲话》,人民出版社 2016 年版,第 15 页。
③ 习近平:《在文艺工作座谈会上的讲话》,人民出版社 2015 年版,第 26 页。

结　语

大会上的讲话中对文艺问题的深刻论述，已经成为当代中国马克思主义文艺理论的指导性文献。如果说"坚持以人民为中心的创作导向""党的领导是社会主义文艺发展的根本保证"等观点，更多地体现的是对中国共产党在文艺问题上一贯的方针路线的继承的话，那么"让中国精神成为社会主义文艺的灵魂"，以及对文艺与中华优秀传统文化、中华美学精神、中华民族传统美德等之间关系的论述，则更多地体现了对中国马克思主义文艺理论的发展与创新。从毛泽东提出以"民族形式"为核心的"中国作风与中国气派"，到习近平提出要弘扬包含了中华优秀传统文化、中华美学精神、中国传统美德等内容的"中国精神"，马克思主义文艺理论在中国化的过程中，朝着与中国的文化与历史传统相结合的方向又迈出了关键性的一步，步入了一个新的历史阶段。

参考文献

一　著作

（西汉）董仲舒：《春秋繁露》，上海古籍出版社1989年版。
（西汉）刘安：《淮南子》，陈广忠译注，中华书局2012年版。
（西汉）刘向编：《管子》，上海古籍出版社1989年版。
（西汉）扬雄：《扬子法言》，中华书局1954年版。
（东汉）王充：《论衡》，上海人民出版社1974年版。
（东汉）班固：《白虎通德论》，上海古籍出版社1990年版。
（南朝梁）萧统：《文选》，中华书局1977年版。
（南朝梁）钟嵘：《诗品》，人民文学出版社1961年版。
（宋）洪迈：《容斋随笔》，中华书局2005年版。
（宋）欧阳修：《欧阳修全集》，中华书局2001年版。
（宋）朱熹：《诗集传》，中华书局1958年版。
（宋）朱熹：《四书章句集注》，中华书局2011年版。
（明）胡广等：《四书大全》，山东友谊书社1989年版。
（明）胡应麟：《诗薮》，上海古籍出版社1979年版。
（明）王阳明：《传习录》，上海古籍出版社1992年版。
（清）段玉裁：《说文解字注》，上海古籍出版社1981年版。
（清）纪昀：《阅微草堂笔记》，岳麓书社1993年版。
（清）阮元校刻：《十三经注疏》，中华书局1980年版。

（清）王夫之等：《清诗话》，上海古籍出版社1978年版。

（清）王夫之：《周易外传》，中华书局1977年版。

（清）王先谦注：《庄子》，成都古籍书店1988年版。

（清）魏源：《魏源集》，中华书局1976年版。

（清）严可均校辑：《全上古三代秦汉三国六朝文》，中华书局1958年版。

（清）姚鼐：《惜抱轩尺牍》，广智书局1908年版。

（清）袁枚：《小仓山房诗文集》，上海古籍出版社1988年版。

（清）曾国藩：《曾国藩全集》，岳麓书社1986年版。

（清）张岱：《陶庵梦忆》，上海书店出版社1982年版。

（清）章学诚：《文史通义》，上海古籍出版社2008年版。

《马克思恩格斯选集》，人民出版社1995年版。

《列宁选集》，人民出版社1995年版。

《毛泽东文集》，人民出版社1993年版。

《毛泽东选集》，人民出版社1991年版。

《邓小平文选》，人民出版社1995年版。

艾晓明：《中国左翼文学思潮探源》，湖南文艺出版社1991年版。

曹清华：《中国左翼文学史稿（1921—1936）》，中国社会科学出版社2008年版。

陈红旗：《中国左翼文学的演进与嬗变（1927—1937）》，中国社会科学出版社2015年版。

《陈世骧文存》，辽宁教育出版社1982年版。

《独秀文存》，外文出版社2013年版。

冯式：《唐宋八大家古文选注》，香港万里书店1979年版。

傅道彬：《诗可以观》，中华书局2010年版。

傅修海：《瞿秋白与左翼文学的中国化进程》，人民出版社2015年版。

郭剑敏主编：《中国当代文学史料丛书：文学期刊、社团与流派

（史料卷）》，浙江大学出版社2016年版。
《郭沫若自传》，求真出版社2010年版。
郭绍虞：《照隅室古典文学论集》，上海古籍出版社1983年版。
郭绍虞：《中国文学批评史》，百花文艺出版社1999年版。
郭绍虞主编：《中国历代文论选》，上海古籍出版社1980年版。
郭英德：《中国古代文人集团与文学风貌》，中国人民大学出版社2012年版。
《胡风全集》，湖北人民出版社1999年版。
胡乔木：《胡乔木回忆毛泽东》，人民出版社2014年版。
黄梅子等编：《延安文艺档案·延安文论》，太白文艺出版社2017年版。
黄乔生：《鲁迅与胡风》，河北人民出版社2003年版。
贾植芳等编：《中国文学史资料全编：文学研究会资料》，知识产权出版社2010年版。
贾植芳等编：《中国文学史资料全编：文学研究会资料》，知识产权出版社2010年版。
孔海珠：《"文总"与左翼文化运动》，上海人民出版社2016年版。
孔海珠：《左翼·上海（1934—1936）》，上海文艺出版社2003年版。
《李达文集》，人民出版社1980年版。
《李大钊文集》，人民出版社1984年版。
李何林：《近二十年中国文艺思潮论（1917—1937）》，陕西人民出版社1981年版。
李衍柱主编：《马克思主义文艺理论在中国》，山东文艺出版社1990年版。
李泽厚：《该中国哲学登场了？》，上海译文出版社2011年版。
李泽厚：《历史本体论》，生活·读书·新知三联书店2002年版。

李泽厚：《美学四讲》，长江文艺出版社2019年版。

李泽厚：《批判哲学的批判——康德述评》，人民出版社1984年版。

李泽厚：《世纪新梦》，安徽文艺出版社1998年版。

《李泽厚哲学文存》，安徽文艺出版社1999年版。

李泽厚：《中国古代思想史论》，人民出版社1994年版。

《梁启超文集》，线装书局2009年版。

林伟民：《中国左翼文学思潮》，华东师范大学出版社2005年版。

刘群：《饭局·书局·时局——新月社研究》，武汉出版社2011年版。

刘炎生：《中国现代文学论争史》，广东人民出版社1999年版。

刘永明：《左翼文艺运动与中国马克思主义文艺理论的早期建设》，中国文联出版社2007年版。

楼宇烈：《中国文化的根本精神》，中华书局2016年版。

鲁枢元、刘锋杰等著：《新时期40年文学理论与批评发展史》，浙江文艺出版社2018年版。

《鲁迅全集》，人民文学出版社1981年版。

马汉儒等著：《艾思奇哲学思想研究》，云南人民出版社2016年版。

《毛泽东书信选集》，人民出版社1983年版。

《毛泽东早期文稿》，湖南出版社1990年版。

《茅盾全集》，人民文学出版社1989年版。

倪伟：《"民族"想象与国家统制——1928—1948年南京政府的文艺政策及文学运动》，上海教育出版社2003年版。

欧阳光：《宋元诗社研究丛稿》，广东高等教育出版社1996年版。

庞海音：《延安鲁艺：我国文艺教育的新范式》，群众出版社2019年版。

庞朴：《中国文化十一讲》，中华书局2008年版。

钱谷融：《论"文学是人学"——钱谷融文艺论文选》，山东文艺出版社2021年版。
钱基博：《中国文学史》，中华书局1996年版。
钱文亮：《新文学运动方式的转变》，上海文化出版社2010年版。
钱杏邨：《现代中国文学作家》，泰东图书局1931年版。
《瞿秋白文集》（文学编），人民文学出版社1989年版。
《瞿秋白文集》（政治理论编），人民出版社1988年版。
饶鸿竞等编：《创造社资料》，知识产权出版社2010年版。
荣天玙：《周扬与他的师友》，中国文联出版社2012年版。
沈卫威：《"学衡派"谱系——历史与叙事》，江西教育出版社2007年版。
《十三经》，上海书店出版社1997年版。
石凤珍：《文艺"民族形式"论争研究》，中华书局2007年版。
石曙萍：《知识分子的岗位与追求——文学研究会研究》，东方出版中心2006年版。
石钟扬：《文人陈独秀》，人民文学出版社2015年版。
宋斌玉等：《创造社十六家评传》，重庆出版社1998年版。
汤一介：《儒学十论及外五篇》，北京大学出版社2009年版。
唐宝林、林茂生：《陈独秀年谱》，上海人民出版社1988年版。
唐敬杲选注：《韩非子》，商务印书馆1930年版。
陶东风：《当代中国的文化批评》，北京大学出版社2006年版。
汪纪明：《文学与政治之间：文学社团视野中的左联及其成员》，中国社会科学出版社2012年版。
王大鹏等编选：《中国历代诗话选》，岳麓书社1985年版。
王宏志：《鲁迅与"左联"》，新星出版社2006年版。
王济亨、高仲章选注：《司空图选集注》，山西人民出版社1989年版。
王锡荣：《"左联"与左翼文学运动》，上海人民出版社2016

年版。

卫华、化夷：《瞿秋白传》，湖南人民出版社 2014 年版。

温儒敏：《新文学现实主义的流变》，北京大学出版社 2007 年版。

《文学主体性论争集》，红旗出版社 1986 年版。

吴敏：《宝塔山下交响乐——20 世纪 40 年代前后延安的文化组织与文学社团》，武汉出版社 2011 年版。

伍蠡甫、胡经之主编：《西方文艺理论名著选编》，北京大学出版社 1986 年版。

习近平：《在文艺工作座谈会上的讲话》，人民出版社 2015 年版。

习近平：《在中国文联十大、中国作协九大开幕式上的讲话》，人民出版社 2016 年版。

徐崇温：《"西方马克思主义"》，天津人民出版社 1982 年版。

徐迺祥编：《文学的民族形式论争资料》，广西人民出版社 1986 年版。

徐信华：《中国共产党早期报刊与马克思主义大众化》，人民出版社 2013 年版。

许广平：《鲁迅回忆录》，作家出版社 1961 年版。

许全兴：《马克思主义哲学自我革命》，中国社会科学出版社 2009 年版。

杨伯峻：《孟子译注》，中华书局 1960 年版。

杨洪承：《"人与事"中的文学社群——现代中国文学社团和作家群体文化生态研究》，人民出版社 2014 年版。

杨胜刚：《中国共产党的政治实践与左翼文学》，当代中国出版社 2016 年版。

姚辛：《左联史》，光明日报出版社 2006 年版。

叶永烈：《陈伯达传》，四川人民出版社 2016 年版。

余虹：《中国文论与西方诗学》，生活·读书·新知三联书店 1999 年版。

曾永成：《回归实践论人类学——马克思主义文艺学新解读》，人民出版社2005年版。

张大明：《不灭的火种——左翼文学论》，四川文学出版社1992年版。

张岱年、成中英：《中国思维偏向》，中国社会科学出版社1991年版。

张根柱、付道磊著：《延安文学体制的生成与个性的嬗变》，中国矿业大学出版社2008年版。

张广海：《政治与文学的变奏——中国左翼作家联盟组织史考论》，三联书店（香港）有限公司2017年版。

张少康：《中国文学理论批评史教程》，北京大学出版社1999年版。

张小红：《左联与中国共产党》，上海人民出版社2006年版。

张振珮：《史通笺注》，贵州人民出版社1985年版。

《张之洞全集》，河北人民出版社1998年版。

章诗同：《荀子简注》，上海人民出版社1974年版。

赵超构：《延安一月》，中国国际广播出版社2013年版。

赵守正：《管子注译》，广西人民出版社1982年版。

赵宪章主编：《汉语文体与文化认同研究》，中华书局2008年版。

赵新顺：《太阳社研究》，中国社会科学出版社2010年版。

郑师渠主编：《中国共产党文化思想史研究》，中共中央党校出版社2007年版。

《中共中央在延安：一个马克思主义政党的崛起（1936—1948）》，人民出版社2019年版。

中国社会科学院文学研究所现代文学研究室编：《"革命文学"论争资料选编》，知识产权出版社2010年版。

《中国文论选》，江苏文艺出版社1996年版。

《中国新文学大系·1927—1937·文学理论集一》，上海文艺出版社 1987 年版。

《中央苏区革命文化史料汇编》，江西人民出版社 1994 年版。

周平远等著：《从苏区文艺到延安文艺——马克思主义文论中国化历史进程》，社会科学文献出版社 2014 年版。

《周扬文论选》，人民文学出版社 2009 年版。

周振甫：《〈文心雕龙〉今译》，中华书局 2013 年版。

朱鸿召：《延安文人》，广东人民出版社 2001 年版。

朱鸿召：《延安文艺繁华录》，陕西人民出版社 2017 年版。

朱经农注：《墨子》，商务印书馆 1930 年版。

朱寿桐：《中国现代文学社团史》，人民文学出版社 2004 年版。

左文：《非常传媒——左联期刊研究》，北京出版社 2010 年版。

［俄］什克洛夫斯基等著：《俄国形式主义文论选》，方珊等译，生活·读书·新知三联书店 1989 年版。

［荷兰］贺麦晓：《文体问题——现代中国的文学社团和文学杂志（1911—1937）》，陈太胜译，北京大学出版社 2016 年版。

［美］埃德加·斯诺：《毛泽东自传》，汪衡译，中国青年出版社 2009 年版。

［美］布兰特利·沃马克：《毛泽东政治思想的基础（1917—1935）》，霍伟岸等译，中国人民大学出版社 2013 年版。

［美］雷蒙德·F. 怀利：《毛主义的崛起——毛泽东、陈伯达及其对中国理论的探索（1935—1945）》，杨悦译，中国人民大学出版社 2013 年版。

［美］刘康：《马克思主义与美学——中国马克思主义美学家和他们的西方同行》，李辉、杨建刚译，北京大学出版社 2012 年版。

［美］罗斯·特里尔：《毛泽东传》，何宇光等译，中国人民大学出版社 2013 年版。

［美］莫里斯·迈斯纳著：《马克思主义、毛泽东主义与乌托邦主义》，张宁等译，中国人民大学出版社 2013 年版。

［日］遍照金刚：《文镜秘府论》，周维德译，李正伦校，人民文学出版社1980年版。

［斯洛伐克］玛利安·高利克：《中国现代文学批评发生史（1917—1930）》，陈圣生等译，社会科学文献出版社1997年版。

二　论文

陈红旗：《创造社后期的"文学梦"》，《郭沫若学刊》2006年第2期。

陈红旗：《无产阶级文艺诉求下的创造社刊物研究》（上中下），《郭沫若学刊》2008年第2、3、4期。

陈漱渝：《冯乃超同志谈后期创造社、左联和鲁迅》，《鲁迅研究月刊》1983年第3期。

陈思和：《胡风对现实主义理论建设的贡献》，《海南师范学院学报》1997年第2期。

段吉方：《重建"对话"思维——形式主义与马克思主义的理论对话及其意义》，《文学评论》2015年第6期。

冯乃超：《革命文学论争·鲁迅·左翼作家联盟——我的一些回忆》，《新文学史料》1986年第3期。

冯奇：《革命文学话语权的建立和发展》，《中国现代文学研究丛刊》2003年第1期。

顾金春：《1930年代文学期刊的办刊策略与社群凝聚》，《学术界》2012年第9期。

郭国昌：《文艺社团的转型与延安文学制度的建立》，《文史哲》2013年第1期。

何西来：《主体意识的觉醒——刘再复〈文学研究应以人为思维中心〉之我见》，《文汇报·文艺百家》1985年第46期。

何直（秦兆阳）：《现实主义——广阔的道路》，《人民文学》1956年第9期。

何宗美：《明代文人结社综论》，《中国文学研究》2002年第2期。

黄淳浩：《创造社的异军苍头突起（上）》，《新文学史料》1996年第3期。

黄淳浩：《创造社的异军苍头突起（下）》，《新文学史料》1996年第4期。

黄念然：《近现代之交文学公共领域的形成与中国文学批评的现代转型》，《重庆三峡学院学报》2016年第1期。

黄念然：《"文学的主体性论争"与马克思主义文论的中国化》，《华中学术》第18辑，华中师范大学出版社2017年版。

黄源：《左联与〈文学〉》，《新文学史料》1980年第1期。

柯文溥：《"拉普"思潮与太阳社》，《厦门大学学报》（哲学社会科学版）1987年第3期。

李大钊：《"少年中国"的"少年运动"》，《少年中国》第1卷第3期，1919年9月。

李俊国：《钱杏邨与早期中国无产阶级文学理论批评》，《湖北大学学报》（哲学社会科学版）1993年第5期。

李乐平：《"中国无产阶级革命文学"倡导的成就与检讨》，《复旦学报》（社会科学版）2004年第6期。

李时人：《明代"文人结社"刍议》，《上海师范大学学报》（哲学社会科学版）2015年第1期。

李玉栓：《明代文人结社兴盛的政治因素》，《安徽师范大学学报》（人文社会科学版）2012年第1期。

李玉栓：《中国古代的社、结社与文人结社》，《社会科学》2012年第3期。

刘春明：《略论南社"海内文学导师"理想的落空》，《社会科学战线》2012 年第 6 期。

刘绶松：《马克思主义的文艺批评准则》，《武汉大学学报》1962 年第 1 期。

刘再复：《文学研究思维空间的拓展》，《读书》1985 年第 2 期。

刘再复：《文学研究应以人为思维中心》，《文汇报·文艺百家》1985 年第 27 期。

刘增杰：《从左翼文艺到工农兵文艺——对进入解放区左翼文艺家的历史考察》，《中国现代文学研究丛刊》2006 年第 5 期。

刘忠：《自由撰稿人、同人社团和期刊的互动关系》，《福建师范大学学报》（哲学社会科学版）2016 年第 1 期。

聂国心：《创造社"元老"们倡导的"革命文学"》，《河南师范大学学报》（哲学社会科学版）2012 年第 3 期。

钱谷融：《〈论"文学是人学"〉一文自我批判提纲》，《文艺研究》1980 年第 3 期。

钱杏邨：《中国新兴文学中几个具体问题》，《拓荒者》创刊号，1930 年 1 月。

瞿世英：《小说的研究（上篇）》，《小说月报》1922 年第 13 卷第 7 期。

《人民文学》编辑部：《文艺整风学习和我们的编辑工作》，《文艺报》1952 年第 2 号。

邵荃麟：《论批评·编后》，《大众文艺丛刊》第 4 辑，文艺出版社 1948 年版。

沈栖：《"拉普"在中国译介的始末》，《上海大学学报》（社会科学版）1989 年第 2 期。

沈栖：《论"拉普"对我国左翼文艺运动影响》，《中州学刊》1988 年第 4 期。

沈治：《试论苏联二十年代的文学团体"拉普"》，《当代外国文学》1983 年第 4 期。

施龙：《民国视阈中的"五四"新文学社团》，《福建论坛》（人文社会科学版）2014年第9期。

谭一青：《瞿秋白和三十年代左翼文艺运动的策略转变》，《中共党史研究》1988年第3期。

唐天然：《有关延安文艺运动的"党务广播"稿——兼及由此引起的考查》，《新文学史料》1991年第2期。

唐月梅：《日本无产阶级文学理论的形成与发展》，《日本学刊》1991年第5期。

王克明：《延安文艺社团的兴衰》，《炎黄春秋》2014年第2期。

王烨：《文学研究会与初期革命文学的倡导》，《厦门大学学报》（哲学社会科学版）2006年第3期。

王志松：《日本马克思主义文艺理论在中国的译介》，《东北亚外语研究》2015年第2期。

《为文艺正名——驳"文艺是阶级斗争的工具"说》，《上海文学》1979年第4期。

吴敏：《周扬简谱初编》，《现代中文学刊》2013年第2期。

吴泰昌记述：《阿英忆左联》，《新文学史料》1980年第1期。

咸立强：《后期创造社的译介策略及内在矛盾》，《郭沫若学刊》2008年第4期。

杨春时：《超越实践美学》，《学术交流》1993年第2期。

杨洪承：《"公共空间"与文学社群关系——20世纪中国现代文学社团流派研究的再思考》，《文学评论》2011年第6期。

杨建刚：《马克思主义视域中的俄国形式主义价值重估》，《首都师范大学学报》（社会科学版）2017年第6期。

于敏：《延安文艺与当代文学体制的建立》，《天水师范学院学报》2018年第1期。

俞兆平：《创造社与马克思主义美学》，《厦门大学学报》（哲学社会科学版）2000年第4期。

袁盛勇：《论后期延安文艺批评与监督机制的形成》，《文艺理论研究》2007年第3期。

张大伟：《"左联"组织结构的构成、缺陷与解体——"左联"的组织传播研究》，《文史哲》2007年第4期。

张朋：《对话语境的建立——论托尔·本内特在马克思主义文论与形式主义之间的探索》，《现代语文》2013年第11期。

张涛：《晚明文学复古思潮研究应充分重视文学社团》，《西北师大学报》（社会科学版）2014年第3期。

张涛：《文学史视野下的中国古代文人社团》，《河北学刊》2006年第1期。

支克坚：《胡风与中国现代文艺主潮》，《文学评论》1988年第5期。

朱寿桐：《论作为文学社团的中国左翼作家联盟》，《南京大学学报》（哲学·人文科学·社会科学）2001年第2期。

朱寿桐：《现代文学社团与传统文人会社比较论》，《深圳大学学报》（人文社会科学版）2005年第4期。

朱偰：《墨学与社会主义》，《现代评论》1926年第4卷第84期。

［日］斋藤敏康：《福本主义对李初梨的影响——创造社"革命文学"理论的发展》，刘平译，程广林校，《中国现代文学研究丛刊》1983年第3期。

后 记

2008年的时候，中国社科院文学所理论室要在天津师大召开一次主题与马克思主义文论有关的学术会议，我从丁国旗先生那里接到会议通知，提交了一篇论文，然而并没有参会。不久，我的博士导师谭好哲先生为《马克思主义美学研究》这本集刊组稿，问我手头有没有合适的文章，我便把会议论文交给了他，文章发在该刊2009年第1期上，题目是《传统文学观念在20世纪前期中国化马克思主义文论形成中的作用》。这篇文章发表后，被收进了当年中国社科院文学所主持编写的《中国文学年鉴》。

现在想来，我之所以会想到这么一个题目，首先是因为我博士论文涉及的是20世纪前期中国的文学观念变革与语言变革的互动关系，在处理这一问题的时候，明显感觉到虽然中国"新文学"在建立时采取了比较明确的反传统的立场，但中国传统文学观念的影响力却并没有因此而消失，中国文学的"现代性"中，仍然保留了许多传统文化的基因。然而，说老实话，2008年发表的那篇文章中提出的许多观点，在当时对我而言还有"猜想"的成分。

我是在本世纪初高校扩招的过程中，以"副教授"的身份先调入山东大学威海校区（当时还叫威海分校），三年后，即2004年，年届38岁时才进入山东大学文艺美学研究中心，师从谭好哲先生攻读博士学位的。2007年完成博士学位论文顺利毕业，当年评了教授，接下来却面临一个相当普遍的问题，那就是读完博士后，学术之路应该怎么走。之后的两三年时间里，我一方面继续着博士论文方向的研究，另一方面，又以上述的那篇会议论文的发表为契机，尝试着进入了中国马克思主义文艺理论发展史这一研究领域，并陆陆续续发表了几篇文章。然而，这方面的研究其实并没有找到真正的问题，更谈不上形成自己的研究特色与学术影响。2011年，山东大学文艺美学研究中心要申报教育部重点研究基地重大课题，由于我的博士论文涉及文学语言问题，而且反响不错，因此有一个有关文学文本理论研究的课题便落在了我头上。课题申报下来以后，在做的过程中，为了避免与其他学者的研究同质化，我把重点放在了中国自己的文本形态上，希望通过汉语文学自身的经验对文学文本理论进行观照。这种选择要求在包括中国古代文学在内的汉语文学几千年的发展历史中梳理出一条线索，面对的材料极为复杂，因此课题做得也就十分吃力。但是，几年下来，当我以一本名为《汉语文学的文本形态》的论著为这个课题结题时，对中国自身文学传统与文化传统的理解已经大大深入，研究过程中完成的几篇谈论汉语文学文本特征以及在中西文学观念之间进行比较研究的学术论文，也获得了较好的反响。这个课题的研究不仅开拓了我的学术视野，也增强了我的学术信心。

教育部的课题是2015年如期结项的。2016年，要申报国家社科基金时，我又想到了2009年发表的那篇文章，认为自己当时的一些"猜想"是成立的，而且经过几年的积累，也有了一些直接相关的前期研究成果，于是便以那篇文章为基础，论证了一个叫《传统文学观念对马克思主义文论中国化的影响研究》的课题，并拿到了国家社科基金一般项目的资助。之后的几年里，我便主要围绕这一课题，继续着自己的学术生涯。这本书，是在课题结项成果的基础上，经过一年多的搁置与反思，又经过半年多的补充、修改、完善，最后形成的。

　　课题最初设置的时候，实际上还是试图沿着博士论文的路子，把文学观念作为考察的中心。后来发现，一方面，由于中国传统文学观念与哲学观念、政治观念、道德伦理观念是一体的，很难完全剥离开来；另一方面，影响中国化马克思主义文论生成与发展的传统因素，有些很难纳入传统文学观念的范畴之内，因此，文学观念这个概念便逐渐地被文化观念这个概念取代了。加上在考察传统文化观念的影响时，又涉及文学社团这一平台，以及中国马克思主义文论家的传统教育背景、面向传统的学术研究等问题，于是，在这本书出版时，干脆取名为《中华传统文化与马克思主义文论中国化》，这同时也算是对近两年在中国学术思想界讨论颇为热烈的"马克思主义基本原理同中华优秀传统文化相结合"这一问题的一种呼应吧。而且，在最后修改的时候，当下许多关于这一问题的研究成果，也的确对我有不少启发。

　　本书写作过程中，一些内容作为阶段性成果，已经在包括《文学评论》《文史哲》《四川大学学报》《山东社会科学》《求索》《社会科学辑刊》等期刊上发表。另外，在成书过程中，也吸纳了自己之前发表的以及近年写作的一些学术论文的相关内容。实际上，书中有些观点与自己比较满意的章节，也是在面对期刊进行写作，甚或是为期刊写约稿时形成的。因此，在这本书付梓之际，我要表达对许多编辑过我的这些文章，以及转、摘这些文章的期刊编辑的感谢。这本书请指导我完成博士论文，并将我关于这个话题的最初研究成果推荐出去的恩师谭好哲先生作序，在我，也是意在表达内心的感激与敬意。我这些年学术上的进步，与先生的关心与指导密不可分。而本书最终能够得以出版，还应该感谢责任编辑王丽媛女士的鼎力推荐及在成书过程中付出的辛苦。

　　如果说从2008年开始算起的话，我对与本书有关问题的思考经历了整整 15 年时间。其间，中国的学术思想界经历了巨大的变化。面对手头这个成果，我其实并不十分满意，但仍然为能在接近花甲之年，把年轻时的一个学术设想变成学术论著感到欣慰。我不知道自己会在什么时间再拿出下一部著作，拿出一部怎样的著作，但今后仍然会在学术之路上走下去，则是肯定的。因为对我而言，除了学术工作，似乎没有另外的什么事情可以让生命感到如此充实。年轻的时候讲过大话，说要把读书与做学问当成一种存在方式，现在看来，这其实也是一种宿命。但是，无论如何，我应该感谢学术生涯给我带来的欢乐，尽管这欢乐一定是在经历了找不到方向的迷茫，无法下笔的焦虑，甚至是思想的困境之后才能体验到的。

2023 年 3 月 26 日于蓝天广场居所